Cai Wu QingSongXueCongShu
财务轻松学丛书

会计业务从入门到精通

Kuai Ji Ye Wu Cong Ru Men Dao Jing Tong

冯睿 等/编著
北京慧运会计师事务所/审校

升级版

专业的会计知识
+丰富的实践经验
+详细浅显易懂的讲解＝会计新手必备的
业务锦囊

机械工业出版社
CHINA MACHINE PRESS

本书是为会计新手量身打造的会计入门书。第1篇总结了会计新手必知的专业术语、基本概念、会计凭证的制作和使用，记账、对账和结账的具体操作方法，以及资产负债表和利润表的编制方法。第2篇为新会计准则下的账务处理详解。通过丰富的会计业务工作实例详细示范了货币资金、往来业务、存货、固定资产、负债与所有者权益、收入与费用的账务处理。第3篇详细讲解了会计循环、报税、会计电算化、会计实务中的错误及核查方法等实务操作。全书根据会计实务工作的需要，对会计专业知识和实账处理进行分类，以简单明了、贴近会计工作的案例方式帮助会计新手们迅速精通业务。

图书在版编目（CIP）数据

会计业务从入门到精通：升级版/冯睿等编著. —2版. —北京：机械工业出版社，2013.11 （2017.1重印）
（财务轻松学丛书）

ISBN 978-7-111-44376-6

Ⅰ.①会… Ⅱ.①冯… Ⅲ.①会计学 Ⅳ.①F230

中国版本图书馆CIP数据核字（2013）第244644号

机械工业出版社（北京市百万庄大街22号 邮政编码100037）
策划编辑：曹雅君 责任编辑：曹雅君 马碧娟
责任校对：刘 建 封面设计：柏拉图
责任印制：李 洋
三河市宏达印刷有限公司印刷
2017年 1月第2版·第4次印刷
170mm×242mm ·23印张·340千字
标准书号：ISBN 978-7-111-44376-6
定价：49.80元

凡购本书，如有缺页、倒页、脱页，由本社发行部调换

电话服务	网络服务
社服务中心：（010）88361066	教材网：http://www.cmpedu.com
销售一部：（010）68326294	机工官网：http://www.cmpbook.com
销售二部：（010）88379649	机工官博：http://weibo.com/cmp1952
读者购书热线：（010）88379203	**封面无防伪标均为盗版**

再版前言

本书的第1版是针对会计新手而编写的，由于所写内容较为基础详细，非常适合会计入门人员的学习，因此，在出版后受到了广大读者的喜爱，市场反应良好。2012年12月6日，财政部印发了《会计从业资格管理办法》（财政部令第73号），自2013年7月1日起旅行。新办法对于会计从业资格考试的相关内容作了新的规定，老的规定已不再适用。为此，需要对书中的相关内容作出修订。此外，应广大读者的要求，我们对于前一版内容上的不足和缺陷也进行了修补，并新增加了一些章节内容，以更好地满足初学者的需求。

在第1版，我们将全书分为两篇，即“会计新手入门”和“新会计准则下的账务处理详解”。前一篇主要是针对会计入门者需要了解的会计方面知识，要掌握的会计基本概念以及会计记账方法、会计凭证、会计账簿、会计报表等相关知识和内容进行了较为详细的讲述，并结全了会计实务中的相关操作等内容进行了介绍。后一篇则是在会计新手了解了第1篇相关知识基础之上，对新会计准则下的账务处理进行了详细解读。主要涉及对库存现金、备用金、银行存款、其他货币资金、往来业务、存货、固定资产、负债和所有者权益、收入和费用等内容的账务处理。为了提高会计入门者在实务中的应用技能，我们在新一版书中增加了新一篇的内容——会计知识技能提高。该篇中新增加了企业日常涉及的经济业务、涉税事项等内容，同时为满足会计电算化新形势下会计人员的相关需求，还增加了会计电算化等内容。新一篇中对会计实务中常见错误及核查方法的讲述为新手在实际操作中可能出现错误提前作出了警示，更贴合实际需要。

此外，为了使初学者进一步了解会计工作的相关政策规范，还在最后增加了《会计基础工作规范》和《小企业会计准则》两则附录供读者参考。

本书的特色在于针对新手入门所需要的会计知识进行了分类讲解，针对初学者可能遇到的相关问题逐级进行解答，由浅入深，循序渐进。在每一章节中都运用大量的日常业务实例进行难点问题的解答。不仅进行了会计相关基础知识的讲解，更是手把手地教会会计入门者如何进行相关业务的账务处理。在实际的会计工作中遇到问题时，也可以从本书中快速查到相关的处理解决方法。

本次修订由冯睿主持编写，同时参与编写的还有贾俊俊、王寅乐、刘琳、王晓燕、鲍凯、庞雁豪、杨锐丽、鲍洁、王小龙、李亚杰、张彦梅、刘媛媛、李亚伟、晁楠、吴金艳，在此一并表示感谢。

编者

2013 年 10 月

目录 CONTENTS

第3篇 会计知识技能提高

第 1 篇

会计新手入门

第1章 会计新手须知

会计是一个专业性极强的工作，很多新入行的新手不知道怎么做个好会计。本章为会计新手提供了一些需要了解的基本常识。

1.1 什么是会计

一般人认为，做会计就是成天和钱打交道。这样说，也对也不对。说对，是因为会计工作确实习惯于将一切有形或无形的经济资源，换算成货币的形式，以便于管理和计量。说不对，是因为会计并不是仅仅管理货币的职业，货币只是会计事务的表象。

1.1.1 会计的概念

会计这个词包含以下几方面的含义：

（1）会计是一门经济学科，是研究会计方法、会计理论的经济学科。

（2）会计是一份职业，是以货币为主要的计量单位，通过一些专门的手段对经济活动进行监督和管理的工作。

（3）进行会计工作的人，一般都被统称为会计。

1.1.2 会计的经济意义

会计作为了解和掌控经济信息的最主要来源，具有非常重要的经济意义：

（1）提供会计信息，有助于政府部门、投资者、债权人以及其他各方了解和掌握企业财务状况、经营成果，并据此作出相应的投资或管理决策。

（2）为政府的宏观经济管理和决策提供依据和信息基础。

（3）在企业的内部经营管理中发挥重要作用。

1.1.3 会计人员的基本要求

想要成为一名合格、合法的会计，需要符合以下两点要求：

1. 有会计从业资格证，简称“会计证”

会计证，即会计从业资格证，这是会计的上岗证，需要通过专门的考试才能获得。有了会计证，才能成为一名合法的会计。一些规定只能由会计人员来完成的工作，必须由持有会计证的人员来具体操作。

2. 具备必要的专业知识和专业技能

会计人员所需要具备的专业知识和专业技能，包括会计的相关理论和实际操作技能。会计理论主要是指对不同的经济业务应当如何计算和处理，如何编制会计分录；专业技能包括使用财务软件、点钞技术等相关技能。

1.1.4 会计人员应承担的法律责任

会计人员责任重大，所以一般企业在聘用会计人员时，不但对专业和资格有要求，对道德品质也有很高的要求。这是由会计工作的特殊性所决定的。

会计人员在工作当中，应当时时警醒，须知法律利刃高悬于顶。虽然我国的《会计法》明确规定，单位负责人对本单位的会计工作和会计资料的真实性、完整性负责，但是会计人员作为会计机构的主体和主要经手人，本单位出现的与会计相关的违法行为，必定会参与其中。所以不管是主观因素还是客观因素引起的，当本单位出现会计违法行为时，会计都将作为直接责任人员而承担应有的法律责任。

1.2 会计部门相关岗位的设置及分工

由于会计日常记录、处理的工作较多，月底结转账目时更是事务繁多，所以会计部门应根据不同的工作内容，将会计工作分成区块，每个区块由专人负责。

会计岗位的划分和设置，主要根据本单位的会计业务量和会计人员配备情况而定，既要能够有效率地完成工作，又要注意成本控制和人员精简。企业的会计业务量越大，需要的会计人员就越多，相应的会计岗位就会设置得更细。

1.2.1 会计部门的岗位设置

会计岗位是指从事会计工作，办理会计事项的具体职位。

一般情况下，会计部门至少应该设置两个岗位，即会计和出纳。通俗地讲，就是需要将钱账分开管理，会计管账目，出纳管钱。会计和出纳的划分，只是对会计工作的简单划分，会计部门的岗位还有很多。

大型企业的会计部门，其人员配备最充足，业务量也十分大，所以岗位的设置比较全面。大型企业的会计部门中会计相关岗位情况，如表 1-1 所示。

表 1-1 会计岗位一览表

岗位名称	工作内容
会计主管	不同企业对会计主管的职位称呼不同，如财务经理、主管会计等
总账报表	负责总账及报表的相关事务
出纳	主要处理现金及银行存款收支相关的业务
稽核	对财务账目进行审核和审计
资金核算	负责资金的筹集和调度
往来结算	专门管理往来账目，包括记录、催讨等
材料物资核算	负责材料物资方面的管理和核算
固定资产核算	专门管理固定资产，包括记录、维护、折旧等
工资核算	专门进行员工薪酬的核算，包括工资核算、奖金、福利等
成本费用核算	专门管理费用、控制成本

（续）

岗位名称	工作内容
收入利润核算	专门针对收入和利润业务进行核算
会计电算化管理	负责财务软件的相关事务

当然，大多数企业是不会像表1-1中所列示的那样来划分会计责任的。一般也只是有主管会计、几名会计和一名出纳。如果人手还是不够，可以再加几名财务助理。常见的会计部门岗位设置，如图1-1所示。

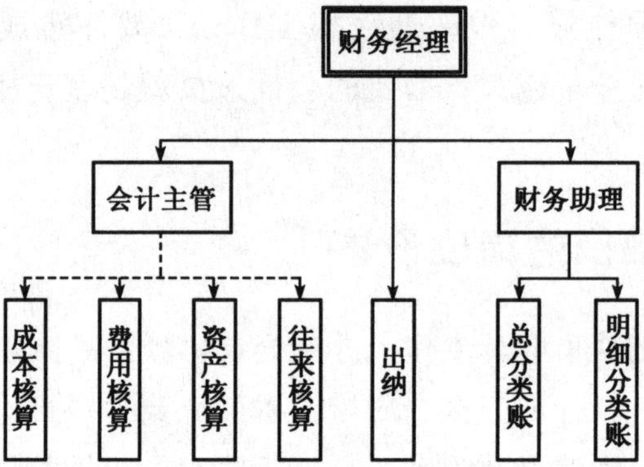

图1-1　会计部门岗位设置

1.2.2　会计岗位的工作内容

假设会计部门只有一名会计、一名出纳，那么会计主要负责账目方面的工作，如凭证的制作、账簿的记录、报表的编制等。会计的工作内容如下：

（1）审核原始凭证，对违反规定或不合格的凭证应拒绝入账。

（2）负责记好财务总账及各种明细账目。

说明：对这部分工作的要求是手续完备、数字准确、书写整洁、登记及时、账面清楚。

（3）掌管企业财务章及银行预留印鉴，严格控制支票的签发。

（4）计算好工资、奖金等，并协助出纳做好发放工作。

（5）负责编制月、季、年终决算和其他有关报表。

（6）每月书面向经理汇报财务情况，当好经理的参谋，发挥财务监督作用。

（7）定期核对固定资产账目，做到账物相符。

（8）上级财务机关检查工作时，要负责提供资料和反映情况。

（9）定期装订会计凭证、账簿、表册等，妥善保管和存档。

1.2.3　出纳岗位的工作内容

在会计部门只有一名会计、一名出纳的情况下，出纳的工作相对会计来说就比较明确。出纳管钱的出入，比如库存现金的收支、银行相关事务的处理等。具体来说，出纳的工作内容包括以下几项：

（1）管理库存现金，严格遵守现金管理制度，保持现金实存与现金账面一致。

（2）记好现金日记账和银行存款日记账。

说明：现金日记账和银行存款日记账的记录要求是书写整洁、数字准确、日清月结。

（3）根据报销或支出凭证，办理报销付款手续。

（4）管理空白支票、空白收据及其他重要财务用品，负责支票签发管理，按规定设立支票领用登记簿。

（5）到银行办理相关业务，如支票进账、现金进账、支票购买、办理汇票等相关事宜。

（6）负责做好工资、奖金等的造册发放工作。

（7）及时与银行对账，做好银行对账调节表。

1.3　会计工作需要的专业证书

由于会计工作并不仅仅是简单地记记账、管管钱，还需要一些专业的知识和技能。所以从事会计工作，不仅需要会计方面的基础知识，还需要相关的认证考试来证明专业知识和技能的水平。

我国的会计专业证书有三类：

（1）会计从业资格证，即常说的会计证。

（2）会计专业技术资格证，即会计职称，如助理会计师证、中级会计师证等。

（3）会计执业资格证，即注册会计师证。

这三类证书分别有着相应的取得方式和作用。

1.3.1 会计从业资格证的取得

我国的相关法规明确规定，会计证是具备一定会计专业知识和技能的人员从事会计工作的资格证书。未取得会计证的人员，各单位不得任用其担任会计岗位工作。所以，没有会计证虽然也可以做一些会计相关的工作，但是却无法从事真正的会计工作，如果做账等也不被税务等机关认可。

取得会计证的基本条件：

（1）坚持四项基本原则。

（2）遵守国家财经和会计法律、法规、规章制度。

（3）具备一定的会计专业知识及技能。

（4）热爱会计工作、秉公办事。

会计证考试一般一年两次，需到所在城市的财政局或指定网站上报名。考试科目为：

（1）财经法规与会计职业道德。

（2）会计基础。

（3）珠算或会计电算化。

1.3.2 会计专业技术资格证的取得

会计专业技术资格证在一个科学、公正的平台上，客观地评价了会计专业人员的学识水平和业务能力。取得会计专业技术资格证，是对会计人员专业水平的认可。

会计专业技术资格，也称会计职称，在国企和国家事业单位里，只有取得职称才能获得相应等级的提拔。在一般企业中，更高的职称则意味着可以胜任更高的职位，可以得到更好的待遇。所以，会计专业技术资格证对会计人员很重要。

会计专业技术资格证分为三个等级，即：

（1）初级会计师，也称助理会计师。

（2）中级会计师。

（3）高级会计师。

其中，初级和中级职称可以通过考试直接取得，而高级职称的取得则相对比较复杂。除了需要参加全国统一的“高级会计实务”考试且需考试合格外，还要由具有高级会计师职务任职资格评审权的相关单位或所在地省级高级会计师职务任职资格评审委员会审定认可。

会计专业技术资格证考试的报名条件是：

（1）报考初级资格：具备高中毕业以上学历。

（2）报考中级资格：大专毕业，从事会计工作满五年；本科毕业，从事会计工作满四年；双学士学位或研究生班毕业，从事会计工作满两年；硕士学位，从事会计工作满一年；博士学位，可直接参加中级资格考试。

（3）经全国统考取得经济、统计、审计专业技术中、初级资格的人员，均可报名参加相应级别的会计专业技术资格考试。

参加初级资格考试的人员，必须在一个考试年度内通过全部科目的考试，方可获得会计专业技术初级资格证书；参加会计专业技术中级资格考试的人员，在连续的两个考试年度内，全部科目考试均合格者，可获得会计专业技术中级资格证书。

1.3.3 注册会计师执业资格认证

注册会计师简称 CPA，英文全称为 Certified Public Account，是指依法取得注册会计师证书，可以开始接受委托从事审计和会计咨询、会计服务业务的会计执业人员。注册会计师既是一个称号，同时也是一个资格。

取得注册会计师执业资格后，可以成为会计师事务所的合伙人，也可以为大型企业，尤其是上市公司出具有法律效力的相关会计文件。我国的相关经济法规明确规定，注册会计师依法执行审计业务出具的报告，具有证明效力。

注册会计师可以承接的工作有以下几种：

（1）审查企业会计报表，出具审计报告。

（2）验证企业资本，出具验资报告。

（3）办理企业合并、分立、清算事宜中的审计业务，出具有关的报告。

（4）法律、行政法规规定的其他审计业务。

要取得注册会计师的资格证，需要参加严格的执业资格考试，即注册会计师考试。注册会计师考试每年统考一次，一般是 4 月中旬到 5 月初报名，9 月的第三周考试。

参加注册会计师考试需要具备高等专科以上学校毕业学历，或者具有会计或相关专业中级以上技术职称。专业阶段考试可以报名单个科目来进行考试，但必须在 5 年内全部科目合格，才能够参加综合阶段考试。

注册会计师资格考试的科目，如表 1-2 所示。

表 1-2　注册会计师资格考试的科目

考试阶段	科　　目
专业阶段考试	会计
	审计
	财务成本管理
	公司战略与风险管理
	经济法
	税法
综合阶段考试	职业能力综合测试

注册会计师可以出具有法律效力的审计报告，上市公司公开发布的年报也必须有注册会计师的签名才有效，所以注册会计师的门槛是较高的。而且我国对注册会计师的管理非常严格，对违纪违法后的处罚力度也较大。

1.4　会计需要的工作用品

会计工作的工作用品比较特别，很多都是专用工具。本节就主要说说会计工作常用的一些专用工具。

1.4.1 会计使用的计算用品

会计的计算工具近年来发生了巨大的变化。从传统的老算盘到加了复位按键、样式也相当现代的新算盘，再到人手一个的电子计算器，最后发展为使用计算机记账的无纸型会计核算。

大部分企业都将计算机应用到会计核算当中，就算不是使用会计软件进行全盘做账，也要用电子表格软件来算工资、出报表。

当然，不使用计算机，就用算盘来核算也是完全可以的。在我国，也有一些企业还在使用算盘作为主要的计算工具。

1.4.2 会计使用的记录用品

由于会计需要填制大量的记账凭证，也需要在账簿中填录相应的会计信息，所以会计工作还需要使用一些记录用品，包括：

（1）财务专用笔。为了记账方便，还可以购买特细的财务专用笔，最好黑色和红色各一支。

（2）凭证。会计有许多印刷好的格式凭证，如记账凭证、各种单据等，常用的会计凭证样式，如图 1-2 所示。

收 款 凭 证

收字第　号

摘　要	会计科目		借方金额	贷方金额	记账√
	总账科目	明细科目			
附件　张	合	计			

会计主管　　记账　　审核　　制证

图 1-2 常用的会计凭证样式

（3）账簿。有各种印刷好的账簿，如订本账、活页账等。

说明：账簿的样式多种多样，用途各有不同，后面的章节还要专门讲到。

（4）报表。现在全国大部分地区都使用税务网上报表系统，少数手工填制报表的地区也可买到相应的印刷报表。

说明：报表的样式是统一的样式，也会在后面章节中专门讲到。

（5）计算机是最先进的会计记录工具。

1.4.3 会计使用的身份识别用品

会计一旦出现差错，就很有可能造成经济损失，所以会计工作常常由多人分工合作，每人负责一道工序，一旦出现问题，就由相应的人员负责。为了能更清楚地区分工作责任，会计人员都会使用个人的身份识别用品，如个人的名章。

说明：会计人员的个人名章，一般用于加盖在会计凭证、会计报表的相应位置上，如填制报表的第一人，应当将名章印在“制单”后面。账簿上的文字或数字更改，也需要即时加盖个人名章。

财务部门常常与银行打交道，也常常出具各种有效的财务证明。有严格的合法的企业身份识别的用品包括：

1. 公章

公司的公章是企业最重要的身份识别用品。企业正式的、重要的尤其是对外的正式文件、介绍信、合同等都需要加盖公章。

2. 财务章

财务章是企业专用于财务相关事宜的印章。凡与财务相关的单据，如发票等，没有企业的财务章，是不能进行报销的。

3. 印鉴

当企业在银行开户后，需要将企业的相关印章预留在银行中，这几个印章就叫印鉴。印鉴是非常重要的，是企业与银行进行互动时身份识别的证明。一般银行的预留印鉴，由企业财务章和企业负责人或财务负责人的名章组成。银行转账支票左下角，一般都要盖上银行预留印鉴。

第 2 章

会计新手须掌握的基本概念

如果只是做做凭证、记记流水账，那么会计工作真的很简单，但是如果要把会计的作用真正发挥出来，就需要会计新手认真掌握本章的内容。

2.1 会计假设

会计假设，也称为会计核算的基本前提，是为了保证会计核算的正常进行，对会计核算的核算范围、内容、基本程序和方法所做的假定，并在此基础上建立会计原则。

会计假设实际上是为会计核算设定了一个较理想的、可以更方便核算的外部和内部环境。之所以被称为假设，是因为时间在不停地流动，经济状况每时每刻都在发生变化，但会计假设为会计核算构造出的是一个相对稳定的环境，将时间静止在某个时间点以方便核算。

2.1.1 会计主体

会计主体是指会计核算为之服务的特定单位。会计是为指定单位服务的，同一个会计部门，一切会计手段都围绕同一个主体展开。

会计主体和法人主体并不是一个概念，其确认的依据是经济关系。会计主体可以是一个法人主体，也可以是一个集团公司，或者是一个通过控股关联在一起的公司集团。

作为会计主体，必须具备以下三个条件：

（1）具有一定数量的经济资源。

（2）进行独立的生产经营活动或其他活动。

（3）实行独立核算，提供反映本主体经济情况的会计报表。

2.1.2 持续经营假设

持续经营假设，是指在进行会计核算时，始终将企业看作持续经营的主体，以持续的、正常的生产经营活动为前提，而不考虑破产等情况。

持续经营假设为会计核算限定了时间范围。在确定会计主体后，只有假定其生产和经营活动是持续的、稳定的，会计原则和会计程序才能建立在非清算的基础上。而只有不考虑企业清算，才能保持会计处理的一致性和稳定性。

说明：破产清算时，会计的处理方法及程序与正常经营时的完全不同。

持续经营假设示意图，如图 2-1 所示。

图 2-1　持续经营假设示意图

2.1.3 会计分期

会计分期，是指将企业持续发展的过程划分成较短的、等长的期间，以便分期结算账目、按期编制会计报表。

如果说会计的持续经营假设是将企业的生产经营过程看作一条射线，那么会计分期就是把这条射线分成一年长短的等份，然后再将这些等份分成 12 个月进行核算。这样一直不断变化的生产经营过程，就可以在每个分期的结束点处被静止、被计算。

会计分期假设与持续经营假设的对比示意图，如图 2-2 所示。

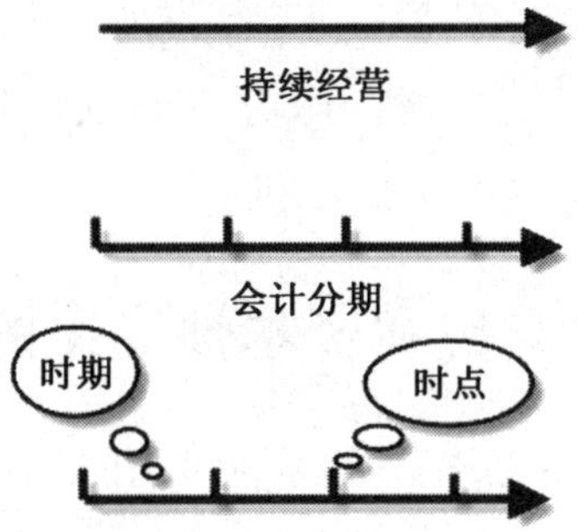

图 2-2　会计分期假设与持续经营假设的对比示意图

2.1.4　货币计量

货币计量，是指企业的生产经营活动及其成果都可以通过货币来反映。其包含着两层含义：

（1）会计核算要以货币作为主要的计量尺度。《会计法》规定会计核算以人民币为记账本位币，业务收支以人民币以外的货币为主的单位，可以选定其中一种作为记账本位币，但编报的财务会计报表应当折算为人民币。

（2）货币币值的不变性。在进行会计核算时，一般并不考虑币值的波动变化，只有那些币值变动对企业经营影响较大的企业，才会在与外币换算时考虑币值的变化情况。

2.2　会计的一般性原则

会计的一般性原则，是指在会计核算前提条件制约下，进行会计核算的标准和质量要求。这些原则是对会计核算提供信息的基本要求，是处理具体会计业务的基本依据。

我国的《企业会计准则》规定，会计核算的一般性原则一共分为三类，即：

（1）有关总体性要求的原则。

（2）有关信息质量要求的原则。

（3）有关确认计量要求的原则。

而这三类原则中，以第三类，即有关确认计量要求的原则比较常用。本节着重讲解有关确认计量要求的原则。

2.2.1 划分收益性支出和资本性支出的原则

将支出划分为收益性支出和资本性支出，是要将这两类支出分别对待，在会计处理的方式方法上也会区别对待。

收益性支出，是指产生当期效益的支出，此类支出只与本期效益有关；而资本类支出，是指不仅产生当期效益，而且对以后各期的效益也都有影响的支出。举个实例，就会比较容易明白这样划分的道理。

比如，企业买了一批原材料和一批计算机，原材料可以在当期就制成产品，然后当期就销售完毕，所以划为收益性支出，而该项支出也在当期就计入成本中。计算机使用时间较长，其产生的效益会持续好几年，那么把计算机产生的支出都摊销在当月，甚至当年，就会产生产品成本不实的情况。这样做会使当年的利润虚低，其后几年的利润虚高，所以这项支出需要长期地、均匀地摊销下去，直至计算机报废为止。

从上面的例子可以看出，划分收益性支出和资本性支出是非常必要的。

2.2.2 配比原则

配比原则，是指企业所取得的收入，应当与取得该收入所发生的费用、成本匹配起来，以便正确地计算利润，得到确实的损益。

如上面说的计算机的费用摊销，计算机在使用过程中，总会慢慢地将其价值转移到产品中去，这个过程是缓慢而不可见的，但是计算机确实在损耗，这损耗又的确是为了生产产品而发生的，所以就需要想办法把这种损耗计入产品的成本。

之所以要这样计入成本，依据的正是配比原则，如果直接将计算机全值摊入当期产品成本中，势必会造成当期产品的成本虚高，使当期损益情况发生变化。

2.2.3　权责发生制原则

权责发生制原则，是指在确认收入和费用时，以其发生的时间为准。

在当期发生的收入，不论款项是否收回，一律记入当期的收入中，不属于当期的收入，就算已收到了货款，也要按预收款项处理。在当期发生的费用，不论款项是否支出，都应当作为本期费用来处理；不属于本期的费用，即使钱款已在本期支出，也不能列入本期费用。

权责发生制在会计的一般原则中应用最多，也是各类会计文献中最常提及的概念。对于这个原则，会计新手只需要记住，什么时候发生什么时候记录。在进行一些较特殊的会计处理时，常常会发现是这个原则在起作用。

与权责发生制并行的另一种收入费用的处理方法是收付实现制。收付实现制就是以钱款是否收到，或是否实际支出为原则，只有在钱款实际发生了收付时，才对收入或费用进行确认和记录。这种处理方法特别适合强调财务状况切实性的行政事业单位。

而权责发生制则更看重经营成果的确认和计算，很难想象一批产品销售之后，三个月才入账，因为这样做账不够科学。所以凡是追求经营成果的企业，都在遵循权责发生制原则。

2.2.4　历史成本原则

历史成本原则，又称为实际成本原则或原始成本原则，是指企业的物资财产，应当按取得时的实际成本计价，物价变动时，一般不随意变更，除非国家另有规定允许这样做。

采用历史成本计价有许多优点，表现在以下几个方面：

（1）客观性，计价的金额是资产购进时实际支付的金额，比较客观。

（2）可靠性，有购置发票作证明，方便随时查验。

（3）稳定性，可以防止企业随意更改。

（4）会计核算手续比较简便，一次计价后，不需要再经常调整。

从以上几个优点来看，以历史成本计价最大的优点是可以有效地防止从成本下手的假账，以便从源头上防止这一类型经济犯罪的产生。

当然，历史成本计价也有缺点，在价格变动巨大的行业，如电子类产品，以历史成本计价时，就无法很好地体现资产的现值，从而使相应的资产信息失真。

2.2.5　谨慎原则

谨慎原则，又称稳健原则、审慎原则，是指在处理经济业务时，对于不确定的业务，应该持谨慎态度。当某一项业务有两种以上的处理方法时，宜采取谨慎原则，选用不导致夸大资产、虚增利润的方法。

经营无处不存在着风险，会计的其中一个责任就是通过核算能够最大限度地降低风险，或选择风险较低的经营方向。这就需要将谨慎原则应用在实际会计工作当中。

谨慎原则在会计上的应用是多方面的，如存货在物价上涨时期，计价采用后进先出法，将后来购进的价格较高的存货先出手；又如，对待应收账款可能出现的坏账，提前计提坏账准备；固定资产采用加速折旧法等，都是谨慎原则在起作用。

2.3　会计的方法

对会计方法的定义是：“会计方法是用于反映和监督会计对象、完成会计任务的手段。”就是说，会计方法就是会计工作中由于账务处理的需要而使用的一些手段。

会计的方法包括：

- 会计的核算方法
- 会计的分析方法
- 会计的预测和决策方法等

关于会计的分析方法和预测方法，在本书后面的章节还会专门讲述，在此不多阐述。本节主要讲解会计方法中最为基础的核算方法。

2.3.1 会计的核算方法

会计核算方法，是对会计对象或者说是会计要素进行完整地、连续地、系统地反映和监督所应用的方法。主要包括以下七种方法：

1. 设置会计科目

设置会计科目，是把会计工作中需要涉及的各种对象或元素，划分成若干个类别。如库存现金科目，就用来专门处理与现金相关的业务。

2. 复式记账

复式记账法是从国外流入我国的一种记账方法。这种方法是将同一笔业务，用相同的金额记入两个或两个以上相联系的账户中，也可以说是将同一笔业务以同样的金额，分别记入借方和贷方。只要操作和计算都正确，那么所有账户的借方余额总和与贷方余额总和应当完全相等。

3. 填制和审核凭证

凭证是会计记账的依据，填制会计凭证应当注意将经济业务记录清楚，每一个步骤都应有相应的经手人签章以明确责任。审核会计凭证是使用会计凭证记录账簿的最后一步，应由专人负责。正确填制和审核会计凭证，是核算和监督经济活动财务收支的基础，是做好会计工作的前提。

4. 登记账簿

账簿是会计账务的载体，登记会计账簿，就是根据会计凭证将各项经济业务连续地、完整地记录下来。会计账簿中的信息是完整的和系统的。会计账簿是重要的会计资料，是进行会计分析和会计检查的重要依据。

5. 成本计算

成本是为生产产品或提供劳务所事先付出的代价。成本计算是一种专门的、系统的计算方法，它按照一定的对象，归集和分配生产经营过程中发生的各种费用，然后根据归集和分配的结果确定相应产品的总成本和单位成本。

成本是重要的经济考核指标，正确地进行成本计算，可以更好地控制生产经营过程中的费用支出水平，同时也可作为确定产品价格的基础。

6. 财产清查

财产清查就是实际工作中常说的盘点。但财产清查并不仅仅是清点实物，还包括清盘实物之后的账实核对，以及出现账实不符后的原因查找过程。财产清查也是一种专门的方法，通过财产清查，可以验证会计记录的正确性，也可以监督各种财产物资的保管和使用情况。

7. 编制会计报表

会计报表是反映经营综合情况的财务报告，是用来考核、分析财务计划和预算执行情况以及编制下期财务和预算的重要依据。编制会计报表是一种专门的方法，其过程是，在特定的表格中，根据相应的规则把各种经济数据进行填报，以总括地反映企业的经济活动情况和结果。

说明：会计核算方法，实际上就是会计的工作内容。会计就是用这些方法对账目进行记账、核算和分析。

上述七种核算方法相互联系、密切配合，构成了一个完整的方法体系。这个体系的运转方式，如图 2-3 所示。

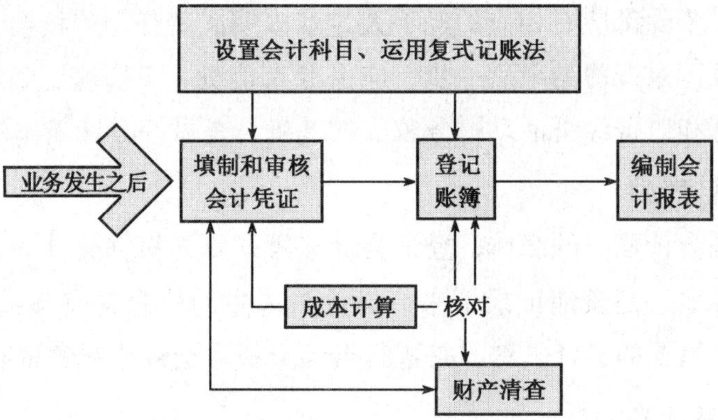

图 2-3　会计的核算方法体系图

2.3.2　会计的工作流程

会计的工作是通过一系列的专门方法来完成的，所以会计工作也须遵循相应的工作流程来进行。只有根据流程来进行相应的工作，才不会因会计方法的繁复而造成会计工作的无序。

会计的工作流程分为两种：一种是经济业务的处理流程；另一种是会计业务的综合流程。会计业务的综合流程，是企业财务工作的总流程，其工作步骤如下：

（1）经济业务发生后，须收集和整理原始凭证。

（2）根据整理好的原始凭证，填制会计记账凭证。

（3）按复式记账法的方法和原则，将经济业务记录在会计账簿中。

（4）根据会计账簿的信息，编制会计报表。

（5）根据会计报表的内容，进行相应的财务分析。

会计业务的综合流程，借助流程示意图会看得更清楚明白。会计业务的综合流程示意图，如图 2-4 所示。

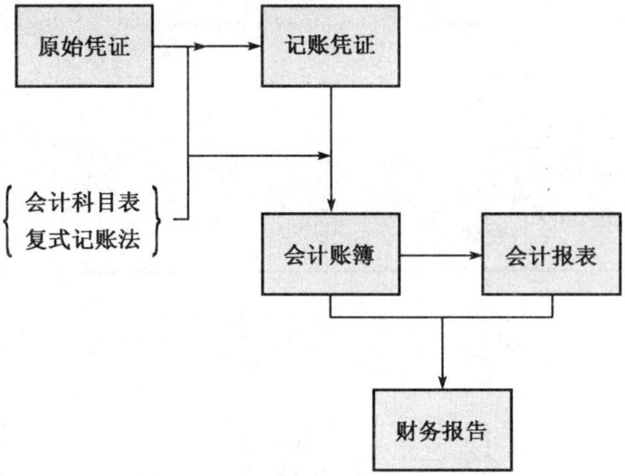

图 2-4　会计业务的综合流程示意图

会计工作中的经济业务处理流程，则是指从一个业务发生，到后续跟踪，最后到结束。以应收账款的处理流程为例：

（1）业务发生时，先将销售业务记入账簿中，会计分录如下：

借：应收账款

　　贷：主营业务收入

说明：本例只是说明处理流程，所以不考虑增值税的问题。

（2）中间需要对应收账款的风险进行相应的评估，计提一部分坏账准备，会计分录如下：

借：管理费用

　　贷：坏账准备

（3）应收账款交回时，应做分录：

借：银行存款

　　贷：应收账款

（4）应收账款确认收不回时，应做分录：

借：坏账准备

　　贷：应收账款

综上所述，会计工作中经济业务的处理流程，如图 2-5 所示。

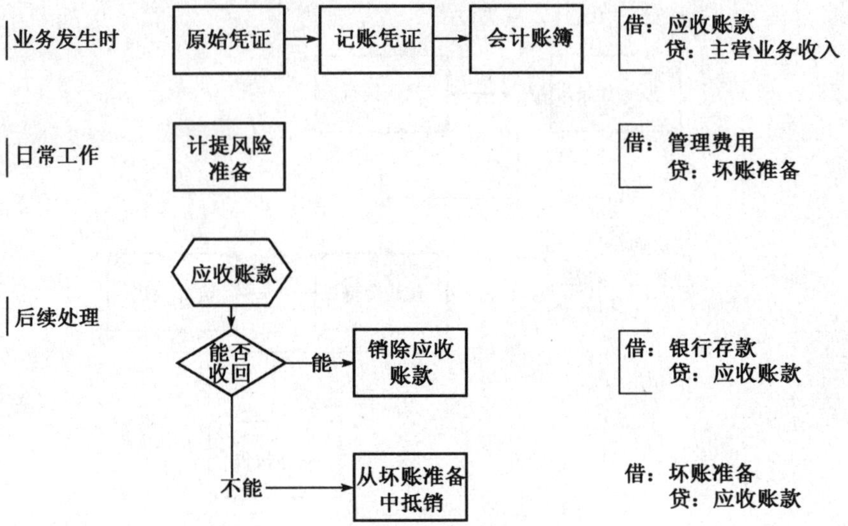

图 2-5　经济业务的处理流程

2.3.3　会计循环

会计循环是指在规则的会计业务时间间隔期中，用来记录、分类并汇总会计信息的一系列的会计程序及方法。从经济业务发生之后收集整理会计凭证起，到会计期末编制报表和提交财务报告止，这个工作程序每月都会循环往复。

会计循环之所以称之为循环，就是因为这些业务每天都要从起点到结束重复进行。会计循环的步骤和程序包括：

1. 填制凭证

根据原始凭证填制记账凭证，用来记录经济业务。

2. 登记日记账

根据记账凭证的先后顺序，依次将经济业务记录在日记账中。

注意：并不是所有的业务都有这一步骤，很多业务并不能记录在日记账中。

3. 登记明细分类账

根据原始凭证、记账凭证或是日记账逐笔登记各种明细分类账。

4. 登记总分类账

根据日记账或记账凭证、汇总记账凭证、科目汇总表，将经济业务记入总分类账。

5. 试算平衡

编制试算平衡表，试算各账户借方、贷方发生额及余额的总和是否相等；如果不相等，则说明账簿记录出现差错。

6. 结转成本和费用

成本和费用一般都是在期末进行结转，并需要计算工资、福利费等费用，还需要将这些费用计入成本中。

7. 利润分配

将当期利润进行相应的账目分配。

8. 结转账户余额

检查并确认各账户余额无误后，本月账务结账，并将余额转为下月期初余额。

9. 编制会计报表，提交财务报告

根据总分类账和有关明细分类账户所提供的报表，总括地反映企业的经营成果和财务状况。

会计循环的流程示意图，如图 2-6 所示。

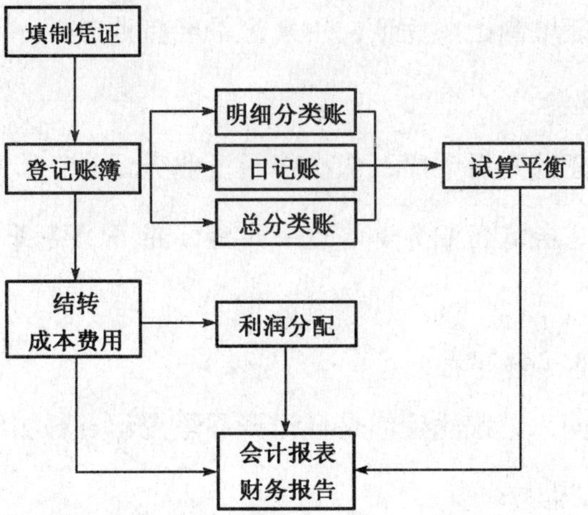

图 2-6　会计循环的流程示意图

第3章 复式记账法及借贷平衡

复式记账法是相对单式记账法而言的。在复式记账法传入我国之前，我国传统的记账方法就是单式记账，即每笔业务只记在一个账户中，单式记账法的缺点是，无法在期末对账目记录的错漏进行检查。查账对账是工程巨大、耗时长久的工作，所以账目的错漏造成的危害非常严重。

3.1 复式记账法

复式记账法是将同一笔业务分别记入方向相对的账户中，这样在期末时，相对的两个方向的余额应该相等。如果并不相等，那就说明账目出现了问题，需要查明原因。复式记账法既是会计的核算方法，也是记账方法。所有的会计处理都基于复式记账。

3.1.1 复式记账法概述

所谓复式记账法，就是对任何一笔经济业务，都必须用相等的金额在两个或两个以上的相互联系的账户进行登记。复式记账法与单式记账法相比，有两个明显的特征：

（1）所有经济业务都须至少在两个相互关联的会计账户上进行分类记录。

（2）账目可以进行试算平衡。

采用复式记账法，可以全面地、相互联系地反映各项经济业务的全貌，并可利用会计要素之间的内在联系和试算平衡公式，来检查账户记录的准确性，是一种比较完善的记账方法。

复式记账法有三种类型，分别是：

- 借贷记账法
- 增减记账法
- 收付记账法

三种记账方法都具有复式记账法典型的特征，即每笔业务分别记入两个或两个以上相关账户中，其账目可以进行试算平衡。

目前我国广泛应用的，也是我国法律要求使用的记账方法，正是复式记账法中的借贷记账法。

3.1.2 借贷记账法

借贷记账法，由于其记账符号分别为借和贷，故而得名。我国的《企业会计准则》规定，各企业统一使用借贷记账法。所以在我国，借贷记账法实际上就是复式记账法的代名词，说起复式记账法，就等于是在说借贷记账法。

借贷记账法之所以被定为企业统一使用的记账方法，是因为其具备以下优点：

1. 账户对应关系清楚

只要掌握了简单的会计科目分类知识，就可以通过会计分录，将经济业务的来龙去脉表达清楚，使账户及其对应关系一目了然。

2. 试算平衡简便

根据“有借必有贷，借贷必相等”的记账规则，借贷记账法记录的会计账目，其所有账户的借方与贷方的发生额及余额始终相等。

3. 设置账户比较灵活

借贷记账法的账户，在设置方面相当灵活。有作用的可以设置，用不到的账户可以不设置，某些业务量较小的科目可以进行适当的合并。

3.1.3 借贷记账法的特点

借贷记账法是一种使用简便的、记录清楚明了的、优秀的复式记账法。其记账方法有以下几个特点：

（1）以“借”和“贷”为记账符号。

说明：对于新手来说，“借”“贷”的含义一开始并不好理解，下一节中将会专门对这两个记账符号进行讲解。

（2）每笔业务都按相等的金额，分别记入相关联的两个账户的借方或贷方账户中。

说明：如存现金到银行中，需要同时记录“库存现金”账户的减少和“银行存款”账户的增加，以便日后的印证。

（3）记账规则为“有借必有贷，借贷必相等”。

（4）可以进行试算平衡。

说明：按照记账规则将所有账户的当期发生额和期末余额的借方总和与贷方总和相比对，全都相等，就说明对账目的试算已平衡，一般可认为账目无差错。

（5）对账户不要求固定分类，可以设置和运用多重性质的账户。

3.1.4 如何理解借与贷

借、贷就是借贷记账法的记账符号。对于新手来说，常常对借、贷二字难以理解，在做会计分录时，不知道相应的会计业务应当记在账户的借方还是贷方。为了让会计新手更好地理解借、贷的含义，还要从借贷记账法产生之初说起。

借贷记账法源于 13 ~ 14 世纪的意大利。由意大利本地的借贷资本家们所创。借贷记账法最初用来记录借贷资本家的款项，借贷资本家为每一个借款人都预留两个记账部位，一方记为“他应当给我的”，即“借方”；另一方记为“我应当给他的”，即“贷方”。借方表示债权，贷方表示债务。

借贷记账法沿用到现代，借与贷的意义早已发生变化，所以在使用借、贷为记账符号时，会让人有些分辨不清。作者当年初做会计时，常常觉得借方就是指借到钱，所以常常把负债类科目增加记到借方。

想要清楚地知道应当记到科目的哪一方，有一个很简单的办法，即在做会计分录时，先确定比较容易确定的。一般情况下，可以先确定资产类科目的借贷方向，因为对于资产类科目来说，借就表示增加，贷则表示减少。

例如，将500元现金借给A公司，在做会计分录时，判断过程如图3-1所示。

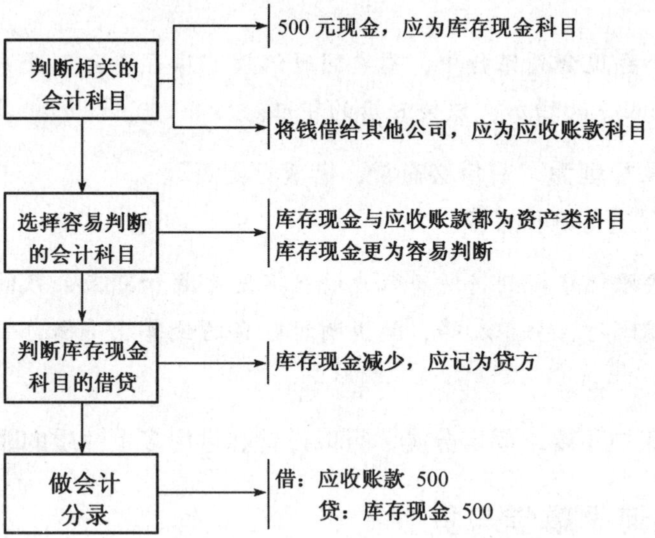

图3-1　判断借贷方向流程示意图

通过如图3-1所示的判断流程，上面例子中的会计分录如下：

借：应收账款——A公司　　500

　　贷：库存现金　　500

3.2　会计的要素

会计要素是将会计核算的对象具体化，主要包括以下六类：

❑ 资产

- ❑ 负债
- ❑ 所有者权益
- ❑ 收入
- ❑ 费用
- ❑ 利润

从上面会计要素的类别可以看到，会计要素是会计对象的主要组成部分，用以反映企业单位财务状况和确定经营成果的因素。

3.2.1　资产

资产是企业拥有或控制的，可以用货币计量的经济资源，同时这些经济资源还可以为企业带来经济效益。企业在进行生产经营活动之前，必须先拥有或控制一定数量的资产，如公司开业前，起码要先有钱投入。

资产有以下三个特点：

（1）企业拥有其所有权或控制权。

（2）可以用货币进行量化。

（3）可以为企业带来经济效益。

企业的资产可以分为六类，分别是：

（1）流动资产，是指可以在一年或超过一年的一个营业周期内变现或耗用的资产。

（2）长期投资，是指不准备在一年内变现的投资，如长期持有的股票等。

（3）固定资产，是指使用期限在一年以上，单位价值在规定标准以上的，并在使用过程中保持原有物质形态的资产。

（4）无形资产，是指企业长期使用的，没有实体形态的资产。

（5）递延资产，是指不能全部计入当期损益、应当在以后年度内分期摊销的各项费用。

（6）其他资产，是指不能归到上述五类中的其他资产。

从上述分类可以看出，固定资产和流动资产的区别在于，流动资产的变现可能更快，变现周期应为一年或一个营业周期。而固定资产则指短期内不打算变现的资产。

企业的资产较多，可将其进行归纳和分类，如图 3-2 所示。

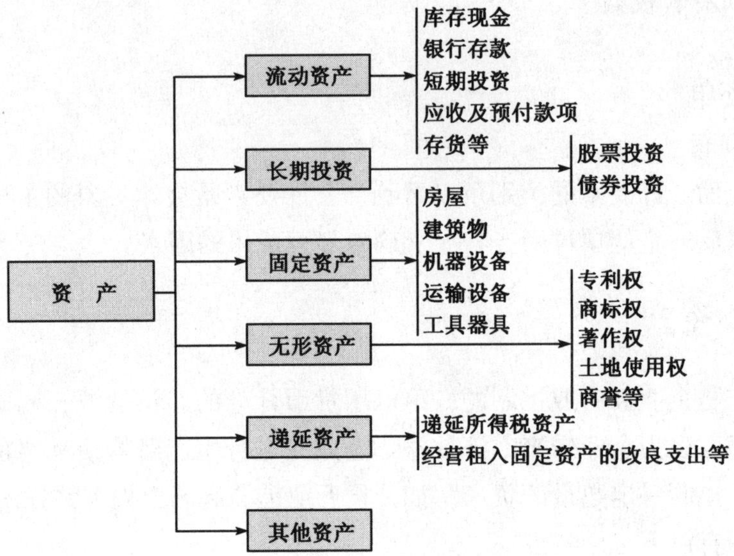

图 3-2　资产的分类

3.2.2　负债

负债就是企业的债务，是指企业所承担的，能以货币计量的需要以资产或劳务偿还的债务。负债是企业承诺要偿还的债务，其由过去的交易活动或本期的经济业务形成，须在未来某一特定时间予以清偿。

企业的负债并不是越多越好，也不是越少越好。因为企业的负债多到资不抵债的时候，经营就会面临极大的风险，就可能破产清算；而企业不欠债，完全使用自有资金进行生产经营活动，这样的企业虽然比较稳定，但是却很难做大，许多时候资金就是瓶颈，可能会扼制企业的发展。

所以每一个会计期末，会计都需要填制资产负债表，以了解企业资产与负债之间的比例关系，更清楚企业的经营状况，从而对下一期的经营策略作出相应调整。

3.2.3　所有者权益

所有者权益是企业投资人对企业的净资产的所有权。其中包括企业投资人对企业的投入资本，以及形成的资本公积、盈余公积和未分配利润。

从会计要素的角度来看，所有者权益和负债一样，都是企业资产的取得来源。但是负债体现的是债权人对企业资产的索偿权，而所有者权益的索偿权，却只能在总资产扣除债务后仍有富余时才有效。因此所有者权益又被称为“净资产”。

企业负债和所有者权益的构成，如图 3-3 所示。

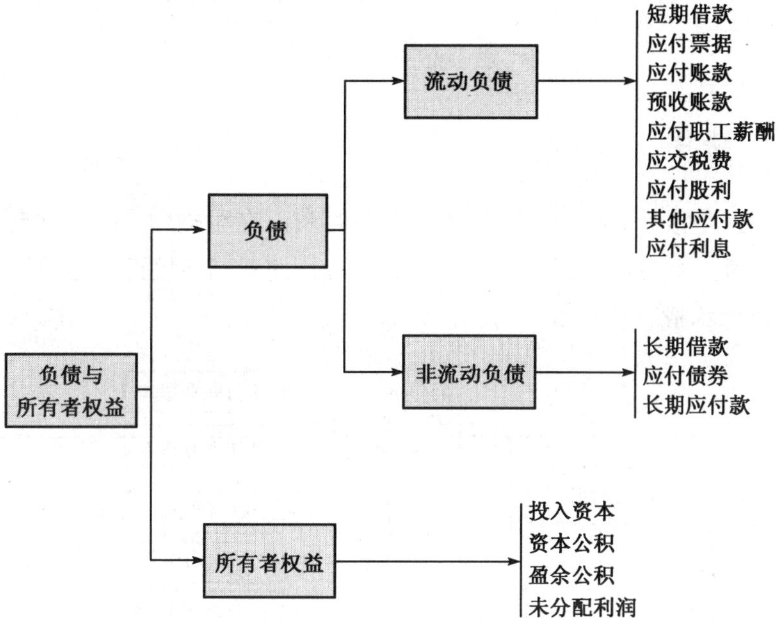

图 3-3　企业负债和所有者权益的构成

3.2.4　收入

收入，是指企业销售产品或提供劳务后所取得的报酬，是一种经济利益的流入。一般是指现金或银行存款的增加，或者是指应收账款的增加。

收入主要分为以下两种：

（1）主营业务收入，是指企业销售产成品、自制半成品、提供劳务等取得的收入。

（2）其他业务收入，是企业主要经营活动以外的业务所带来的收入。

收入的构成，如图 3-4 所示。

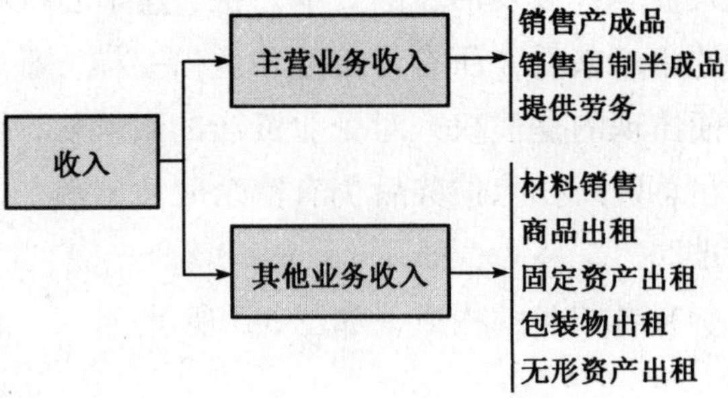

图 3-4　收入的构成

3.2.5　费用

费用，是指为取得收入而发生的各种耗费。在对费用进行确认时，需要根据配比原则细心地分析，采取有效的方法，使费用最接近实际的耗费。

费用的构成，如图 3-5 所示。

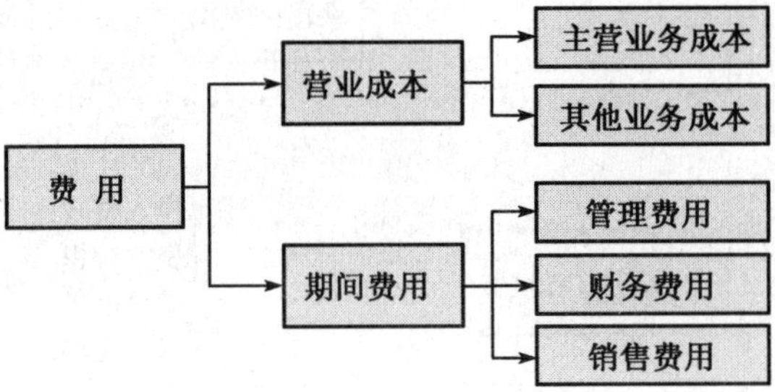

图 3-5　费用的构成

3.2.6　利润

利润，是指企业在一定期间内的经营成果，是企业在生产经营过程中各种收入扣除各种费用后的盈余。利润按其构成不同，可以分为：

- ❑ 营业利润
- ❑ 利润总额
- ❑ 净利润

一般情况下，利润并不出现在会计的日常账务中，那是因为利润确认之后，就会通过以下三个渠道进行分配：

- 按税后利润提取一定比例的法定盈余公积金
- 提取任意盈余公积金
- 向投资者分配利润

3.3　会计等式及其意义

会计等式，也称会计平衡公式或会计方程式，是在会计核算中，各个会计要素的相互关系而形成的等式，是对会计要素间内在经济关系的概括表达。

3.3.1　会计等式的形式

会计等式有三种形式，如表 3-1 所示。

表 3-1　会计等式的不同形式

名　　称	等式形式
财务状况等式	资产 = 负债 + 所有者权益
经营成果等式	收入 − 费用 = 利润
综合会计等式	资产 + 费用 = 负债 + 所有者权益 + 收入

会计等式的这三种形式，都能够表达会计要素之间的关系。其中财务状况等式，是资产负债表的基本公式，整个资产负债表就是以此等式为基准而建立的。而经营成果等式，则是计算企业利润的公式，企业财务的相应处理中，并没有直接的利润数字可以使用，利润都是通过收入与费用的比对后得出的。综合会计等式，则很好地揭示了企业的财务状况与经营成果之间的相互联系，它不但很明确地把资产、负债、所有者权益三者间的财务状况表示出来，还表明了收入与费用对企业财务状况的影响。

3.3.2　会计等式的意义

会计等式反映了会计基本要素之间的数量关系，反映了企业资产的归属关系，是设置账户、复式记账和编制会计报表等会计核算方法建立的理论依据，在会计核算中有着非常重要的地位。

会计等式在会计核算中的重要意义，主要表现在以下三个方面：

（1）明确了企业的产权关系，有利于保护债权人和投资人的合法权益。

（2）全面反映了企业的资产负债状况，便于进行资产负债比例管理。

（3）在会计实务中，它是设置会计科目和账户时进行分类、复式记账和构筑会计报表的依据。

3.4　会计科目与账户

会计科目与账户是会计核算中的基础元素，一切会计核算都围绕着会计科目与账户进行。本章主要讲解会计科目与会计账户相关的内容。

3.4.1　会计科目

会计科目，是对会计对象具体内容即会计要素进一步分类的项目，简称“科目”。它是按经济内容对资产、负债、所有者权益、收入、费用和利润这六大会计要素，进一步细分后，再一一命名得来的。每一个会计科目都应当明确反映一定的经济内容，科目和科目之间在内容上不能相互交叉。

会计科目是将六大基本会计要素细分后，形成的科目体系。会计科目有两个级次：

（1）总分类科目是反映总括性核算指标的科目，如固定资产、应收账款等。

（2）明细分类科目是对总分类科目所含内容所作的进一步细分，如应收账款下，一般都会设置以客户为名的明细科目，以便随时了解各客户的应收账款情况。

为了便于掌握会计业务，使记账工作正常进行，对会计科目还应进行分类和编号，并编成会计科目表。《企业会计准则》规定，总分类科目由财政部统一制定，明细分类科目除会计制度规定设置的以外，各单位可根据实际需要自行设置。

《企业会计准则》中规定的标准会计科目表，如表 3-2 所示。

表 3-2 标准会计科目表

序	编 号	会计科目名称	序	编 号	会计科目名称
1	1001	库存现金	49	2205	预收账款
2	1002	银行存款	50	2211	应付职工薪酬
3	1015	其他货币资金	51	2221	应交税费
4	1101	交易性金融资产	52	2231	应付股利
5	1121	应收票据	53	2232	应付利息
6	1122	应收账款	54	2241	其他应付款
7	1123	预付账款	55	2314	代理业务负债
8	1131	应收股利	56	2401	代理买卖证券款
9	1132	应收利息	57	2411	预计负债
10	1231	其他应收款	58	2501	递延收益
11	1241	坏账准备	59	2601	长期借款
12	1321	代理业务资产	60	2602	应付债券
13	1401	材料采购	61	2801	长期应付款
14	1402	在途物资	62	2802	未确认融资费用
15	1403	原材料	63	2811	专项应付款
16	1404	材料成本差异	64	2901	递延所得税负债
17	1406	库存商品	65	3101	衍生工具
18	1407	发出商品	66	3201	套期工具
19	1410	商品进销差价	67	3202	被套期项目
20	1411	委托加工物资	68	4001	实收资本
21	1412	周转材料	69	4002	资本公积
22	1461	存货跌价准备	70	4101	盈余公积
23	1501	消耗性生物资产	71	4103	本年利润
24	1521	持有至到期投资	72	4104	利润分配
25	1522	持有至到期投资减值准备	73	4201	库存股
26	1523	可供出售金融资产	74	5001	生产成本
27	1524	长期股权投资	75	5101	制造费用
28	1525	长期股权投资减值准备	76	5201	劳务成本
29	1526	投资性房地产	77	5301	研发支出
30	1531	长期应收款	78	6001	主营业务收入
31	1541	未实现融资收益	79	6051	其他业务收入
32	1601	固定资产	80	6101	公允价值变动损益

（续）

序	编　号	会计科目名称	序	编　号	会计科目名称
33	1602	累计折旧	81	6111	投资收益
34	1603	固定资产减值准备	82	6301	营业外收入
35	1604	在建工程	83	6401	主营业务成本
36	1605	工程物资	84	6402	其他业务成本
37	1606	固定资产清理	85	6405	营业税金及附加
38	1701	无形资产	86	6601	销售费用
39	1702	累计摊销	87	6602	管理费用
40	1703	无形资产减值准备	88	6603	财务费用
41	1711	商誉	89	6604	勘探费用
42	1801	长期待摊费用	90	6701	资产减值损失
43	1811	递延所得税资产	91	6711	营业外支出
44	1901	待处理财产损溢	92	6801	所得税
45	2001	短期借款	93	6901	以前年度损益调整
46	2101	交易性金融负债			
47	2201	应付票据			
48	2202	应付账款			

说明：《企业会计准则》中对企业可能会用到的会计科目进行了全面的规定，企业在会计处理过程中，可以选择本单位需要的会计科目设立相应的会计账户。

3.4.2　认识会计账户

会计账户，是为了更好地对各会计科目进行记录，而在账簿中开设的账户。会计账户是对会计要素进行分类核算的工具，是对会计要素的具体内容所作的科学的分类，其主要内容包括：

（1）账户名称，会计账户一般以会计科目为名。

（2）会计账户的结构，一般由借方和贷方组成，形成一个T形，T形的左边记录账户的借方内容，右边则记录账户的贷方内容。

会计账户的基本结构和样式，分为草稿T形账户及三栏式账户。草稿T形账户如图3-6所示。三栏式账户如图3-7所示。

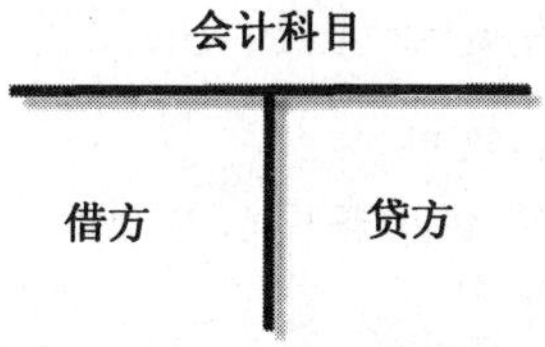

图 3-6　会计账户 T 形示意图

账户名称

年		凭证编号	摘要	借方	贷方	借或贷	余额
月	日						

图 3-7　三栏式账户样式

说明：会计账户的 T 形结构一般只用在试算平衡的手工草稿计算时，绝大部分情况下，会计账户的结构是账页模式。

3.5　会计新手如何建账

企业在成立初始，都会面临建账问题。建账，就是建立企业自己的会计账务体系，即根据企业的经营需要和企业将来可能的会计业务情况，购买账簿，然后将企业的日常业务逐渐纳入会计管理当中。

对于会计新手来说，还无法预测企业将来的会计业务有哪些。针对新手建账，给出以下两个解决办法。

3.5.1　聘请有经验的老会计帮助建账

这个方法是大部分企业都在使用的，所以很多有经验的老会计会在多家企业兼职。这种方法的好处是，老会计经验丰富，建账快，差错少，会计新手可以学到很多东西；缺点就在于会计新手学会的建账知识，很难再有机会实践，可能不久就会忘记。

3.5.2　摸石头过河自己建账

其实建账并不难，最困难的是新手不知道企业以后会有哪些会计业务。如果要新手自己建账，就要从解决这个问题开始。

作者的建议是：

（1）先建立基本账簿，如现金日记账、银行存款日记账等，把会计工作的日常业务先开展起来。

（2）其他业务可以先将原始凭证整理好，填制记账凭证，然后将记账凭证积攒起来备用。

（3）在记账凭证积攒到一定数量，对企业的基本业务已经做到心中有数之后，就可能着手启用各种账簿，从而建立会计账务体系了。

第4章 会计凭证的制作与使用

会计凭证，是会计业务中的基础自制单据，是记录经济业务、明确经济责任的书面证明，是登记账簿的依据。填制和审核会计凭证，是企业会计工作的开始，也是会计部门的主要日常工作之一。

会计凭证的作用非常重要，企业每发生一笔经济业务，经办业务的有关人员就必须根据要求，严格认真地填制会计凭证，以记录经济业务发生或完成的时间、经济业务的内容等。对会计凭证的审核也非常严格，经办人员必须在凭证上签名盖章，以对会计凭证的真实性和正确性负责，也便于日后核对账目时，明确相应的责任。

4.1 会计凭证的种类

会计凭证，就是会计工作中使用的相关凭证。这些凭证一般都是为了更好地记录经济业务而填制的。会计凭证是多种多样的，可以按照不同的标准进行分类。比较常见的是按其用途和填制程序进行分类，可以将会计凭证分为以下两类：

- 原始凭证
- 记账凭证

4.1.1 什么是原始凭证

原始凭证，又称票据。票据，顾名思义，就是发票和单据，是指经济业务发生时取得或填制的相关书面证明。原始凭证的特点是：

（1）在经济业务发生或完成时取得或填制。

（2）可以记录或证明经济业务的发生或完成。

（3）具有较强的法律效力。

典型的原始凭证在工作和生活中十分常见，如可以用来报销的普通发票、增值税发票，用以记录银行账户操作的银行进账单、缴款单等，还有一些内部单据如收款收据、降价处理单等。原始凭证是进行会计核算的原始依据，是会计工作中非常重要的凭证。

原始凭证的样式多种多样，并不统一，较常见的样式如图 4-1 所示。

收　据

客户名称：鑫利商场　　2009年5月15日　　编号：

编号	商品名称	规格	单位	数量	单价	金额							
						十	万	千	百	十	元	角	分
	白糖	散装	公斤	25	¥2.30				¥	5	7	5	0
合计									¥	5	7	5	0
大写金额：	¥佰伍拾柒元伍角零分												

第二联：客户联

开票单位：南山批发市场2号商行　　开票人：王小二

图 4-1　原始凭证的样式

说明：人们一般都会认为原始凭证是发票等票据，实际上许多自制的原始凭证也是可以证明经济业务的。自制原始凭证的相关知识，在后面会有较详细的说明。

4.1.2 原始凭证的分类

原始凭证有许多种，在实际的会计工作中，原始凭证的分类，也因分类的依据不同而有不同的类别。会计工作中应用的原始凭证种类很多，一般有以下两种分类方法。

第一种，按其取得或形成的来源不同，可分为：

1. 外来原始凭证

外来原始凭证是指原始凭证的来源是企业外部，如购货时取得的发票、付款时取得的对方开具的收据等。

说明：所谓外来，是指本单位会计主体以外的。如本单位的会计主体只是本公司，那么企业子公司或控股公司等单位的原始凭证也算是外来原始凭证。

2. 自制原始凭证

自制原始凭证是指由本单位自制的原始凭证，一般由本单位的相关人员经办，在相关业务的执行过程中或完成后所填制的书面凭证。如商品、材料入库时，由仓库保管人员填制的入库单，生产部门领用材料的领料单，财会部门将现金存入银行的现金存款单，因公出差填制的差旅费报销单，固定资产折旧计算表，收款收据，限额领料单以及发料凭证汇总表等。

说明：自制的原始凭证虽然是企业内部自制的，但是也需要有相应的保真机制，即入库单等单据，需要加盖本单位财务制度规定的印章，如公章或财务章等。又如，收款收据上应当加盖财务章或现金收讫章。

第二种，根据其内容的不同，可分为：

1. 一次性凭证

其内容的填制是一次完成的，已填列的凭证不能再重复使用。

2. 累计凭证

在一些特定单位，为了连续反映某一时期内不断重复发生而分次进行的特定业务，需要在一张凭证中连续、累计填列该项特定业务的具体情况，这种凭证称为累计凭证。比较典型的累计凭证有限额领料单、费用登记表等。

说明：因累计凭证需要反复使用，必须严格规定凭证的保管制度和材料收发手续。

3. 记账编制凭证

记账编制凭证，是为了方便记账而编制的原始凭证。其一般都以实际发生或完成的经济业务为依据，由会计人员进行归类、整理。常见的有固定资产折旧计算表、制造费用分配表和产成品成本计算表等。

4. 汇总原始凭证

为了简化记账凭证的填制工作，集中反映经济业务的情况，将类似的原始凭证汇总起来，编成一张原始凭证，这张凭证就是汇总原始凭证。比较典型的汇总原始凭证，如差旅费报销单，多张车票、餐饮票等都贴在同一张纸上，会计人员只需要制作合计数的记账凭证即可。

为了更好地显示原始凭证的类别和分类情况，特将其分类的情况制成了分类示意图，如图 4-2 所示。

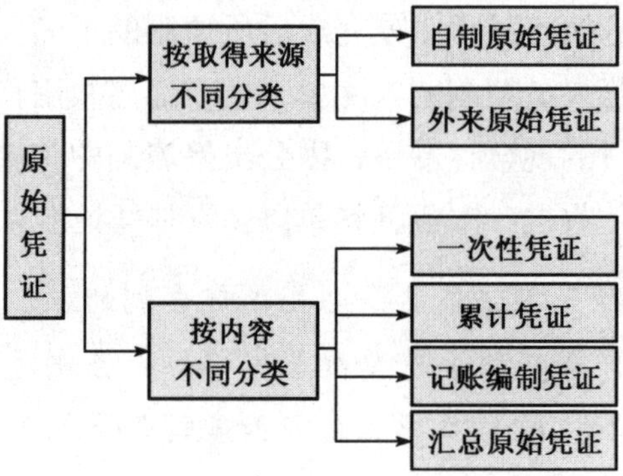

图 4-2　原始凭证的种类

说明：原始凭证的分类，在实际工作当中并不严格区分，只是在需要的时候会说到，如汇总原始凭证或累计凭证是比较常用到的，其他的一般也并不按某种分类来称呼。

4.1.3　什么是记账凭证

记账凭证，一般简称为凭证。在会计的实际工作中，说到凭证就是专指记账凭证。记账凭证是会计人员根据审核后的原始凭证，在确定会计分录后编制的书面凭证，经过层层审核之后，其内容就登录在账簿上。

原始凭证的种类多、样式多，虽然提供了具体的信息，但是却不能很方便地进行会计核算。而记账凭证则是把杂乱的原始凭证整理成格式统一、科目和借贷方向明确的会计信息。所以记账前，必须要将原始凭证整理成记账凭证。

说明：就算只有一张发票，也需要将其整理成记账凭证。

记账凭证的样式一般比较统一，只是凭证上的名称或金额栏有时会有变动。统一的记账凭证样式，如图 4-3 所示。

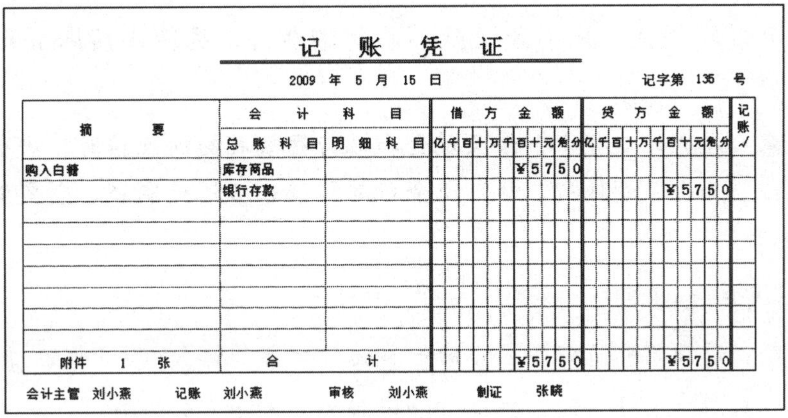

记　账　凭　证

2009 年 5 月 15 日　　　　记字第 135 号

摘　要	会计科目		借方金额（亿千百十万千百十元角分）	贷方金额（亿千百十万千百十元角分）	记账✓
	总账科目	明细科目			
购入白糖	库存商品		¥5750		
	银行存款			¥5750	
附件 1 张	合　计		¥5750	¥5750	

会计主管 刘小燕　记账 刘小燕　审核 刘小燕　制证 张晓

图 4-3　记账凭证样式

说明：还有一种较常见的记账凭证的样式，金额栏是方格而不是图4-3里的那种细格。

图 4-3 中的记账凭证，就是根据图 4-1 中的发票整理而成的，对比两图就可以看到二者的差别非常大。记账凭证中的信息可以直接登录在账簿中。

4.1.4　记账凭证的种类

记账凭证的分类方法有三种，每一种分类方法都有不同的分类标准。

第一种分类方法，根据记账凭证反映的经济业务的内容不同，可以分为：

1. 专用记账凭证

专用记账凭证又可分为收、付、转三种凭证，之所以得名为专用，就是因为其对收款、付款和转账业务采用三种不同名称的专用凭证进行记录。

（1）收款凭证，是用来记录收款业务的记账凭证。收款业务是指库存现金和银行存款的收入业务。

（2）付款凭证，是用来记录款项支付业务的记账凭证。支付主要是指现金或银行存款的支付。

注意：在实际工作中，收款和付款凭证一般都是由出纳人员进行编制的。

（3）转账凭证。凡不涉及款项收付的业务，都使用转账凭证进行记录。

注意：在会计实务中，涉及现金和银行存款之间的互转时，一般只做付款凭证。如存钱到银行，就做现金付款凭证；从银行取钱，则要做银行付款凭证。

2. 通用记账凭证

说明：通用记账凭证的名称统一称为“记账凭证”，不分收、付、转。

第二种分类方法，按记账凭证的填制方式不同，可分为：

（1）单式记账凭证，是将一项经济业务涉及的每个会计科目都单独编制一个记账凭证。如涉及两个会计科目的业务，就需要做两个单式记账凭证，即一个借方记账凭证，一个贷方记账凭证。

说明：这种记账凭证，每项经济业务需要使用两张以上的凭证来记录，既容易发生错记漏记，又不利于查对，所以在现实工作中，并不使用这种凭证。只有会计部门分工很细的企业才可能选用这种凭证。

（2）复式记账凭证，就是常见的记账凭证，其把同一项经济业务涉及的所有会计科目都编制在同一张凭证上，同一项业务的来龙去脉都可以体现在一张凭证上。

说明：绝大多数企业的会计部门都采用复式记账凭证来记录经济业务。

第三种分类方法，根据凭证是否汇总可分为：

1. 汇总记账凭证

会计实务中，有时为了简化总账的登记工作，会将该账户下所有的明细分类进行汇总，然后将汇总后的数据记入总分类账簿中。

2. 非汇总记账凭证

非汇总记账凭证是指按照每项经济业务或按每项经济业务所涉及的每个会计科目填制的记账凭证。

上述三种分类方法在会计实务中都会涉及，所以对于各种分类下各类别的名称和具体的分类标准还需要作一个初步的了解。下面将记账凭证的三种分类方法及相应的凭证类别，做成一张总图，这样可以看得更清楚。记账凭证分类关系图，如图 4-4 所示。

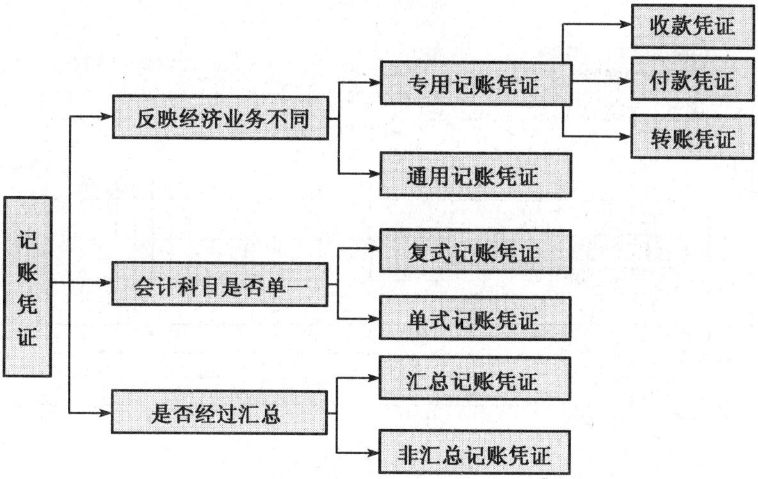

图 4-4　记账凭证分类关系图

4.2　原始凭证的处理

原始凭证的处理，主要是原始凭证取得时需要对其内容和有效性进行审核，某些业务的原始凭证还需要进行初步的整理。

原始凭证需要审核的内容如下：

（1）原始凭证的名称。

（2）填制凭证的日期。

（3）凭证的编号。

（4）填制和接受凭证的单位名称。

（5）经济业务的基本内容，包括业务摘要、业务涉及的产品及其金额等。

（6）填制单位及有关人员的签章。

以下就是几种常见的原始凭证的处理实例。

4.2.1 发票的审核

收到客户提供的发票后，需要格外注意发票的真伪。常见的发票样式如图 4-5 所示。

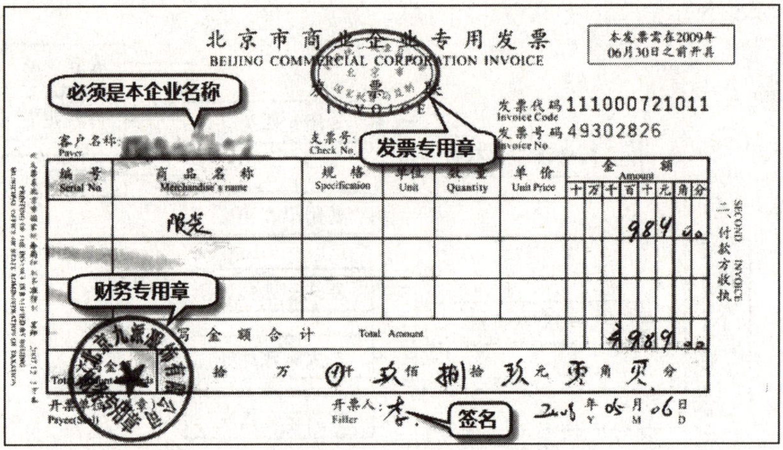

图 4-5　发票的样式

拿到发票进行处理时，一般有以下几个步骤：

（1）对发票进行审核，应当注意以下几点：

- ❑ 发票名称处是否有税务局的发票专用章
- ❑ 是否有客户单位的公章或财务专用章
- ❑ 其发票上的客户名称是否是本企业名称
- ❑ 开票人是否已签名或盖章
- ❑ 发票的内容是否有涂改或不清楚的地方
- ❑ 金额的大小写是否一致

（2）以上几处都无误后，可以根据此发票，做会计分录为：

借：库存商品　　989

　　贷：银行存款　　989

（3）由上述的会计分录填制会计凭证，此业务应填写银行付款凭证。填制完成的银行付款凭证，如图 4-6 所示。

付 款 凭 证

2008 年 5 月 6 日　　　　银付 字第 135 号

摘要	会计科目 总账科目	会计科目 明细科目	借方金额（亿千百十万千百十元角分）	贷方金额（亿千百十万千百十元角分）	记账√
	库存商品		¥98900		
	银行存款			¥98900	
附件 1 张	合计		¥98900	¥98900	

会计主管 刘小燕　　记账 刘小燕　　审核 刘小燕　　制证 张晓

图 4-6　填制完成的银行付款凭证

4.2.2　差旅费发票报销处理

小李去外地出差，回来后有各类发票要报销。这些发票有些是出租车票，有些是公交车票，还有火车票和住宿发票。发票形状大小不一，数量很多。

在这种情况下，需要将这些发票全都整理粘贴在同一张凭证纸的背面，按照相压并错开的方式粘贴上去，并在空白处标明发票的总张数和总金额。粘贴好的差旅费发票整理后，如图 4-7 所示。

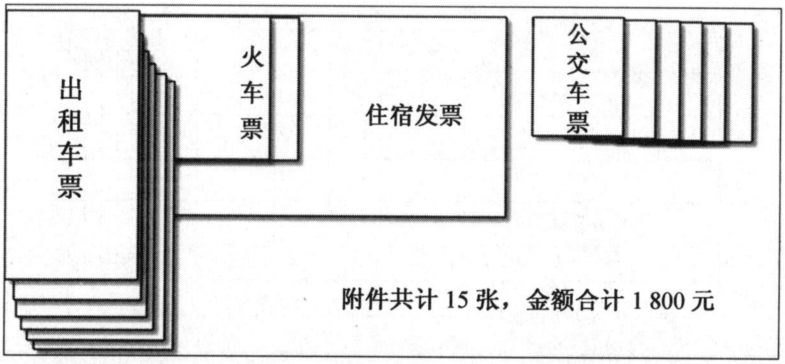

图 4-7　发票的粘贴整理

4.3　记账凭证的填制

记账凭证种类甚多、格式不一，但其主要作用在于对原始凭证进行分类、整理，按照复式记账的要求，运用会计科目编制会计分录，据以登记账簿。因此，在填制记账凭证时，必须注意以下几项基本内容：

- 记账凭证的名称
- 填制凭证的时间
- 记账凭证的编号
- 经济业务的摘要
- 借方和贷方的会计科目
- 附件的张数
- 制证、审核、记账、会计主管等有关人员的签章

4.3.1　确定会计分录

例：兴发公司行政部向九九文具店购买了一批办公用品，金额合计980元，货和发票已送到，款项到月底支付。购办公用品取得的发票，如图4-8所示。

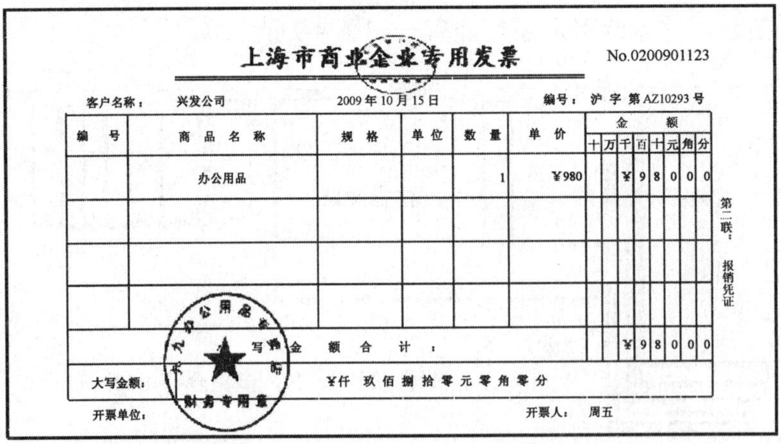
上海市商业企业专用发票　No.0200901123

客户名称：兴发公司　2009年10月15日　编号：沪字第AZ10293号

编号	商品名称	规格	单位	数量	单价	金额
	办公用品			1	¥980	¥98000
	小写金额合计：					¥98000

大写金额：¥仟玖佰捌拾零元零角零分

开票单位：　开票人：周五

第二联：报销凭证

图4-8　购办公用品取得的发票

说明：图 4-8 的发票为作者自制，与实际发票有差距，请以实际发票为准。

此业务中，办公用品是低值易耗品，可以记入“周转材料——低值易耗品”账户，款项月底才付，应记入“应付账款”账户中。低值易耗品是资产类科目，借方代表增加，贷方代表减少。购买办公用品是低值易耗品的增加，所以应借记“周转材料——低值易耗品”科目，贷记“应付账款”科目。

说明：低值易耗品原来是总账科目，新的《企业会计准则》出台之后，该科目已取消，改为周转材料的明细科目。

上述经济业务应做会计分录为：

借：周转材料——低值易耗品 980

　　贷：应付账款——九九文具店 980

4.3.2 填写记账凭证

确定会计分录之后，就需要将分录中的内容填入凭证的相应位置。填制会计凭证的步骤如下：

(1) 选择合适的记账凭证，本笔业务不涉及款项的收支，所以使用转账凭证。凭证名称如图 4-9 所示。

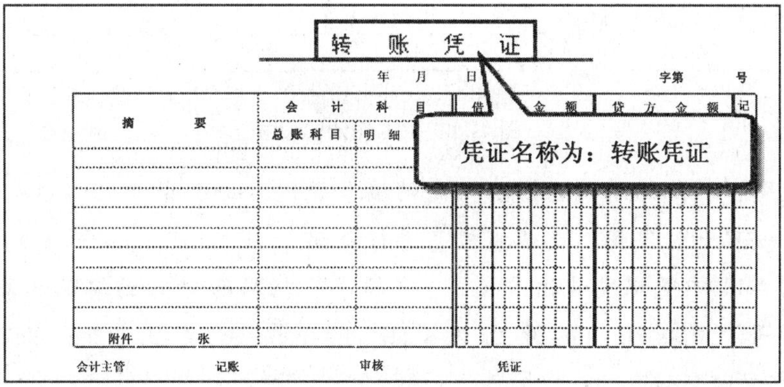

图 4-9 选择合适的凭证类型

（2）在转账凭证中填写填制凭证的时间，如图 4-10 所示。

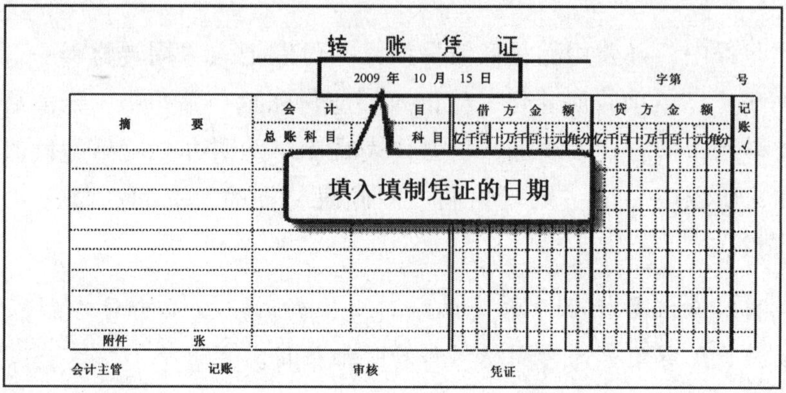

图 4-10 填入填制凭证的日期

（3）填入凭证的编号，如图 4-11 所示。

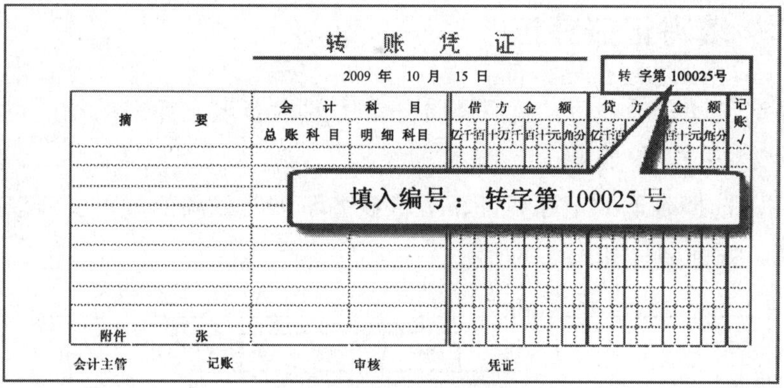

图 4-11 填入凭证的编号

说明：凭证的编号一般有一定的编号规则，每个企业可以自行设置和规定，一旦开始使用，就不能轻易进行变动。

图 4-11 中凭证编号的意义是，“转字”指转账凭证的单独编号，“第 100025 号”是指 10 月的第 25 张凭证。综合起来就是这张凭证为 10 月的第 25 张转账凭证。

（4）将经济业务的摘要填入转账凭证摘要栏，如图 4-12 所示。

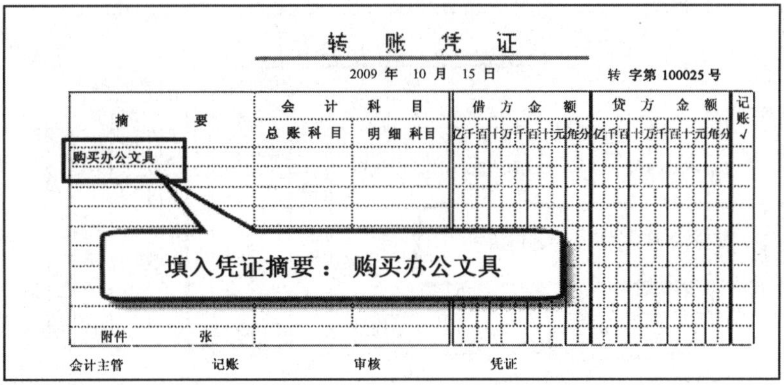

图 4-12　填入凭证摘要

（5）填入借方和贷方的会计科目和金额，并结出借、贷方的合计数，如图 4-13 所示。

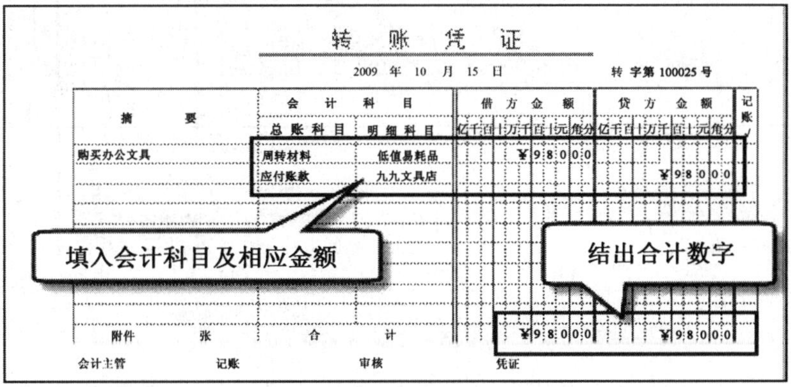

图 4-13　填入会计科目及金额

说明：应填入的会计分录为：

借：周转材料——低值易耗品　980

　　贷：应付账款——九九文具店　980

（6）填写转账凭证的附件张数，如图 4-14 所示。

说明：此笔业务的附件为文具店开具的报销发票，只有一张。

（7）由制证人签名，如图 4-15 所示。

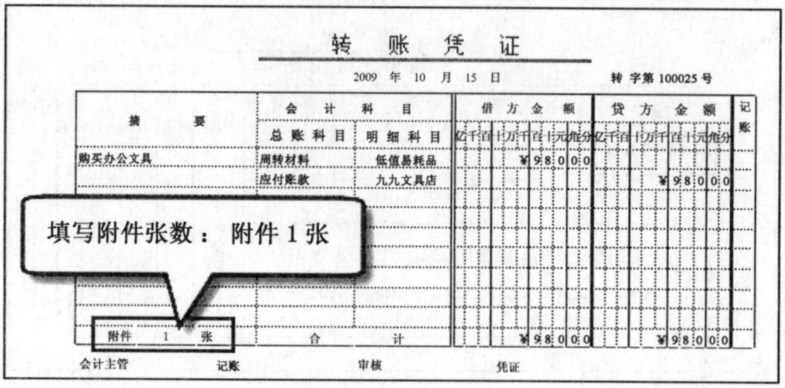

图 4-14　填写附件张数

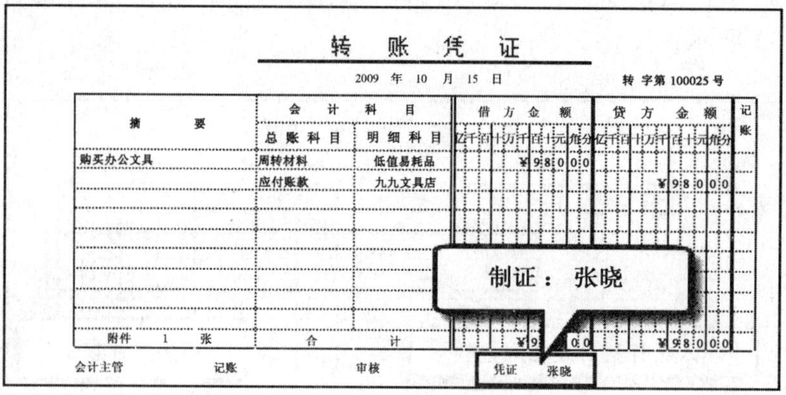

图 4-15　制证人签名

说明：转账凭证中的审核、记账、会计主管等有关人员的签章，是要经过相应工序后才会签名的，如审核人要在审核凭证之后才会签名，记账人要在凭证内容登记到账簿后才会签名等。

至此，这项经济业务的凭证已填制完成。

4.4　记账凭证的传递和保管

记账凭证填制完毕后，还需要在各分工负责人之间传递，传递完之后，应将记账凭证装订成册，然后进行专门的保管。

记账凭证制作、传递及保管相关的全部操作流程，如图 4-16 所示。

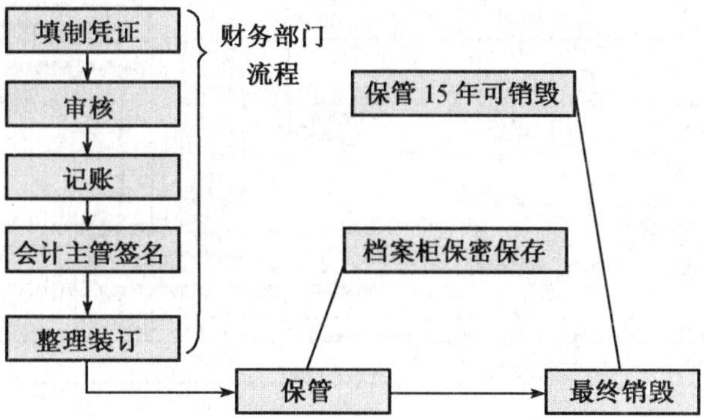

图 4-16　记账凭证的操作流程

4.4.1　记账凭证的传递

记账凭证的传递，是指从填制到归档保管的整个过程中，在单位内部各有关部门和人员之间的传递程序和传递过程。

当记账凭证制作完成后，就可以进入相应的传递过程了，其相应步骤如下：

(1) 由指定人员对凭证内容进行审核。审核的内容包括：

- ❑ 原始凭证是否符合使用规定
- ❑ 会计分录正确与否
- ❑ 相关数字金额是否正确无误
- ❑ 附件张数是否正确
- ❑ 制证人是否签章

(2) 审核完成后，由专人进行账簿的登录。登录完成后，需要在凭证处进行标记，如图 4-17 所示。

说明：从图 4-17 中可以看到，所谓的记账后的标记，就是在凭证最右边的“记账”栏里，标记上“√”符号。

(3) 记账完成后，会计主管确认无误后签名。

(4) 经过所有流程，到月底结账完成后，就可以将凭证装订起来了。

至此，记账凭证的传递过程已完成。

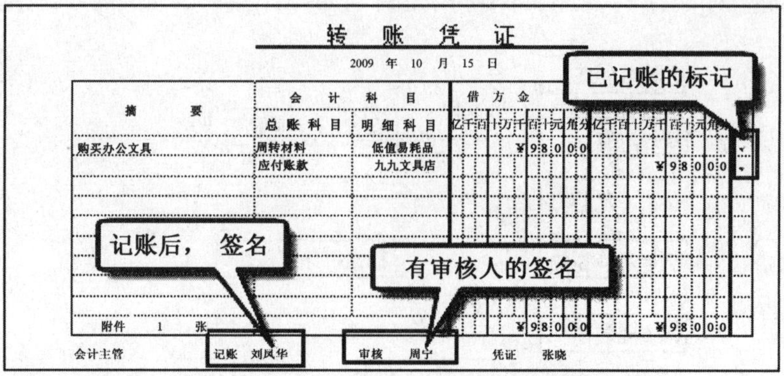

图 4-17 记账后需要标记

4.4.2 记账凭证的装订

记账凭证的装订，就是将登记完毕的记账凭证，连同凭证所附的原始凭证等，按凭证的编号顺序装订成册。

在填制记账凭证之前，已对原始凭证进行了相应的整理。即将大小不一的原始凭证按照记账凭证的大小进行折叠和粘贴，使其大小与记账凭证大小相同，或与记账凭证的右上角齐平。这样整理的目的就是为了将记账凭证装订整齐，装订成册后又可以保证不能随意增减原始凭证。

会计凭证的装订一般在月末本月账务结账后进行。一般会计凭证装订好后，有牛皮纸的封面和封底，把会计凭证和原始凭证都以左上角剁齐，打孔用线装订结实后，再包上包角纸即可。装订的方法比较简单，不再多说。

装订会计凭证时需要注意以下几点：

（1）记账凭证一定要按编号顺序码放。

（2）收付转凭证一般都分册装订，如果业务很少也可以装订成一册。

（3）将记账凭证汇总表、银行存款余额调节表放在最前面，并放上封面、封底。

（4）装订好后，要在包角纸的接口处加盖骑缝章，以防私拆凭证。

要在封面、封底上注明相关情况，如日期、册数等。在凭证册的左侧包住的地方可以注上编号，以方便日后查找。

说明：记账凭证装订好后，其封面应当填写详细的相关内容。记账凭证的封面和封底有专用的牛皮纸质地的，可以直接购买使用。

4.4.3　记账凭证的保管

记账凭证装订好之后，就要归档保管。会计凭证是重要的财务资料，因此会计凭证保管的相应规定十分严格，其保管期限也有明确的法律规定。记账凭证保管的相关规定有：

（1）装订好的会计凭证，要按年、月的顺序排列保存，一般由专人保管。

说明：出纳不得兼管会计档案。

（2）凭证装订好后，先由财会部门保管，以备随时查对账目，年底终了后，还可暂时由财会部门保存一年，过后须由本单位档案部门保管。

（3）需要调阅会计凭证，应当进行申请，经批准方能查阅。

说明：调阅时，应填写“会计档案调阅表”，详细填写调阅会计凭证的名称、调阅日期、调阅人姓名、调阅理由、调阅批准人等。

（4）原始凭证不得外借，其他单位如因特殊原因需要使用原始凭证时，经相关主管的批准，可以复制。

说明：由谁批准，须看企业的财务审批制度的规定。向外单位提供的原始凭证复制件，须专设登记簿登记，说明所复制的会计凭证名称、张数，并由提供人员和收取人员共同签名或盖章。

第 5 章

会计账簿的相关操作

在会计核算中，对每一项经济业务，都必须取得和填制会计凭证。由于会计凭证的数量很多，又很分散，而且只能零散地反映个别经济业务的内容，所以无法连续、系统、全面地监督一个经济单位在一定时期内所有经济业务的情况。账簿就是为了给经济管理提供系统而完整的核算资料而产生的。可以把分散在会计凭证上的大量的会计数据资料加以归类整理，然后登记到账簿中去。

5.1 相关知识

账簿是十分重要的会计资料，其按照会计科目开设账户和账页，将经济业务序时、分类地记录在账页上。为了满足不同会计账务处理的需要，会计账簿的样式和种类非常多，需要对每一种账簿所适用的情况有所了解。

本节主要讲述会计账簿的一些相关知识，主要包括会计账簿的意义、会计账簿的分类等。

5.1.1 会计账簿的意义

设置和登记账簿，是对经济信息进行加工整理的一种专门方法，是会计核算工作中的一个重要环节，其在会计核算工作总流程中的位置，如图 5-1 所示。

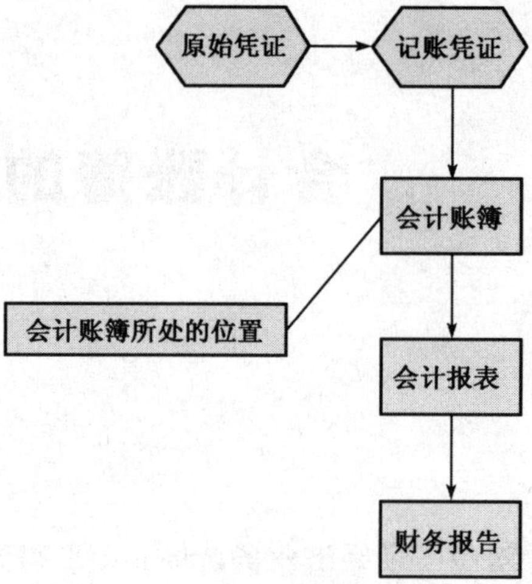

图 5-1 会计业务流程示意图

会计账簿对加强经济管理有着十分重要的意义，可以概括为：

（1）为企业的经济管理提供系统而完整的会计信息。

（2）为定期编制的会计报表提供相关的数据资料。

（3）是考核企业经济成果、加强经济核算、分析经济活动情况的重要依据。

5.1.2 会计账簿的分类

账簿和会计账户不同，账簿是记录会计账务的书面材料，一本账簿中可以只记录一个账户的内容，也可以记录多个账户的内容。财务处理中常用账簿的分类有以下几种：

（1）按账簿样式分类，分为订本账和活页账。

（2）按账簿中账页的格式分类，分为三栏式、数量金额式和多栏式。

（3）按账簿中账户的属性，分为总账、明细账和日记账等。

每种账簿都有其相应的适用范围，对不同的账户要使用的账簿也有相应的规定，如银行存款和库存现金的日常支出，必须建立日记账，而日记账则必须使用订本账簿来记录等。

5.2　会计账簿的设置和登记

会计账簿是会计工作中相当重要的，也是常用的记录用品。任何单位都应当根据本单位经济业务的特点和经营管理的需要，设置一定种类和数量的账簿。

会计账簿的登记因账簿的性质和样式不同而有所区别。不同的账簿，其登记的规则和程序都不尽相同，需要在实际工作中区别对待。

5.2.1　账簿的基本结构

由于各种账簿所记录的经济业务不同，账簿格式可以多种多样，但是其基本结构都是相同的。一个会计账簿应具备下列基本内容：

（1）封面，是指封面和封底。

（2）扉页，记录账簿的基本信息，如启用日期、截止日期、页数、册次等，相关人员名单、签章以及账户目录等。

（3）账页，记录会计信息的、有固定格式的纸页。

5.2.2　账页的基本结构

账簿的样式不同，主要是指账页的样式多种多样。不同的账页，因其反映的经济业务内容不同，格式也各有不同，但是基本元素却是相同的。账页上相同的基本元素包括：

- 账户名称
- 登账日期
- 凭证种类和号数栏
- 摘要栏
- 金额栏
- 总页次和分户页次

以常见的三栏式账页为例，可以看到上述的全部基本元素。三栏式账页的样式，如图 5-2 所示。

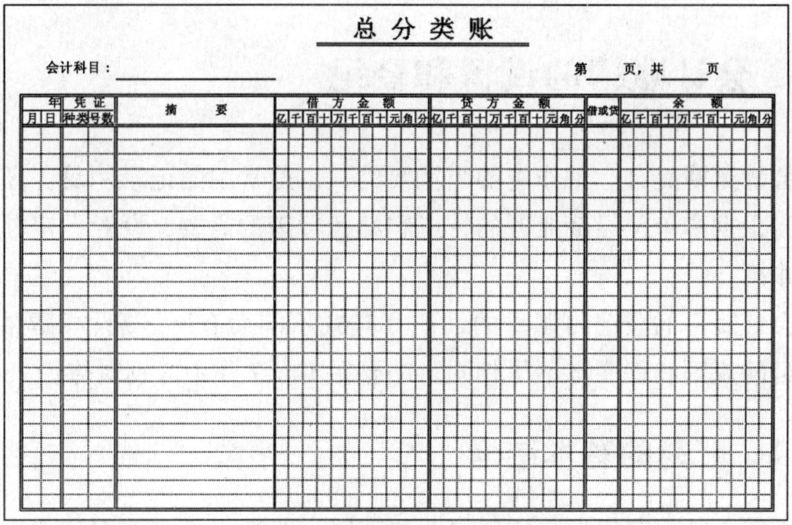

图 5-2　常见的三栏式账页

5.2.3　账簿的选用

不同类型的账户，由于其数据和信息的特点不同，所以要采用的会计账簿也不同，如“库存现金”账户，由于其必须每日清点、时时清查，所以就使用日记账进行记录和核算；同时由于牵涉到现金，不能对账簿的内容进行随意的删改，更不能加页和减页，所以一般现金日记账都采用订本式三栏账。

针对不同类型的账户所采用的会计账簿类型，如表 5-1 所示。

表 5-1　不同账户的账簿选用

账户名称	账户属性	账本样式	账页格式
库存现金	日记账	订本账	三栏式
银行存款	日记账	订本账	三栏式
应收账款	明细账	活页账	三栏式
预付账款	明细账	活页账	三栏式
其他应收款	明细账	活页账	三栏式
应收票据	明细账	活页账	三栏式
库存商品	明细账	活页账	数量金额式
固定资产	明细账	活页账	多栏式
待处理财产损溢	明细账	活页账	三栏式

（续）

账户名称	账户属性	账本样式	账页格式
应付账款	明细账	活页账	三栏式
其他应付款	明细账	活页账	三栏式
实收资本	明细账	活页账	三栏式
盈余公积	明细账	活页账	三栏式
利润分配	明细账	活页账	三栏式
主营业务成本	明细账	活页账	三栏式
主营业务收入	明细账	活页账	三栏式
其他业务收入	明细账	活页账	三栏式
管理费用	明细账	活页账	三栏式
财务费用	明细账	活页账	三栏式

说明：表 5-1 中列示的账户是会计业务中最常见的账户，可以从这些账户的账簿选择中举一反三，了解其他类似账户的账簿选择。

从表 5-1 中可以看到，由于不同类型的账户所反映的经济内容不同，故所选用的账簿也不同。

在实际工作中，许多账户还是有共性的，在选择账簿时，并不需要为每个账户选择相应格式的账簿，可以根据类别进行选择。根据账户所属类别来选择账簿，如表 5-2 所示。

表 5-2 不同类别账户的账簿选择

账户类型	账簿	格式	相关科目
总账	订本式	三栏式	所有总账科目
明细账	活页式	三栏式	往来及收入、成本科目的明细账
		数量金额式	固定资产明细及存货科目明细
		多栏式	管理费用等
日记账	订本式	三栏式	现金日记账和银行存款日记账

在实际工作中，可以根据表 5-2 进行账簿的选择和设置。

5.2.4 实例 1：现金日记账的设置和登记

所有单位都要设置现金日记账和银行存款日记账。这两种日记账主要用于序时核算单位库存现金与银行存款的收入、支付和结存的情况。其他账户的账目可以积攒起来，一段时间登记一次；日记账则必须在业务完成后马上记录，并且要在当天结出存余，以便与实际数字进行核对。

现金日记账是由出纳人员根据现金收款凭证、现金付款凭证和银行付款凭证，按业务发生的时间先后，将涉及“库存现金”科目的会计信息逐笔记录在账页上，其格式与内容，如图 5-3 所示。

说明：当涉及银行存款与现金之间互转的情况时，只做付款凭证。当从银行取现金时，按付款科目做凭证，那就应该是银行付款凭证。

现金日记账

（单位：元）

2009年		凭证		摘要	对方科目	收入	支出	余额
月	日	种类	号数					
1	1			上年结余				200
	4	现付	1	付购入材料运费	材料采购		60	
	4	银付	1	提取现金备发工资	银行存款	11200		
	4	现付	2	李明借差旅费	其他应收款		80	
	4	现收	1	贺平交回预借差旅费余额	其他应收款	120		
	4			本日合计		11320	140	11380
	5							

图 5-3　现金日记账的登记

现金日记账的登记方法和步骤如下：

1. 日期栏

此栏的日期并不是填写当前日期，此日期应与会计凭证上的日期一致。

说明：对于日记账来说，凭证日期与当前日期应当是相同的。

2. 凭证栏

在此处填写凭证的种类和编号，凭证的种类有现收、现付和银付。

3. 摘要栏

在此处填写相关经济业务的内容，文字要简练，内容要概括。

4. 对方科目栏

本账页是现金日记账，只记录与现金有关的业务。此栏就是填写会计凭证中与“库存现金”科目相对应的其他科目。

说明：如以下会计分录：

借：管理费用

　　贷：库存现金

对方科目栏内就填写“管理费用”。

5. 收入、支出栏

在此处填写库存现金收入或支出的金额。对“库存现金”科目而言，记借方时即为收入，记贷方时则为支出。

6. 余额栏

库存现金的余额在每日终了时，都要结算出来，然后将日记账的账面余额与出纳的库存实际余额相比对，这就是所说的日清。月终时同样需要计算现金收支和结存的合计数，通常称为月结。

说明：如果日清和月结的结果账实不符，那么就需要马上查明原因，并记录在案。

5.2.5　实例 2：短期借款总分类账的设置和登记

总分类账是按照总分类账户分类登记全部经济业务的账簿。因为总分类账是十分重要的会计资料，登记之后，不得随意更改和增删账页，所以总分类账使用订本账来记录。

在总分类账中，应按照会计科目的编码顺序分别开设账户，而由于总分类账一般使用订本式账簿，所以事先应为每个账户预留若干账页。由于总分类账能够全面地将企业的经济活动情况反映出来，并且还是会计报表的主要数据提供者，所以，任何单位都要设置总分类账。

总分类账在进行登记时，须根据会计凭证的制证时间，顺序地记录在账簿中，其账页的样式及记录后的情况，如图 5-4 所示。

总分类账的登记方法与步骤如下：

总分类科目名称

总 分 类 账

会计科目：短期借款　　　　第 1 页，总 4 页

2009年 月	2009年 日	凭证 种类	凭证 号数	摘要	借方金额	贷方金额	借或贷	余额
1	1			上年结余			贷	13500000
	4	银付	1	归还银行借款	5000000		贷	8500000
	13	银收	1	向银行贷款		3000000	贷	11500000
	31			本月发生额及余额	5000000	3000000	贷	11500000

图 5-4　总分类账的登记

1. 日期栏

在此栏中填写会计凭证上的日期。

说明：由于总分类账一般并不是在经济业务发生当日登记，所以这一点需要格外注意。

2. 凭证栏

在此处填写凭证的种类和编号，凭证的种类有现收、现付、银收、银付和转账。

3. 摘要栏

在此处填写相关经济业务的内容，文字要简练，内容要概括。

4. 借方金额、贷方金额栏

在此处填写本科目的借方发生额与贷方发生额。

5. 借或贷栏

本栏中记录余额的借贷方向，若本栏中为借，则余额为借方余额；同理，若本栏中为贷，则表示当前余额是贷方余额。

6. 余额栏

当前科目的余额数字。

说明：和日记账不同的是，总分类账只在每月终了时进行月结。并不会每日都结出余额，而且许多总分类科目也不是每天都有相关业务。

5.2.6 实例 3：应收账款明细分类账的设置和登记

明细分类账是用来分类登记经济业务的账簿。明细分类账一般采用活页式账簿，因为很可能会经常增加明细分类。如“应收账款”科目，其明细分类就是欠款的客户名称，只要增加了应收账款的客户，就需要多加一个以该客户为名的明细科目。

各种明细分类账是指根据实际需要，分别以二级科目或明细科目开设的账户，以便用来分类、连续地记录有关科目的详细资料。如“应收账款”科目，其总账主要反映应收账款的总合计数字，而各明细分类账则反映某一个特定客户的账户中应收账款的发生和归还的详细状况。

应收账款的明细分类账，一般采用三栏式活页账簿，其账页的样式及填写后的情况，如图 5-5 所示。

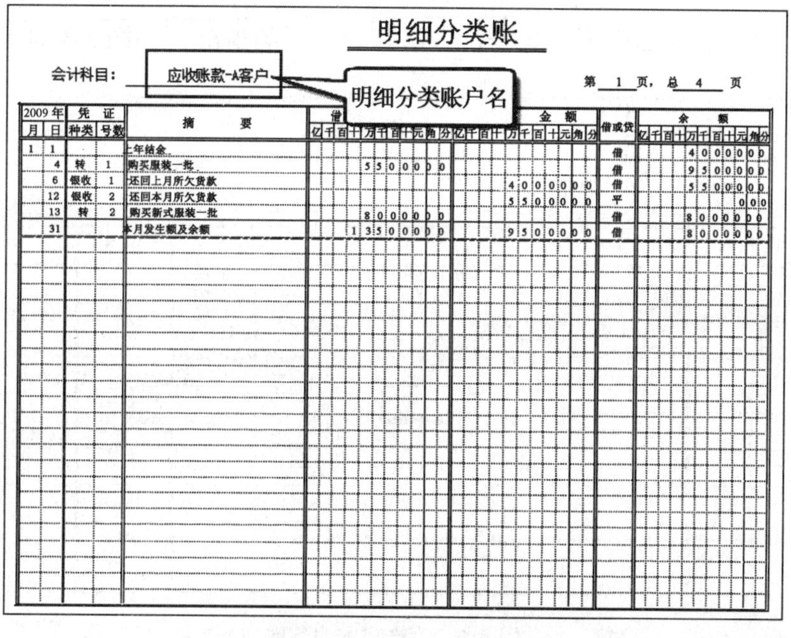

2009 年 月	日	凭证 种类	号数	摘要	借	金额	借或贷	余额
1	1			上年结余			借	4000000
	4	转	1	购买服装一批	5500000		借	9500000
	6	银收	1	还回上月所欠货款		4000000	借	5500000
	12	银收	2	还回本月所欠货款		5500000	平	000
	13	转	2	购买新式服装一批	8000000		借	8000000
	31			本月发生额及余额	13500000	9500000	借	8000000

图 5-5 应收账款明细分类账的样式及填写

明细分类账的填写方法和步骤与总分类账的基本相同，不再重复叙述。在实际工作中，明细分类账的账页上都会贴上一个个名帖，每一个都错开，以便查找相应的明细科目。

5.2.7 实例4：生产成本多栏式明细分类账的设置和登记

多栏式明细分类账是由会计人员根据审核无误的记账凭证或原始凭证逐笔登记的。对于借方多栏式明细账，只在借方设多栏，平时在借方登记费用、成本的发生额，贷方登记月末将借方发生额一次转出的数额。

如果在平时贷方有了发生额，应该用红笔记在借方的多栏中。如生产产品时领用的材料还余1000元，退回仓库，会计分录为：

借：原材料　　　　　　　　　　　　　　　　1000

　　贷：生产成本　　　　　　　　　　　　　　　1000

这笔会计分录，总账登在“生产成本”的贷方，在登记生产成本借方多栏式明细账时，应该用红字记在借方“原材料”科目下，表示抵减领用的材料。

多栏式明细分类账，其登记方法和登记后的情况，如图5-6所示。

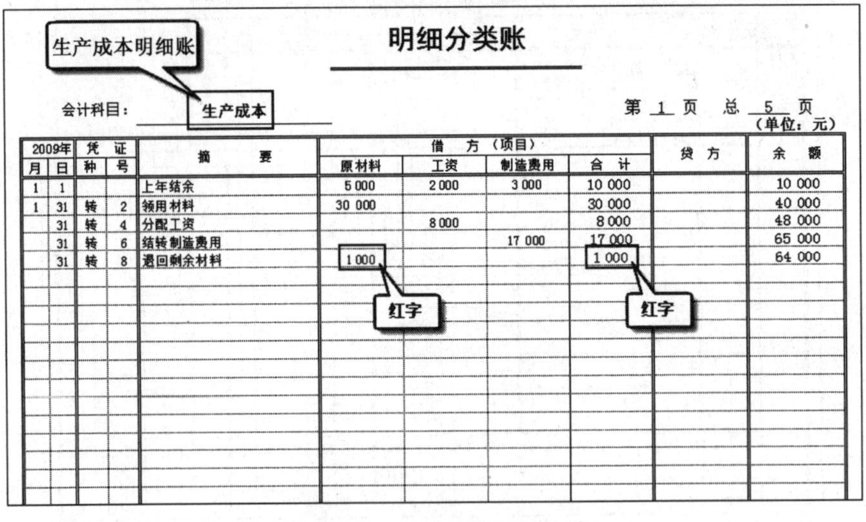

明细分类账

会计科目：生产成本　　　　第 1 页　总 5 页
（单位：元）

2009年		凭证		摘要	借方（项目）				贷方	余额
月	日	种	号		原材料	工资	制造费用	合计		
1	1			上年结余	5 000	2 000	3 000	10 000		10 000
1	31	转	2	领用材料	30 000			30 000		40 000
	31	转	4	分配工资		8 000		8 000		48 000
	31	转	6	结转制造费用			17 000	17 000		65 000
	31	转	8	退回剩余材料	1 000			1 000		64 000

图5-6　生产成本明细账

说明：图5-6中标有红字标记的地方，就是上面例子中退回材料的分录所记。

5.3　会计账簿的更换与保管

会计账簿是企业重要的经济档案，一般情况下，会计账簿最多只使用一年。在每个会计年度开始的时候，都要更换全新的账簿，旧的账簿在结转后应妥善保管若干年。

5.3.1　会计账簿的更换

一般来说，企业的大部分账簿都要至少每年更换一次，如企业的总分类账、明细分类账及现金日记账、银行存款日记账等。由于固定资产数量多、变化小，所以固定资产明细账可以延续使用。如果是固定资产卡片，那么更是可以使用多年。

一般对于启用新账簿，都有严格的启用程序和规定，对相应的人员列表、签章等都有明确的规定。启用账簿后，需要将上年相关账户的余额转到新账簿中，即在新账簿相应账户的首页第一行摘要栏中，注明“上年结余”字样，然后将余额填写在同一行的金额栏中。

结转过来的账簿，如图 5-7 所示。

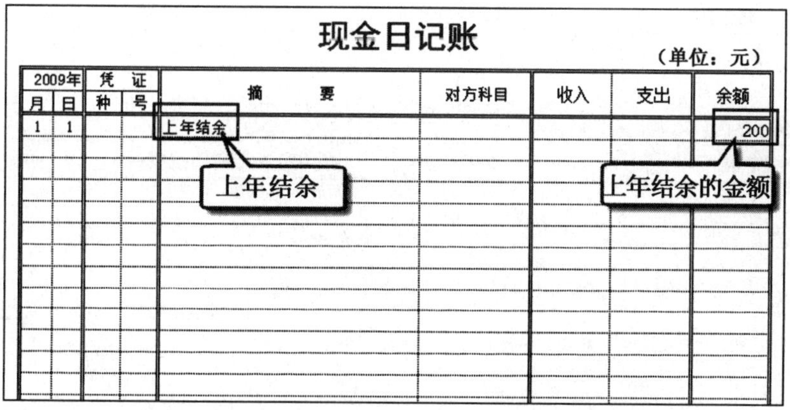

图 5-7　账簿结转后

5.3.2 会计账簿的保管

账簿更换下来后，需要将其活页加上封面装订起来，由主管人员签字盖章后，与订本账一起造册归档。归档时，需要填写归档登记表，以明确责任。

会计账簿都有一定的保管期限，就企业会计而言，国家规定会计凭证保管期限为15年。

对于各种不同用途、不同内容的账簿，其规定的保管期限也不同：

（1）一般日记账15年。

（2）现金和银行存款日记账25年。

（3）明细账和总账15年。

（4）固定资本卡片在固定资产清理报废后保存5年。

（5）辅助账簿15年。

（6）会计报表中，年度会计报表永久保管，月、季度会计报表保管3年。

会计账簿的保管期限，如表5-3所示。

表5-3 会计账簿的保管期限

账　簿	保管期限	说　明
总账	15年	
日记总账		
辅助账簿		
现金日记账	25年	
银行存款日记账		
固定资产卡片	5年	在固定资产清理报废后

第6章 对账和结账

为了总结某一会计期间的经济活动情况，如月份、季度、年度等经济情况，在编制会计报表之前，会对会计账簿进行结账。同时为了保证会计账目的完整和正确，也要对会计账簿的数据进行核对，这就是对账。

6.1 会计账簿的对账

会计记账，最重要的是会计所记录的数据和信息能够真实地反映企业的经营状况。要想真实地反映企业的经营状况，账务中的数据就一定要准确。对于会计来说，那些可能会产生误差的地方基本都已被各种规定规避了。

也就是说，会计账务应当是完全无误的，准确度应该至少到小数点后两位。为了能够保证会计账务有这样的准确度，可以如实地反映和监督经济活动，为编制会计报表提供真实、可靠的数据资料，必须做好对账工作。

6.1.1 对账的主要内容

对账，其实就是对账簿的记录进行核对的一系列工作。对账工作一般应从以下几个方面进行：

❑ 账证核对
❑ 账账核对
❑ 账实核对

对账工作的流程示意图，如图 6-1 所示。

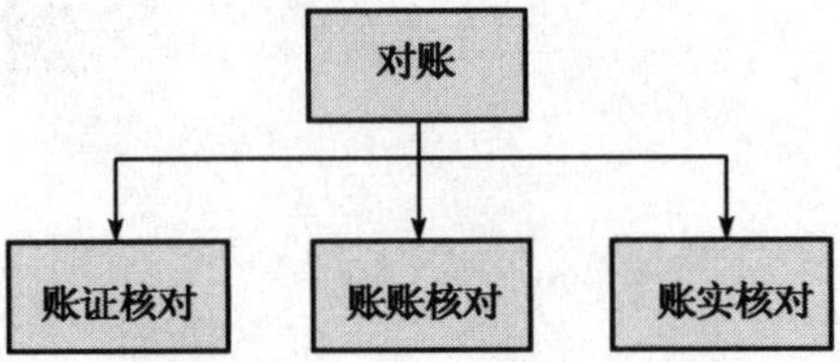

图 6-1　对账工作的流程示意图

6.1.2　会计账簿的账证核对

对账的方法有两种，即账簿与凭证核对、账簿与账簿的试算平衡。

账簿与凭证核对，就是将账簿中的相关经济业务的信息，与凭证中的信息进行核对，如果无误，则结束这一流程；如果不相符，则需要马上查找到原因，然后进行账簿的更正。账证核对的流程示意图，如图 6-2 所示。

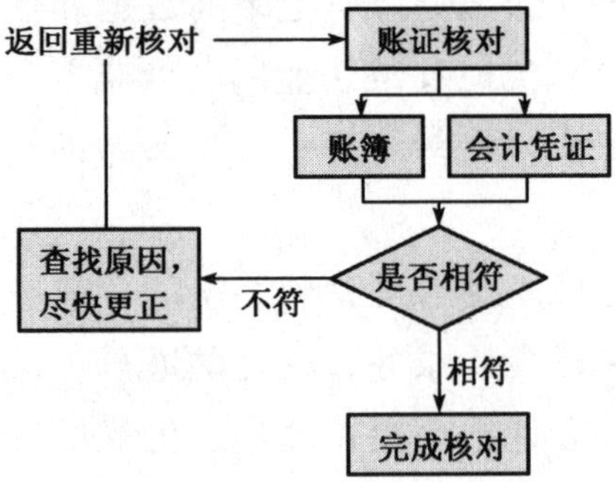

图 6-2　账证核对的流程示意图

6.1.3　会计账簿的账实核对

账实核对主要针对那些存在实物的科目，如固定资产、库存现金等，在期末，这些科目的余额都要与实际余额进行核对，如果核对无误，则一般表明账目没问题，实物也未出现保管事故；如果两个数字对不上，那么就要分头从账、实两方面查起，直到查出问题的原因为止。

账实核对的流程示意图，如图 6-3 所示。

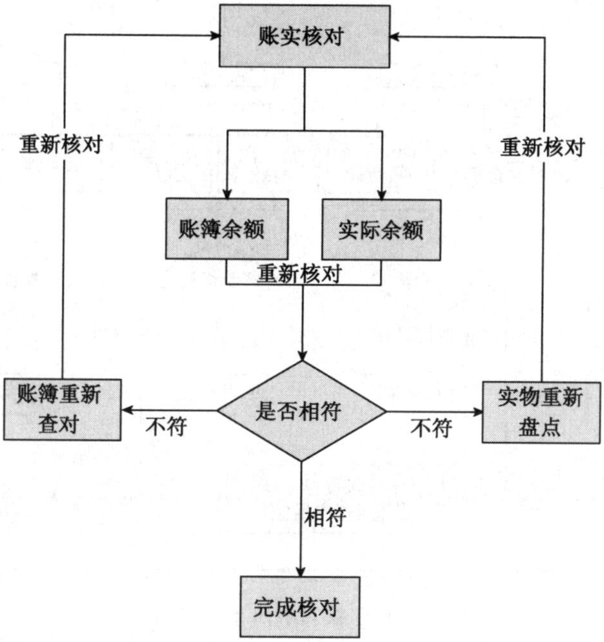

图 6-3 账实核对的流程示意图

6.1.4 会计账簿的账账核对

账账核对，是指各种账簿之间根据相互关系进行核对，共有以下四类情况：

（1）所有账户本期发生额借方合计数与贷方合计数是否相等。

（2）账户的总分类账余额与该账户下各明细账户余额合计是否相等。

（3）银行存款日记账和现金日记账余额与相应科目总分类账余额是否相等。

（4）会计账与物资的保管账或相关物品的记录簿是否相符。

上述四类情况在进行核对时，其核对的流程如图 6-4 所示。

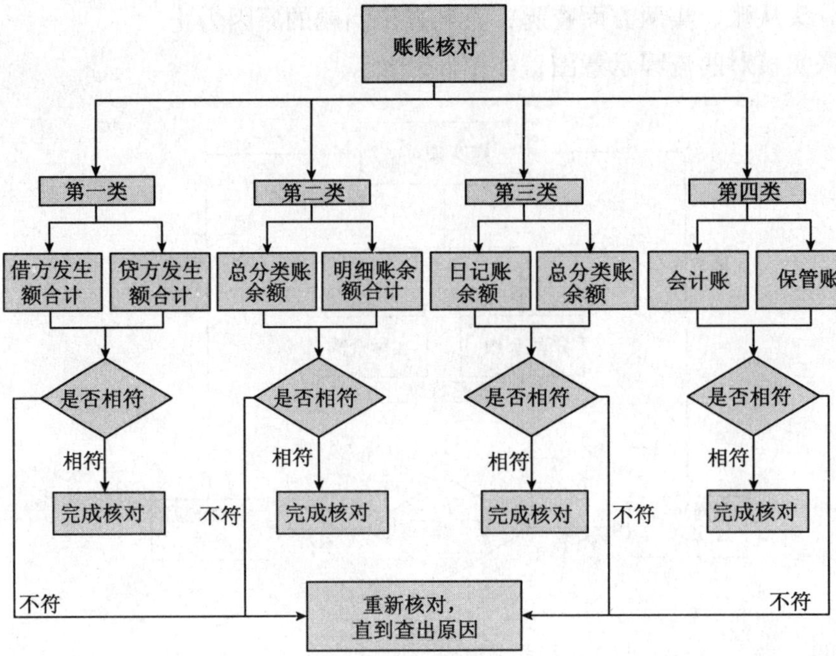

图 6-4　账账核对的流程示意图

6.2　会计账簿的结账

结账，是指将各种账簿的当期数据结算清楚，以便进一步根据结账的结果编制会计报表。由于会计报表是每月一出，所以结账至少也要每月一结。另外，企业破产清算或是要进行合并等情况下需要办理账务交接时，也需要进行结账。

6.2.1　结账工作的主要内容

结账工作的主要内容如下：

（1）将本期发生的所有经济业务都记入有关账簿中，不能提前也不能延后。

说明：由于经济业务发生后，会计凭证当天就会填制完成，所以所谓的提前或延后，其时间以凭证的填制日期为准。

（2）根据权责发生制的原则，对一些需要摊销、计提、结转的科目进行相应的调整。

相应的调整包括以下几个方面：

- 长期待摊费用中应于本期摊销的，摊销入本期费用
- 预提的费用应按规定的标准预先提取，然后计入本期的期间费用中
- 完成产品按实际生产成本，将其结转记入“库存商品”账户
- 本期实现的销售收入，应结转后记入“本年利润”账户
- 财产物资经过清查和盘点后，其盈亏额按相关规定和处理决定登记入账

（3）计算、登记本期各账户的当期发生额及期末余额。

在本期发生的经济业务全部登记入账的基础上，应结算以下相关账户的本期发生额和期末余额，并将余额结转入下个会计期间：

- 现金日记账
- 银行存款日记账
- 各总分类账
- 各明细分类账

6.2.2　结账的方法

在期末进行会计账簿结算时，应当注意以下方法与步骤：

（1）在当期最后一笔业务的下方以单红线画出，表示以上业务已结账。

（2）在红线下面一行的摘要栏中注明“本月合计”“本季合计”或“本年合计”等字样。

（3）在合计行的金额栏处，计算出当期的借方发生额和贷方发生额，并计算出本期的期末余额。

结账后的总分类账，如图 6-5 所示。

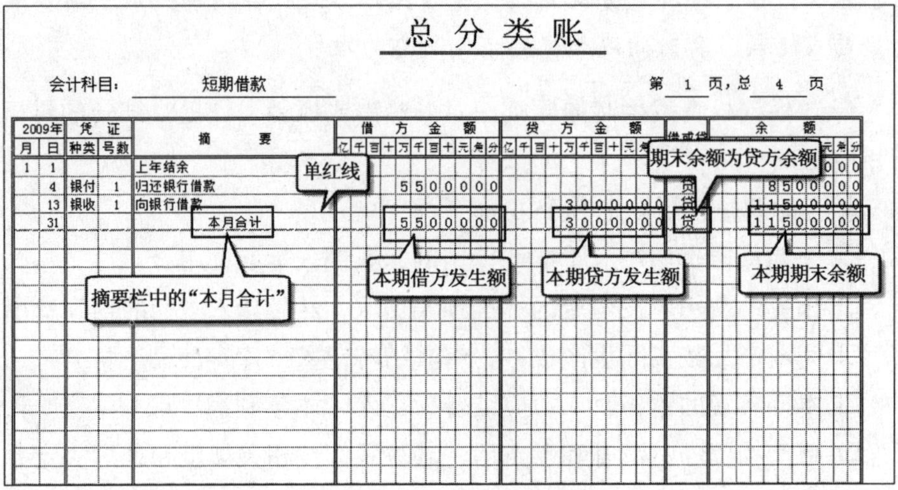

图 6-5 结账后的总分类账

说明：图 6-5 中单红线下方的红色虚线，在实际结账时是不应当存在的。之所以在图中出现，是因为图中的账页是作者在计算机中作出的，不加上下面的线，上面的单红线就不够明显。

6.3 错账更正的方法

会计人员在填制会计凭证和登记账簿时，必须认真谨慎，尽最大努力把账记好算对，以保证会计核算的质量。

但是由于会计核算的工序很多，分工合作的人也较多，再加上人工登账、书写时可能会出现的失误，所以出现错账、漏账都是情有可原的。这就需要会计人员在进行结账、对账时更加仔细认真。不过，一旦出现了错账漏账，也不用慌乱。既然错误已经发生，就要想办法把错误修改更正过来。

在会计工作当中，发现错账进行更正的方法有以下几种。

6.3.1 划线更正法更正错账

在会计核算当中，是比较忌讳“修改”一词的，在会计记账的过程中，不可能存在修改的情况，要么错了撕掉重做，如凭证，要么划掉重写一行，如记账，都是不允许在原文字上进行涂改的。而就算是划掉重写的错误信息，也只能划一道线，划掉的内容还要清晰可见才行，并且将这一行划掉的人要在划的这道线上盖章签名，以示负责。这就是划线更正法。

划线更正法针对的错误，其特点如下：

- ❑ 结账之前发现错误
- ❑ 记账凭证无错误
- ❑ 纯属记账时的文字或数字错误

例：企业 1 月 15 日向银行借入短期借款 30000 元，会计在登账时，不小心将 30 000 元误记为 3 000 元，故使用划线更正法修改账簿错误，如图 6-6 所示。

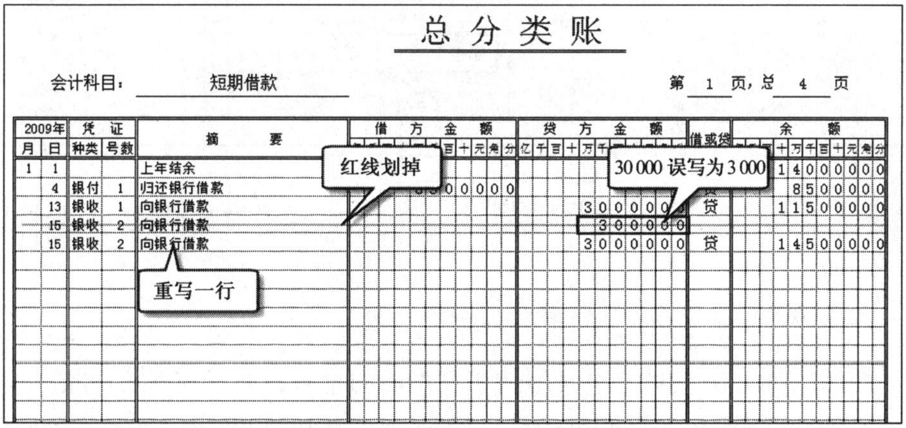

图 6-6　划线更正法实例

说明：在图 6-6 中的例子中，之所以使用划线更正法，主要是因为此时当月还没有结账。

6.3.2　红字更正法更正错账

在会计中红字一般表示负数，用红字进行更正，就是将原来的正数再记上一笔负数，从而正负相抵。红字更正法一般在登记完账簿之后使用，它有两种形式：

第一种是将原来的错误记录用红字记一个同样的把错误抵销，然后再重新记录一条新的信息。这种方法适用的错误类型，其特点如下：

- ❑ 记账以后发现错误
- ❑ 借、贷方向，科目或金额有错误

符合上述情况的，可以使用红字更正法。这种方法的步骤如下：

（1）先用红字填制一份与原记账凭证完全相同的记账凭证，将其以红字记入账簿中，以冲销之前的错误记录。

（2）重新填制一份正确的记账凭证，登记入账。

经过修正的账目，如图 6-7 所示。

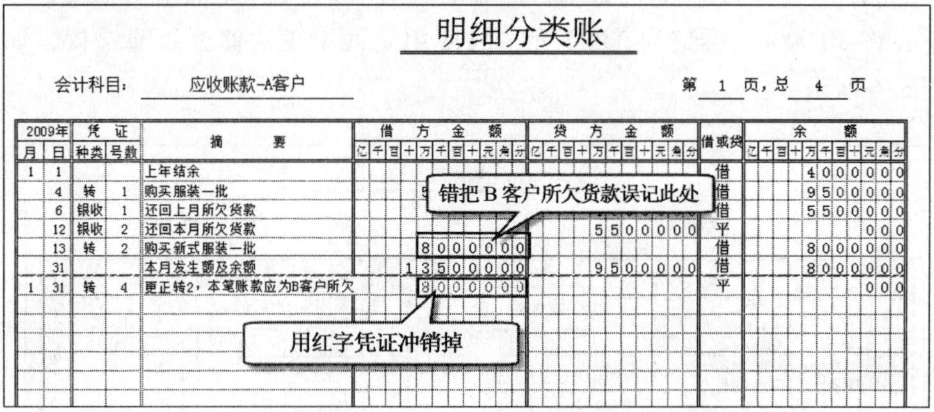
明细分类账

会计科目：应收账款-A客户　　　　第 1 页，总 4 页

2009年 月	日	凭证 种类	凭证 号数	摘要	借方金额	贷方金额	借或贷	余额
1	1			上年结余			借	4000000
	4	转	1	购买服装一批	[illegible]		借	9500000
	6	银收	1	还回上月所欠货款		[illegible]	借	5500000
	12	银收	2	还回本月所欠货款		5500000	平	000
	13	转	2	购买新式服装一批	8000000		借	8000000
	31			本月发生额及余额	13500000	9500000	借	8000000
1	31	转	4	更正转2，本笔账款应为B客户所欠	8000000		平	000

图 6-7　红字更正法

使用这种方法是对无法仅用红字将多出的金额抵销时使用的方法，如图 6-7 中的例子，B 客户所欠货款，误记到 A 客户这里，所以这一笔业务要完全冲销。在处理时，会计人员需要做一个与原错误凭证完全相同的红字凭证来冲抵错误凭证，然后再重新填制一个正确凭证将应收账款记入 B 客户名下。

说明：新做的正确凭证，不能将原有的原始凭证拆下来用，而是在一张空白凭证后面写上该原始凭证并附于新做的正确转账凭证后即可。

第二种是将多出的金额用红字记录抵销掉，这种方法适用的错误类型，其特点如下：

❑ 记账以后发现的

❑ 记账凭证和账簿记录中的金额都有错误

符合上述情况的，可以使用红字更正法的第二种做法，其步骤如下：

（1）先用红字填制一份记账凭证，其他都与原错误凭证一样，只是金额为原错误凭证中多记的金额数。

（2）将其以红字记入账簿中，以冲销之前多记的金额。

经过修正的账目，如图 6-8 所示。

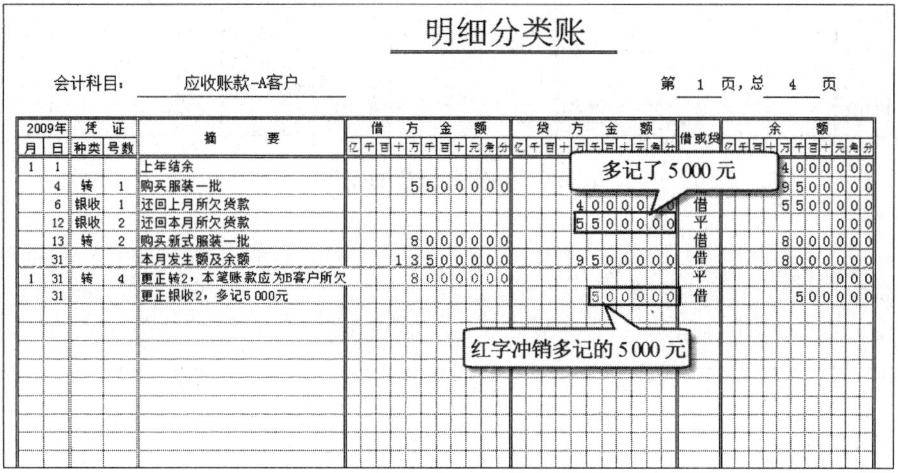
明细分类账

会计科目：应收账款-A客户　　第 1 页，总 4 页

2009年 月	日	凭证 种类	号数	摘要	借方金额	贷方金额	借或贷	余额
1	1			上年结余				4000000
	4	转	1	购买服装一批	5500000			9500000
	6	银收	1	还回上月所欠货款		40000[illegible]0	借	5500000
	12	银收	2	还回本月所欠货款		5500000	平	000
	13	转	2	购买新式服装一批	8000000		借	8000000
	31			本月发生额及余额	13500000	9500000	借	8000000
1	31	转	4	更正转2，本笔账款应为B客户所欠	8000000		平	000
	31			更正银收2，多记5 000元		500000	借	500000

图 6-8　红字更正多出的 5 000 元

6.3.3　补充登记法更正错账

补充登记法也适用于记账以后对账簿记录错误的更正。补充登记法针对的错误类型是：

❑ 借、贷科目无错误的

❑ 金额小于正确金额

在这样的情况下，补做一个金额正好是差额的凭证，然后将此凭证的内容补记入账簿中。

注意：补充登记法中补做的凭证，不是红字凭证。

经过补充登记法更正过的账目，如图 6-9 所示。

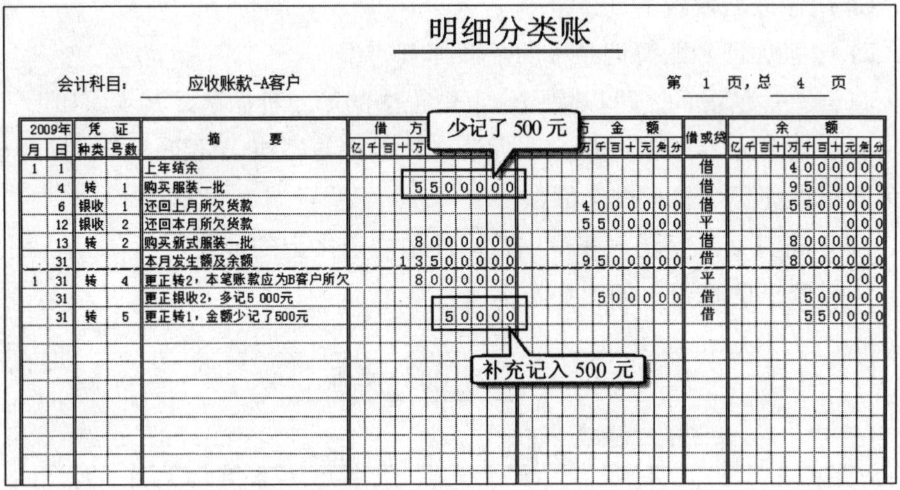

明细分类账

会计科目：应收账款-A客户　　第 1 页，总 4 页

2009年 月	日	凭证 种类	号数	摘要	借方金额	贷方金额	借或贷	余额
1	1			上年结余			借	4000000
	4	转	1	购买服装一批	550000		借	9500000
	6	银收	1	还回上月所欠货款		4000000	借	5500000
	12	银收	2	还回本月所欠货款		5500000	平	000
	13	转	2	购买新式服装一批	8000000		借	8000000
	31			本月发生额及余额	13500000	9500000	借	8000000
1	31	转	4	更正转2，本笔账款应为B客户所欠	8000000		平	000
	31			更正银收2，多记5 000元		500000	借	500000
	31	转	5	更正转1，金额少记了500元	50000		借	550000

图 6-9　补充登记后的账目

第7章 资产负债表与利润表的填制

资产负债表是企业最重要的三大会计报表之一，是企业经营管理中非常重要的财务状况报表。资产负债表是每一个经营者、管理者必会、必看且常看的会计报表，在企业的经营管理活动中具有非常重要的意义。

资产负债表在经营管理活动中的重要意义在于，看懂资产负债表：

（1）就能够了解第一手的企业经营状况。

（2）能够有重点、有指向地查看需要了解的企业资讯。

（3）能够不借助他人，直接根据原始数据对一些经营指标作出自己的判断。

所以，认识和了解资产负债表是非常重要的。本章主要讲解如何正确而迅速地解读资产负债表中的基础数据，如何正确地了解资产负债表中所展示的经营状况。

7.1 资产负债表的编制

资产负债表虽然是企业财务的基础数据报表，但却不是随便就可以看懂的。在解读之前，需要对一些会计概念和资产负债表的相关知识有所了解。

7.1.1 资产负债表的概念

资产负债表，是指企业会计部门根据会计平衡的原理反映企业在某一特定日期财务状况的报表。

资产负债表是基本会计报表之一，其遵循第一会计等式，即“资产=负债+所有者权益”的平衡关系。在资产负债表中，将所有会计科目根据其性质分为资产栏和负债及所有者权益栏两大块，以数据体现企业在某个时间点上的经营和财产状况，是典型的静态报表。

资产负债表不仅供企业内部管理人员调看、使用，还需要定期对外公布。根据我国相关法规的规定，所有企业都必须定期向政府相关部门和机构报送资产负债表；各相关的企业和有业务往来的企业也可以调看企业的资产负债表；另外，股份制企业或上市公司，由于其股东数量较多，其资产负债表更是需要定期向社会公众发布，甚至会发布在报纸等媒体上。

7.1.2 资产负债表的分类

资产负债表都是根据各会计科目的内在关系，经过一定的分类排列编制而成的。在编制过程中，其格式会根据不同的习惯或需要产生一些变化。因此，资产负债表就有了不同的格式，也由此产生了资产负债表的类别。

资产负债表的格式分为以下两种：

1. 账户式

账户式，又称水平式，其资产项目按一定顺序列示于报表的左方，负债和所有者权益项目列示于报表的右方，报表左右两方总额相等。其优点是资产、负债和所有者权益的恒等关系一目了然。账户式资产负债表的样式，如图 7-1 所示。

2. 报告式

报告式，又称垂直式，其资产、负债、所有者权益项目自上而下排列，所有资产类项目按一定顺序列示于报表上部，其次列示负债，最后列示所有者权益。其优点是便于编制比较式资产负债表。其具体样式如图 7-2 所示。

图 7-1　账户式资产负债表

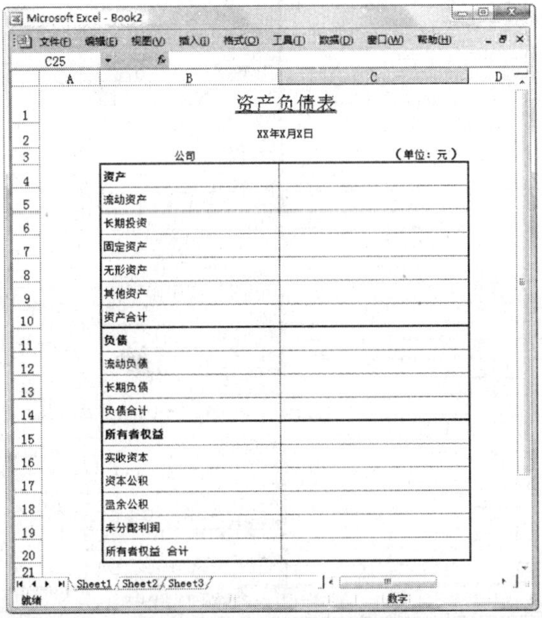

图 7-2　报告式资产负债表

以上两种资产负债表在国外都被广泛地应用。在我国，主要采用账户式资产负债表。所以本书之后所述的资产负债表，一律指账户式资产负债表。

7.1.3 资产负债表的格式

资产负债表必须定期对外公布。按规定，各种所有制企业都必须定期向政府有关机构报送资产负债表，各经济相关企业也可以调阅企业的资产负债表。

资产负债表是基本会计报表之一，其以等式“资产 = 负债 + 所有者权益”为平衡关系，是反映企业在会计期末结账日时全部资产、负债和所有者权益情况的报表。其遵循会计基本等式“资产 = 负债 + 所有者权益”。不论企业的财务状况是何种状态，这个等式都永远成立。

标准“资产负债表”的样式是由相关法规规定好的，在企业进行制作和编报时，一般不得随意增减项目。标准资产负债表的样式，如图7-3所示。

资产负债表

会企01表

绘制单位：　　2008年5月31日　　（单位：元）

资产	期末余额	年初余额	负债和所有者权益（或股东权益）	期末余额	年初余额
流动资产			流动负债		
货币资金			短期借款		
交易性金融资产			交易性金融负债		
应收票据			应付票据		
应收账款			应付账款		
预付款项			预收款项		
应收利息			应付职工薪酬		
应收股利			应交税费		
其他应收款			应付利息		
存货			应付股利		
一年内到期的非流动资产			其他应付款		
其他流动资产			一年内到期的非流动负债		
流动资产合计			其他流动负债		
非流动资产			流动负债合计		
可供出售金融资产			非流动负债		
持有至到期投资			长期借款		
长期应收款			应付债券		
长期股权投资			长期应付款		
投资性房地产			专项应付款		
固定资产			预计负债		
在建工程			递延所得税负债		
工程物资			其他非流动负债		
固定资产清理			非流动负债合计		
生产性生物资产			负债合计		
油气资产			所有者权益		
无形资产			实收资本（或股本）		
开发支出			资本公积		
商誉			减：库存股		
长期待摊费用			盈余公积		
递延所得税资产			未分配利润		
其他非流动资产			所有者权益合计		
非流动资产合计					
资产总计			负债和所有者权益总计		

图7-3　标准资产负债表的样式

7.1.4 资产负债表的编制

资产负债表的编制过程，主要是数据的计算和填列过程。在资产负债表中，数据的填列可以分以下三种情况：

（1）大部分项目的数据可以根据相应账户的余额填列。

大部分的资产负债表项目，其实就是会计科目，可以直接将相应账户的余额填列在资产负债表相应项目处。以资产负债表的流动资产和流动负债相关项目的填列为例，可以直接填列的项目，如图 7-4 所示。

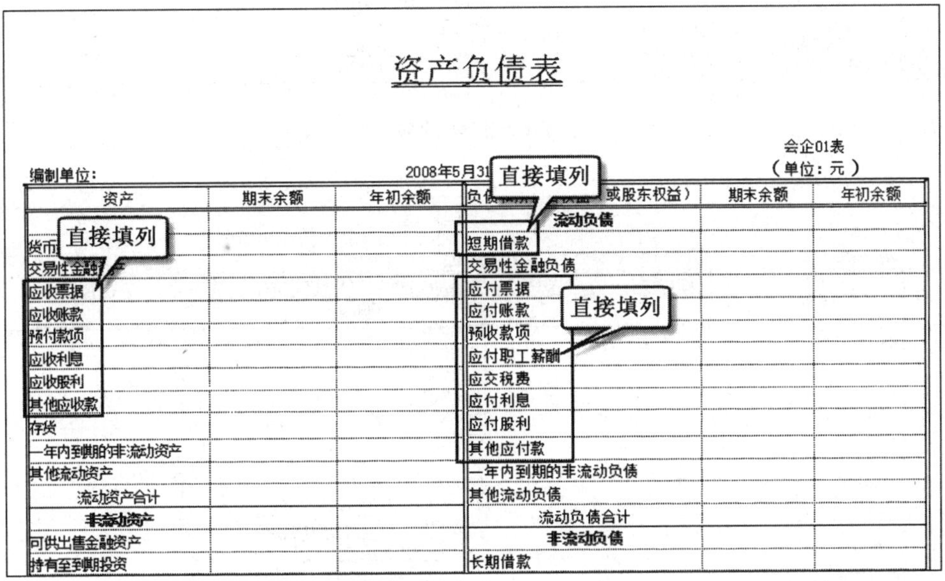

资产负债表

会企01表

编制单位：　　2008年5月31　　（单位：元）

资产	期末余额	年初余额	负债……或股东权益）	期末余额	年初余额
			流动负债		
货币			短期借款		
交易性金融			交易性金融负债		
应收票据			应付票据		
应收账款			应付账款		
预付款项			预收款项		
应收利息			应付职工薪酬		
应收股利			应交税费		
其他应收款			应付利息		
存货			应付股利		
一年内到期的非流动资产			其他应付款		
其他流动资产			一年内到期的非流动负债		
流动资产合计			其他流动负债		
非流动资产			流动负债合计		
可供出售金融资产			非流动负债		
持有至到期投资			长期借款		

图 7-4　资产负债表中可以直接填列的项目

（2）部分数据需要将相应的数据再进行增减才能填列。

以资产负债表的流动资产和流动负债相关项目的填列为例，需要将相应账户余额的数据进行增减才能填列的项目，如图 7-5 所示。

（3）对于一些有时限的项目，需要对相应账户的明细账进行分析后才能填列。

以资产负债表的流动资产和流动负债相关项目的填列为例，需要对相应账户的明细账进行分析后才能填列的项目，如图 7-6 所示。

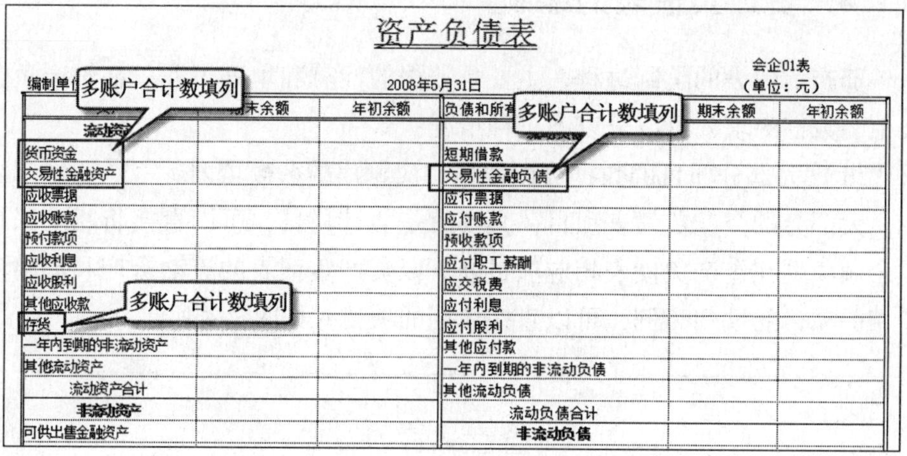

资产负债表

会企01表

编制单 2008年5月31日 (单位：元)

资	期末余额	年初余额	负债和所有	期末余额	年初余额
流动资产			流动负债		
货币资金			短期借款		
交易性金融资产			交易性金融负债		
应收票据			应付票据		
应收账款			应付账款		
预付款项			预收款项		
应收利息			应付职工薪酬		
应收股利			应交税费		
其他应收款			应付利息		
存货			应付股利		
一年内到期的非流动资产			其他应付款		
其他流动资产			一年内到期的非流动负债		
流动资产合计			其他流动负债		
非流动资产			流动负债合计		
可供出售金融资产			非流动负债		

图 7-5　需要多账户合计数填列的项目

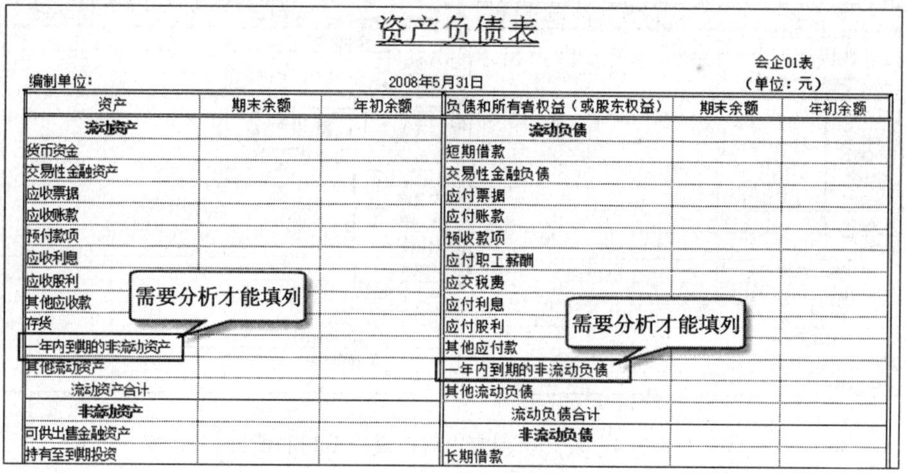

资产负债表

会企01表

编制单位: 2008年5月31日 (单位：元)

资产	期末余额	年初余额	负债和所有者权益（或股东权益）	期末余额	年初余额
流动资产			流动负债		
货币资金			短期借款		
交易性金融资产			交易性金融负债		
应收票据			应付票据		
应收账款			应付账款		
预付款项			预收款项		
应收利息			应付职工薪酬		
应收股利			应交税费		
其他应收款			应付利息		
存货			应付股利		
一年内到期的非流动资产			其他应付款		
其他流动资产			一年内到期的非流动负债		
流动资产合计			其他流动负债		
非流动资产			流动负债合计		
可供出售金融资产			非流动负债		
持有至到期投资			长期借款		

图 7-6　需要分析才能填列的项目

7.2　利润表的编制

利润表和资产负债表一样，也是企业非常重要的对外报表，是企业三大基本报表之一。利润表的编制多利用试算平衡表或资产负债表的数据，填列时只需将相应的数据填入即可。

7.2.1 利润表的概念

利润表，又称“损益表”，将企业的收入和成本集中在同一个表格中，按照“利润 = 收入 - 成本”的计算公式，一步步计算出企业在会计期末的相关利润。利润表与资产负债表一样，都是月表，即一般每月结账后填制一次。

我国的法律规定，我国企业必须使用多步式利润表。新《企业会计准则》公布的标准利润表的样式，如图 7-7 所示。

利 润 表

会企02表

编制单位： 2008/5/31 （单位：元）

项 目	行次	本期金额	上期金额
一、营业收入	1		
减：营业成本	2		
营业税金及附加	3		
销售费用	4		
管理费用	5		
财务费用	6		
资产减值损失	7		
加：公允价值变动收益（损失以“-”号填列）	8		
投资收益（损失以“-”号填列）	9		
其中：对联营企业和合营企业的投资收益	10		
二、营业利润（亏损以“-”号填列）	11		
加：营业外收入	12		
减：营业外支出	13		
其中：非流动资产处置损失	14		
三、利润总额（亏损总额以“-”号填列）	15		
减：所得税费用	16		
四、净利润（净亏损以“-”号填列）	17		
五、每股收益：	18		
（一）基本每股收益	19		
（二）稀释每股收益	20		

图 7-7 标准利润表的样式

7.2.2 利润表的作用

利润是企业的经营目标，利润是企业不断发展壮大的动力源泉。利润表可以将企业的当期利润清晰地显示出来，还可以把对利润有影响的几种主要的费用成本显示出来，可以为企业的管理提供利润相关的可靠信息。

利润表的作用在于，通过利润表，可以：

（1）清楚地反映出企业经营活动中的收入与支出的相应数额。

（2）可以有效计算出当期利润。

（3）能将多期利润表进行横向对比。

（4）能对企业收入、成本的发展趋势进行分析。

（5）对企业盈利能力和发展趋势进行判断。

7.2.3　利润表的填列

我国的利润表都是多步式利润表。多步式利润表的特点是，将各层次利润构成的要素分解开来，分步骤按顺序计算出净利润。

我国企业利润表的主要编制步骤和内容如下：

（1）第一步，用主营业务收入和其他业务收入之和营业收入减去营业成本及费用（指主营业务成本和其他业务成本及相关税费等），计算出营业利润。

利润表填列的第一步，如图 7-8 所示。

利 润 表

会企02表

编制单位：中恒集团　　2009 年 5 月 31 日　　（单位：元）

项 目	行次	本期金额	期金额
一、营业收入	1	¥ 20 000.00	¥ -
减：营业成本	2	¥ 1 680.00	¥ -
营业税金及附加	3	¥ 590.00	¥ -
销售费用	4	¥ 4 000.00	¥
管理费用	5	¥ 200.00	¥
财务费用	6	¥ 59.00	¥ -
资产减值损失	7		¥ -
加：公允价值变动收益（损失以"-"号填列）	8		¥ -
投资收益（损失以"-"号填列）	9		¥ -
其中：对联营企业和合营企业的投资收益	10		¥ -

本期营业收入

本期成本

图 7-8　利润表填列的第一步

（2）第二步，用营业利润加上营业外利润计算出利润总额。

说明：营业外利润 = 营业外收入 – 营业外支出。

利润表填列的第二步，如图 7-9 所示。

其中：对联营企业和合营企业的投资收益	10		¥ -
二、营业利润（亏损以“-”号填列）		13 471.00	¥ -
加：营业外收入	12	¥ -	¥ -
减：营业外支出	13	¥ 5 000.00	¥ -
其中：非流动资产处置损失	14	¥ -	¥ -
三、利润总额（亏损总额以“-”号		8 471.00	¥ -
减：所得税费用	16		¥ -

上一步的计算结果

本步的计算结果

图 7-9 利润表填列的第二步

（3）第三步，利润总额减去企业所纳的所得税，就得出净利润（或是净亏损）。

利润表填列的第三步，如图 7-10 所示。

二、营业利润（亏损以“-”号填列）	11	¥ 13 471.00	¥ -
加：营业外收入	12	¥ -	¥ -
减：营业外支出	13	¥ 5 000.00	¥ -
其中：非流动资产处置损失	14	¥	-
三、利润总额（亏损总额以“-”号填列）	15	¥ 8 471.00	¥ -
减：所得税费用		2 117.75	¥ -
四、净利润（净亏损以“-”号填列）		6 353.25	¥ -
五、每股收益	18		¥ -

上一步的计算结果

本步的计算结果

图 7-10 利润表填列的第三步

至此，利润表已填列完毕。

第 2 篇

新会计准则下的账务处理详解

第8章 货币资金的账务处理

货币资金是企业最重要的资产，几乎企业的所有经济活动都与货币资金息息相关。而货币资金作为商品流通过程中的一般等价物，其管理和使用都是企业会计部门的主要工作内容。正是由于货币资金的重要地位，所以针对货币资金的管理和使用有一系列严格的配套制度，包括法定的岗位设置、森严的保管规则和完善的使用流程。

8.1 相关知识

货币资金是企业的最具流动性的资产，在整个财务体系中占据着最为重要的位置。货币资金在会计活动中具有十分重要的意义，任何企业的财务部门对货币资金的管理都制定有严格的制度。我国的会计法规也就货币资金的相关方面，制定了严格的规定。

8.1.1 货币资金的含义

企业在生产经营过程中的交易行为，必然要用货币计量，通过货币资金的收付来完成，货币资金在经济活动中是必需的媒介。而企业的一切经营活动，其成果也都要以货币资金来体现，企业的经营活动其实就是将货币资金与企业的资产不停地进行变换，并从中赚取差价的过程。

货币资金是指目前直接以货币形态存在的经营资金。货币资金是流动性最强的一项流动资产，也是流动资产的重要部分。货币资金是个广义的概念，其中包括：

（1）现金：暂时存放在企业的，可以直接以货币形式使用的钞票。企业可以保管的现金是有额度的，一些销售企业的现金都会按规定及时存入银行。所以企业的大部分经济活动，都不会以现金方式进行支付。

（2）银行存款：企业存放在银行账户中的资金。由于我国现行法律的相关规定，企业的绝大部分货币资金都是以银行存款的形式存在，在使用时通过银行的划转来完成。

（3）备用金：企业由于某种特别需要而特别申请的备用现金。备用金的金额一般较小，其可以使用的范围有严格的规定，并由专人进行使用管理。

（4）外埠存款：企业存放在外埠银行的资金。

（5）信用证保证金存款：企业用于开具国际信用证的保证存款。

（6）在途资金：由于某种原因未能即时进行支付的款项。

（7）其他货币资金：其他形式的货币资金。

注意：在我国，会计部门所指的现金，一般就是指企业库存的现金和备用金。

8.1.2　货币资金管理的目的

货币资金是非常重要的企业资源，由于其具有极强的流动性，因此极易流失；企业为了保证资金周转，需要保持良好的变现能力，同时在确保企业生产经营活动所需要的货币资金的前提下，力求压缩货币资金的占用。所以，企业的货币资金不仅要适量，还要有效地防止其流失，这就需要加强货币资金的管理。

严格管理货币资金的目的有三个：

（1）保证企业生产经营活动有充足的资金。

（2）充分使用可以动用的所有货币资金，减少闲置。

（3）杜绝由于盗用、滥用、侵吞等行为造成的货币资金的流失和短缺。

说明：几乎每个企业都有严格的货币资金管理制度，这里就不再赘述。

8.1.3　货币资金的内容

货币资金，主要是指现金和银行存款等货币或类似资产。货币资金包括：

- ❑ 库存现金
- ❑ 银行存款
- ❑ 其他货币资金
- ❑ 备用金

在企业的会计部门中，对货币资金的管理是非常严格的，对其进行账务方面的处理时，也有严格的规定和程序。

8.2　库存现金的账务处理

现金业务在企业的会计部门中并不是最繁重、工作量最大的业务，但却是管理最严、最受重视的环节。现金业务由专设的出纳岗位来进行管理，每笔业务又须相应的超过两人以上的经手环节，力求做到责任清楚，以避免库存现金的流失。现金业务的账务处理实际上非常简单，出纳人员只需根据收入、支出的相关凭证，将现金收支记入相关科目即可。

8.2.1　现金的概念

要清楚现金的账务处理，首先需要理解会计活动中“现金”的概念。现金，是指立即可以投入流通的或马上可以进行变现的资金，是企业可以随意支配使用的纸币或硬币。同时，库存现金是企业财务体系中的一个重要的总账账户，与其他货币资金形式在资产负债表中并称为“货币资金”，并被列入流动资产中。

说明：为方便企业日常经营活动中的一些零星开支，企业会为各部门设立专用的备用金。备用金实际也就是数额固定、用于零星支出的小额现金。备用金实际上也是现金的一部分。

8.2.2 现金的使用范围

根据我国银行结算制度的规定，企业之间超过1 000元的结算款项都应通过银行统一办理，禁止用现金结算。所以对于现金的使用范围有着严格和明确的规定：

（1）可以用于支付职工个人的工资、奖金、津贴。

（2）可以用于支付职工的抚恤金、丧葬补助费以及各种劳保、福利，国家规定的对个人的其他支出。

（3）可以用于支付个人劳务报酬。

（4）可以用于根据国家规定发给个人的科学技术、文化艺术、体育等各种奖金。

（5）可以用于支付向个人收购农副产品和其他物资的价款。

（6）可以用于出差人员必须随身携带的差旅费。

（7）可以用于结算起点（1 000元）以下的零星支出。

说明：用于结算起点（1 000元）以下零星支出的现金，一般被称为“备用金”。

（8）可以用于经中国人民银行确定需要支付现金的其他支出。

8.2.3 现金日记账的记录和核对

企业的现金业务一般由会计部门专设的出纳人员在“现金日记账”中进行序时记录。为了防止现金收支差错及舞弊行为的发生，企业应设置订本账簿对现金业务进行记录和核算。

说明：订本账簿与活页账簿相对，是指账簿的页数和每页的页码都已固定，不能随意增加和抽取账簿中的账页。这种账簿的好处是可以有效地防止对账簿内容的涂改，对记错记漏的会计分录，必须使用指定方法进行更正和补充。

现金日记账一般采取收、付、余三栏式账簿进行记录，其样式如表8-1所示。

表 8-1　三栏式现金日记账的样式

（单位：元）

2009 年		凭证		摘要	对方科目	借方（收入）	贷方（支出）	余额
月	日	类别	编号					
6	1			承前页				1 500
6	1	现付	201	购买办公用品	管理费用		500	
6	1	银付	301	提取现金	银行存款	3 000		
6	1	现收	101	李某借差旅费	其他应收款		3 000	
6	1	现收	102	销售 A 产品一套	主营业务收入	5 000		
6	1	现收	103	出售废品	其他业务收入	28		
6	1	现付	202	将现金存入银行	银行存款		4 528	
6	1			本日合计		8 028	8 028	1 500

为了确保现金日记账准确无误，会计部门会对上述入账流程中的每一步进行严格审核，然后由出纳按照业务发生的先后顺序逐日逐笔登记。在对现金业务进行账务记录时，首先要根据原始凭证，将经济业务转化为会计分录，然后再制作成记账凭证，最后根据记账凭证记录到日记账中。现金业务的入账流程，如图 8-1 所示。

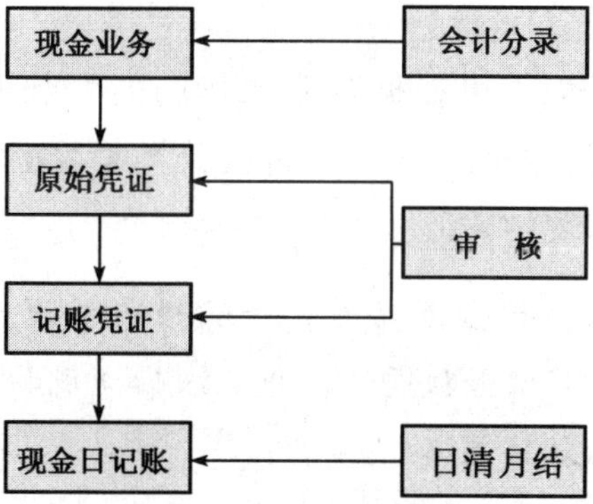

图 8-1　现金业务的入账流程

企业的出纳人员一般只需记录与现金和银行存款相关的日记账，且一般只记录日记账，其他账簿由会计部门其他人员进行记录。

说明：出纳人员每日下班前，应该计算出当时现金的收支总数和结余，并将其与库存现金的数量进行核对，如果出现长短款的情况需要及时查明原因，报告上级进行处理。月底时，不仅要核对日记账与库存现金的数目，还需要与“库存现金”科目的总账余额进行核对，务必做到账账相符和账实相符，这就是会计制度中的“日清月结”。

8.2.4 现金业务的账务处理

现金业务在进行会计处理时，应该设立“库存现金”总账科目，与现金相关的业务都记入该科目中，同时，根据复式记账法的要求，每笔现金业务还要同时记入相关科目的反方。

说明：“库存现金”科目原名“现金”，新《企业会计准则》将其命名为“库存现金”，不过仍有相当多的企业还在沿用“现金”这个总账科目。

例如，用现金购买计算机，计算机可记为“固定资产”。将购买金额记入“库存现金”科目的贷方（即支出方），再将相同金额记入“管理费用”科目的借方，会计分录如下：

借：固定资产

　　贷：库存现金

在制作记账凭证时，可根据企业现行的财务制度编制相应的会计凭证，常用的记账凭证是按收、付、转进行分类编号的，即现金业务的记账凭证可以分为现收和现付凭证。

说明：银行存款与现金互转时，如从银行提现或将多余现金存入银行，根据相关规定，只做付款凭证。即从银行提现时做银行付款凭证，现金存入银行时做现金付款凭证。

8.2.5 实例1：现金收入的日常账务处理

现金收入业务很多，只要存在现金收入的业务都属此类，但是从银行提现并不能按普通的现金收入业务来处理。本节就以几个典型的现金收入业务的账务处理，来说明现金收入的账务处理程序和方法。

说明：从银行提取现金的业务，按规定需要制作银行付款凭证。

例：李红是一家小商品销售公司的出纳，2009 年 6 月 1 日的现金收入情况如下：产品销售收入 2000 元，出售产品废弃包装箱 150 元，提现 500 元。以上业务的会计分录如表 8-2 所示。

表 8-2 现金收入会计分录表

现金收入业务	凭证种类	会计分录
产品销售收入 2000 元	现金收款凭证	借：库存现金 2000 贷：主营业务收入 2000
出售产品废弃包装箱 150 元	现金收款凭证	借：库存现金 150 贷：其他业务收入 150
提现 500 元	银行付款凭证	借：库存现金 500 贷：银行存款 500

说明：会计分录并不需要记入正式的会计文档中，只作为制作会计凭证前的草稿使用。熟练的会计一般会将会计分录直接填入记账凭证中。

将上述会计分录按顺序登记在现金日记账中，结果如表 8-3 所示。

表 8-3 现金日记账示意表

（单位：元）

2009 年		凭证		摘要	对方科目	借方（收入）	贷方（支出）	余额
月	日	类别	编号					
6	1			承前页				1500
6	1	现收	101	销售收入	主营业务收入	2000		
6	1	现收	102	出售废品包装箱	其他业务收入	150		
6	1	银付	401	提取现金（现支 477852）	银行存款	500		

说明：提取现金业务在登记日记账时，其摘要栏中需要将现金支票号码记录在案。

至此，现金收入业务的日常账务处理演示完毕。

8.2.6 实例2：现金支出的日常账务处理

凡是出现现金支出的业务都归为现金支出业务。其账务处理与现金收入业务的账务处理十分相似。本节也以几个典型的现金支出示例来讲解现金支出的日常账务处理，以会计分录和现金日记账实录的方式来说明现金收入的账务处理程序和方法。

例：李红是一家小商品销售公司的出纳，2009 年 6 月 1 日的现金支出情况如下：员工李某借支差旅费 1 000 元，购买办公用品 500 元，将现金 1 150元存入银行账户。以上业务的会计分录如表 8-4 所示。

表 8-4 现金支出会计分录表

现金收入业务	凭证种类	会计分录
员工李某借支差旅费 1 000 元	现金付款凭证	借：其他应收款——李某 1 000 贷：库存现金 1 000
购买办公用品 500 元	现金付款凭证	借：管理费用 500 贷：库存现金 500
现金 1 150 元存入银行账户	现金付款凭证	借：银行存款 1 150 贷：库存现金 1 150

说明：现金存入银行的业务，按只做付款凭证的规定，需要制作现金付款凭证，以免重复。

将上述会计分录按顺序登记在现金日记账中，结果如表 8-5 所示。

表 8-5 现金日记账示意表

（单位：元）

2009 年		凭证		摘要	对方科目	借方（收入）	贷方（支出）	余额
月	日	类别	编号					
6	1			承前页				1 500
6	1	现收	101	销售收入	主营业务收入	2 000		
6	1	现收	102	出售废品包装箱	其他业务收入	150		
6	1	银付	401	提取现金（现支 477 852）	银行存款	500		
6	1	现付	201	李某借支差旅费	其他应收款		1 000	
6	1	现付	202	购买办公用品	管理费用		500	

（续）

2009 年		凭证		摘要	对方科目	借方（收入）	贷方（支出）	余额
月	日	类别	编号					
6	1	现付	203	将现金存入银行	银行存款	1 150		

说明：实际工作当中，现金日记账不可能像表 8-5 这样将收入和支出排列整齐，出纳人员在登账时需要按业务的发生时间顺序记录，最好是随到随记。

至此，现金支出业务的日常账务处理演示完毕。

8.2.7　实例 3：现金长短款账务处理

虽然出纳人员每天都对现金进行核查，但是有时还是会出现实际库存现金与日记账账面余额不符的情况，这就是现金的长短款。

说明：库存现金的实有数，是指金柜内实有的现金数额，借条、收据等单据都不能抵充现金数。

现金长短款，是指在盘点和核对库存现金时，若发现账实不符的情况，在排除正常可造成账实不符的情况后，仍存在的账实差额。可能造成账实不符的正常情况如下：

（1）挪用现金。

（2）白条顶库。

（3）超限额留存现金等。

长短款其实是指以下两种现象：

（1）现金长款，就是现金的数额比账面金额多。

（2）现金短款，就是现金少于账面金额。

对于现金长短款的处理，财务部门在进行处理时，都先将长短款记入过渡账户“待处理财产损溢”中，然后根据不同的情况，有针对性地进行处理：

（1）记账差错造成的长短款，使用相应的会计方法对错账漏账进行更正。

（2）正常可知原因造成的长款，可将相应款项转入“营业外收入”科目。

（3）不明原因的长款，可将相应款项转入“营业外收入”科目。

（4）由于出纳人员保管不利造成的短款，由出纳人员赔偿，可将相应款项转入“其他应收款”进行记录。

（5）不明原因的短款，由出纳人员赔偿，可将相应款项转入“其他应收款”进行记录。

（6）由于某些特殊情况造成的，并不涉及人为因素的短款，可将其转入“营业外支出”科目。

发现现金的短缺和多余后，应及时查明原因进行处理，不得以今日的长款抵充以前的短款，对于超过库存限额的现金，应该及时存入银行。一般来说企业的库存现金都有定额，如某公司的核定现金额度为1 500元，出纳只要每日将多于1 500元的现金存入银行，当现金不足1 500时将差额从银行提取出来即可。

当现金出现长短款后，在原因未查明时，可先将长短款金额挂入总账科目“待处理财产损溢”中，在上述科目下设立现金短款或现金长款的明细科目，等查明原因后再进行相应的处理。现金长短款的会计分录如表8-6所示。

表8-6　现金长短款会计分录表

现金收入业务	凭证种类	会计分录
现金多出500元	现金收款凭证	借：库存现金　500 贷：待处理财产损溢　500
现金短缺300元	现金付款凭证	借：待处理财产损溢　150 贷：库存现金　150

导致现金长短款的原因很多，一般有以下几个方面：

（1）出纳人员收付现金中出现差错：出现这种情况，一般会由出纳人员个人赔偿。

（2）丢失现金：出现这种情况，一般会由出纳人员个人赔偿。

（3）现金收付的会计分录金额有错：可以使用补充登记法和红字更正法进行更正。

（4）收付现金而未作收付款凭证：可以进行补做。

（5）登记现金日记账有误：可以使用补充登记法和红字更正法进行更正。

（6）现金被盗、被挪用等。

说明：这种情况下，除报警外，相关短款可归入营业外支出等科目。

根据造成现金长短款的原因不同，对现金长短款的账务处理也有差异。查明原因的长款，需要根据产生原因对长款进行处理，如错账等可以进行更正。不明原因的长款在审核无误后，将长款挂入“营业外收入”科目中，以增加企业的利润。不明原因的现金长款，处理方法如表 8-7 所示。

表 8-7　不明原因的现金长款的处理方法

长款处理方式	凭证种类	会计分录
不明原因长款	转账凭证	借：待处理财产损溢　500 　贷：营业外收入　500

查明原因的现金短款，其处理方法有两种：

（1）由责任人进行赔偿，将待处理财产损溢中的金额转至其他应收款。

（2）对错漏凭证或账簿信息进行补充和修正。

对于无法查明原因的短款，一般情况下应由负责现金保管和监督的相关责任人进行赔偿，无责任人的短款，列入营业外支出等科目。现金短款的处理方法实例，如表 8-8 所示。

表 8-8　现金短款的处理方法实例

长款处理方式	凭证种类	会计分录
有责任人短款	转账凭证	借：其他应收款——责任人　500 　贷：待处理财产损溢　500
会计处理的错漏	转账凭证	使用特定方法进行更正和补充
无责任人短款	转账凭证	借：营业外支出　500 　贷：待处理财产损溢　500

说明：对会计处理错漏更正和补充的方法有两个：一个是补充登记法，即将漏记的金额以新的分录入账；另一个是红字更正法，即使用红字将原错误分录冲销，然后再以新制的正确分录入账。

至此，现金长短款业务的日常账务处理就演示完毕了。

8.3 库存现金处理实例

由于在会计实务中有大量涉及库存现金的业务处理，这些业务在实际工作中非常重要，所以需要用专门一节来讲解相关的实例。

8.3.1 实例1：差旅费剩余款的现金收入处理

小张接到公司的通知到北京出差。临行前，小张向公司财务借差旅费2000元，回来后报销相应费用1800元，将剩余款200元交回财务。这笔业务的账务处理分录如下：

（1）借到差旅费时：

借：其他应收款——小张　　2000

　　贷：库存现金　　2000

（2）报销费用，交回余款时：

借：管理费用——差旅费　　1800

　　库存现金　　200

　　贷：其他应收款——小张　　2000

总结：收到出差人员交回的差旅费剩余款，结算时分录可以表示为表8-9中的分录。

表8-9　交回差旅费的财务处理分录说明

分录科目	数额说明
借：管理费用	按应报销的金额
库存现金	按实际收回的现金
贷：其他应收款——借款人姓名	按借得差旅费的总额

8.3.2 实例2：卖废品的现金收入账务处理

某公司最近将货物包装纸箱等卖掉，收到现金500元。该笔收入由公司出纳收取后，直接入了库存现金账。这笔业务的会计分录如下：

借：库存现金　　　　　　　　　　　　　　　　　500
　　贷：其他业务收入　　　　　　　　　　　　　　　500

说明：卖废品的收入，对于一个非专业卖废品的公司来说，与其主要业务无关，所以列入其他业务收入。

8.3.3　实例 3：备用金退回款的账务处理

出纳小李手中一直保留着用于公司日常零星支出的备用金 800 元，最近小李要出差，所以他把手中的备用金余款 200 元交回财务，等出差回来再重新领用。这笔业务的会计分录如下：

（1）备用金设立时，会计分录如下：

借：备用金　　　　　　　　　　　　　　　　　800
　　贷：库存现金　　　　　　　　　　　　　　　　800

（2）交回备用金余额时，应做会计分录：

借：库存现金　　　　　　　　　　　　　　　　　200
　　贷：备用金　　　　　　　　　　　　　　　　　200

8.3.4　实例 4：发放员工工资的账务处理

某公司月末以现金向员工发放工资。小王本月的工资为 1 500 元，已由公司财务发放到小王手中。小王领到工资后，做以下会计分录：

借：应付职工薪酬　　　　　　　　　　　　　　1 500
　　贷：库存现金　　　　　　　　　　　　　　　1 500

说明：实际上，一般的企业在进行员工工资核算时，由于员工工资发放不一定在会计期末，会先将工资提出，先行摊销相应的费用，待发放工资时，才从相应的应付科目中将工资转出。例如：

计提工资时：

借：管理费用　　　　　　　　　　　　　　　　1 500
　　贷：应付职工薪酬　　　　　　　　　　　　　1500

其他的现金支出业务，其处理方式基本与发放工资相同，不再举例。

8.3.5 实例5：正常原因的现金长款账务处理

某公司在一次财务部门内查时，发现出纳手中的库存现金比账面金额多出50元。经调查，该长款是由于众多现金收支中零钱支付的四舍五入造成的。经公司财务经理批准，决定将相关款项按营业外收入记入公司账目中。

发现长款后，一般会先将相应款项挂入过渡账户中，以首先保证现金的账实相符。此时应做的会计分录为：

借：库存现金　　50

　　贷：待处理财产损溢　　50

将款项挂入过渡账户的同时，要对长款的原因进行调查。由于此长款是众多现金收支中零钱支付的四舍五入造成的，所以经批准可将款项纳入"营业外收入"科目，会计分录如下：

借：待处理财产损溢　　50

　　贷：营业外收入　　50

8.3.6 实例6：被盗后的现金短款账务处理

公司的财务室晚上被盗，盗贼撬开财务室的门锁和出纳的抽屉，将公司现金全部偷走，金额为800元。公司已向警方报警。经警方的调查，确认此次被盗并不是内部人员所为。

发生被盗事件后，先将丢失的现金挂入过渡账户，会计分录如下：

借：待处理财产损溢　　800

　　贷：库存现金　　800

被盗而造成的短款，是一种非正常原因，由于无法找回丢失款项，也没有相关责任人进行赔偿，可以将短款纳入营业外支出账户中，其会计分录如下：

借：营业外支出　　800

　　贷：待处理财产损溢　　800

8.3.7 实例 7：查明责任人的现金短款账务处理

公司最近的财务现金短款 200 元，经调查，该款项是由于出纳小王保管不善丢失。经公司领导研究决定，该短款由出纳人员赔偿。

（1）发现短款时，先将款项挂入过渡账户，其会计分录如下：

借：待处理财产损溢　　200

　　贷：库存现金　　200

（2）确定责任人为出纳后，要将款项转入相应的应收科目中，会计分录如下：

借：其他应收款——小王　　200

　　贷：待处理财产损溢　　200

款收回后，做会计分录：

借：库存现金　　200

　　贷：其他应收款——小王　　200

8.4 备用金的账务处理

备用金就是备用现金，是一种较特殊的库存现金。在绝大多数的企业中，备用金几乎就等同于库存现金。大部分出纳的手中，掌握着银行账户的印鉴，管理着为数不多的备用金。

备用金比较学术的概念是指财会部门按企业有关制度规定，拨付所属报账单位和企业内部有关业务与职能管理部门，用于零售找零、收购零星商品物资或日常业务零星开支的备用现金。

8.4.1 备用金的管理方式

备用金的管理方式有两种：

- ❑ 不定额备用金
- ❑ 定额备用金

8.4.2 实例1：不定额备用金的账务处理

不定额备用金，实际上就是没有随报随领的备用金制度，即需要多少领用多少。而定额备用金则是，备用金有一定的限额，零星支出不超过限额的，就直接从备用金中支付，然后再取出现金补足备用金的数目。

所以不定额备用金的账务处理，实际上就是对库存现金的账务处理。如企业需要购买一批文具，出纳员交由文具公司报价后，以报价单填写相应的请款单据，获批后，使用现金或支票进行购买。

例：A公司的库存现金管理制度为不定额备用金制。最近公司需要购买一批文具，文具公司的报价为2400元，经报批后，由出纳提出相应数额的现金前去购买。

此业务应做会计分录如下：

获得上级批准后，出纳去银行提取现金，分录如下：

借：库存现金　　2400

　　贷：银行存款　　2400

说明：需要准备现金，计划购买时，根据报价单报批。

购买文具后，根据购货发票报账，分录如下：

借：管理费用　　2400

　　贷：库存现金　　2400

说明：可以看到，根据购货发票报账后，库存现金为0。不定额备用金制度平时无花销时，实际上是没有库存现金的。这种制度比较适合平时零星花费较少的企业。

8.4.3 实例2：定额备用金的账务处理

定额备用金制度，是指那些平时零星花销较多、较频繁的企业，在需要专人对这些零星花费进行管理的情况下，将一定数额的现金放在出纳手中，以随时支付。这种制度的特点是，备用金的数额总保持最初的数量，每次报销完相应的花费后，备用金的金额又回到原来的数值。企业有内部周转使用备用金的，可以单独设置“备用金”科目。

比如，做网络销售的公司，每天有大量的运费支出，不可能每笔运费支出都去走流程，先请示再支付，所以就会估计一天或是几天大概需要使用的金额，然后建立定额备用金。

例：周易公司每天有大量的快递费用支付，所以使用定额备用金制度，备用金的金额为3000元。昨天支付快递费共计2000元，快递公司开具了一张2000元的发票，出纳小王以该发票到财务科报销，将备用金余款1000元交回财务，以便明日出差。

此业务的会计分录是：

（1）建立定额备用金时，先取出现金，分录如下：

借：库存现金　　　　3000

　　贷：银行存款　　　　3000

（2）然后将相应金额记入“备用金”科目，分录如下：

借：备用金　　　　3000

　　贷：库存现金　　　　3000

（3）零星支出2000元快递费进行报销时，分录如下：

借：管理费用　　　　2000

　　贷：备用金　　　　2000

说明：在进行报销时，为了之后能够使财务清楚，财务人员必须做这一步过渡分录，这样无论事过多久，都能很容易看清来龙去脉。

将备用金余款交回财务，暂时取消备用金时，分录如下：

借：库存现金　　　　1000

　　贷：备用金　　　　1000

说明：实际上在报销和交回余款同步进行时，有时也可做多借一贷的分录，如下：

借：管理费用　　　　2000

　　库存现金　　　　1000

　　贷：备用金　　　　3000

不过在实际工作中，人们常常分两个分录，即做两个凭证来处理，这样更容易看清财务的来龙去脉。

8.5 银行存款的账务处理

由于相关法律法规的严格界定，我国企业之间的大部分经济来往都是基于银行账户来进行的。而在进行公司注册之前，每个公司都需要到特定银行设立企业的基本账户，以备日后经济活动的款项往来需要。

银行存款，是指企业存放在银行基本账户中的货币资金。由于银行的介入，银行存款是以数字的形式存在的，并不具有货币那样实体的具象。但是银行存款也可以通过一定的手段，如现金支票、汇票等，进行存在方式上的转换。

与银行存款有关的经济业务非常多，不能一一列举，本节只选择几个会计工作中较常见的银行存款业务的实例。

8.5.1 实例1：将现金存入银行

出纳小王将本日的多出限额现金1000元，存入公司的对公银行账户中。应做会计分录如下：

借：银行存款　　　　1000

　　贷：库存现金　　　　1000

说明：将现金存入银行的情况很多，大部分的时候并不做上面这样的分录，纯粹把钱存入银行的情况是不存在的，一般是将销售收入等款项存入银行，所以往往做的分录是：

借：银行存款　　　　1000

　　贷：主营业务收入　　　　1000

8.5.2 实例2：从银行取出现金

出纳小王从银行取出现金2000元备用。应做会计分录如下：

借：库存现金　　　　2000

　　贷：银行存款　　　　2000

说明：从银行中提取现金的情况很多，直接做上面的分录就可以了。

这个分录一般都是由出纳来做的。

8.5.3　实例 3：收到股东投入的股款

公司最近新增加了一位股东，投入资金 20 万元，占公司 15% 的股份。在收到这笔款时，财务部门应做会计分录如下：

借：银行存款　　200 000

　　贷：实收资本　　200 000

8.5.4　实例 4：收到销售产品的货款

某商店销售了一批服装，公司银行账户中收到货款，共计 11 700 元，其中的 1 700 元为增值税。此业务应做会计分录为：

借：银行存款　　11 700

　　贷：主营业务收入　　10 000

　　　　应交税费——应交增值税（销项税额）　　1 700

说明：在正规的销售业务中，都需要向对方出具增值税发票；相应地，对方也要将增值税额连同货款一并打入公司账户中。然后再由销售方将增值税上缴国家税务部门。

8.5.5　实例 5：收回欠款

A 公司三个月前购买了本公司的一批货物，货款总额 3 000 元。由于是老客户，所以允许其三个月后付货款。现在到期已收回全部货款。此业务应做会计分录为：

借：银行存款　　3 000

　　贷：应收账款——A 公司　　3 000

说明：产品销售完成后，根据权责发生制的原则，销售收入应当记在当期的会计报表中，但是由于款未收到，所以需将该款项挂入应收科目。在销售完成但货款还未收回时，当期应做会计分录如下：

借：应收账款——A 公司　　3 000

　　贷：主营业务收入　　3 000

8.5.6 实例6：支付原材料货款

小张到外地采购了一批原材料，货款共计25 000元。材料运到时，对方要求将款打入对方的公司账户中，目前材料款已付，运费500元由买方承担。

此业务应做会计分录如下：

借：原材料 25 000

　　销售费用 500

　　贷：银行存款 25 500

说明：运费的处理比较复杂，后面还有详细的范例。此处的运费并不考虑抵扣增值税的问题，也不考虑入材料成本的问题，只为说明使用银行存款科目支付货款的情况而已。

8.5.7 实例7：支付银行利息

财务部接到银行对账单，发现上个月的贷款利息5 000元，已由银行自动扣款成功，财务部根据银行提供的相应票据，将这笔业务记录在账目中。会计分录如下：

借：应付利息——应付贷款利息 5 000

　　贷：银行存款 5 000

8.6 其他货币资金的账务处理

对于一般的企业来说，有关其他货币资金的业务量是比较少的。一些与外国客户常打交道、与国外的相关渠道来往密切的企业，其他货币资金的存在量稍大，相关的业务也较多。

8.6.1 其他货币资金综述

其他货币资金，是指企业所拥有的除库存现金、银行存款以外的其他各种货币资金。包括：

- 外埠存款
- 银行汇票存款
- 银行本票存款
- 信用证保证金存款
- 在途资金

上面的这些货币资金，都统一纳入“其他货币资金”科目中进行核算。

8.6.2　外地银行存款的处理

公司在成都设立了长期采购点，并派专门的采购员驻留，所以也需要在成都本地开设账户，存放采购货款。现公司财务部将采购款 200 000 元汇入成都的银行账户中。

此业务应做会计分录如下：

借：其他货币资金——外埠存款　　200 000

　　贷：银行存款　　200 000

8.6.3　向银行开立信用证、交纳保证金

晨光公司经营外贸业务，常常需要银行开具信用证，以方便与海外的客户进行交易。开具信用证，需要向银行交纳一定数额的保证金，本次信用证需要交 200 万元做保证金。

交纳保证金的业务，应做会计分录如下：

借：其他货币资金——信用证保证金存款　　2 000 000

　　贷：银行存款　　2 000 000

第 9 章

往来业务的账务处理

往来业务，是指企业因业务往来而造成的应收或应付的款项。往来业务所涉及的科目都是成对出现的，如应收账款与应付账款，应收账款为客户欠企业未付的款项，而应付账款则是指企业欠供应商未付的款项。

前缀为应收、应付的往来业务，多半是货到款未付的情况，如应收账款，企业的货已发，但客户还未付款；而前缀为其他应收或其他应付的往来业务，一般是指与销售或主营业务无关的其他原因造成的应收、应付款项。

往来业务的构成，如图 9-1 所示。

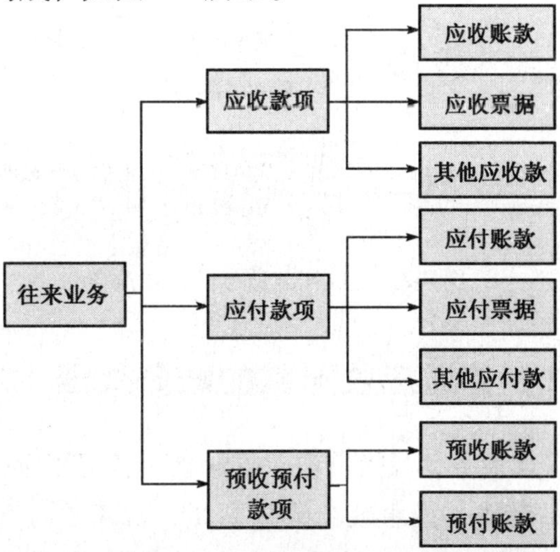

图 9-1　往来业务的构成

9.1　应收账款的账务处理

应收账款，是指企业因销售商品、产品或提供劳务而形成的债权。具体来说，就是指企业与客户之间交易完成后，企业还没收到相应的款项，这样的业务就形成应收账款。

应收账款的账务处理，一般以货物交出为界，只要企业方交易已成立，就可将相应款项挂入客户方的应收账款户头上，以便于管理和追讨。应收账款业务的处理流程，如图 9-2 所示。

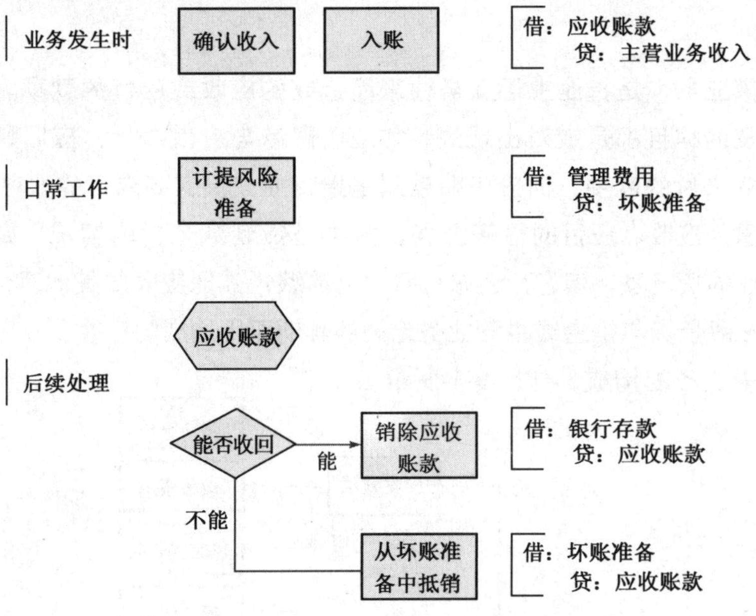

图 9-2　应收账款业务的处理流程

9.1.1　实例 1：普通应收账款的账务处理

普通的应收账款业务，只需借记应收账款，贷记相应的收入账户即可。

例：某服装厂销售一批服装给假日商城，价值总计 58 000 元，增值税税率为 17%，委托银行支付垫付的运费 2 000 元。此业务的账务处理如下：

（1）应收的货款入账：

借：应收账款——假日商场 58 000

贷：主营业务收入 58 000

（2）应交的增值税（销项税）入账：

借：应收账款——假日商场 9 860

贷：应交税费——应交增值税（销项税额） 9 860

（3）垫付的运杂费入账：

借：应收账款——假日商场 2 000

贷：银行存款 2 000

上面的三个分录，实际上可以合并成为一个一借多贷分录，如下：

借：应收账款——假日商场 69 860

贷：主营业务收入 58 000

应交税费——应交增值税（销项税额） 9 860

银行存款 2 000

说明：一般在实际做账时，都会按照上面的合并分录来做账，这是因为这样做账看起来更清楚和明白。

收回货款后，应做会计分录：

借：银行存款 69 860

贷：应收账款——假日商场 69 860

本笔业务在应收账款——假日商场账户中的记录，如表 9-1 所示。

表 9-1 应收账款——假日商场账户记录

（单位：元）

摘 要	借 方	贷 方	余 额
销售服装一批	58 000		58 000
销售服装的增值税	9 860		67 860
垫付的运杂费	2 000		69 860
收回假日商场全部货款		69 860	0

从上述的财务处理过程可以看到，普通应收账款的处理流程，如图9-3所示。

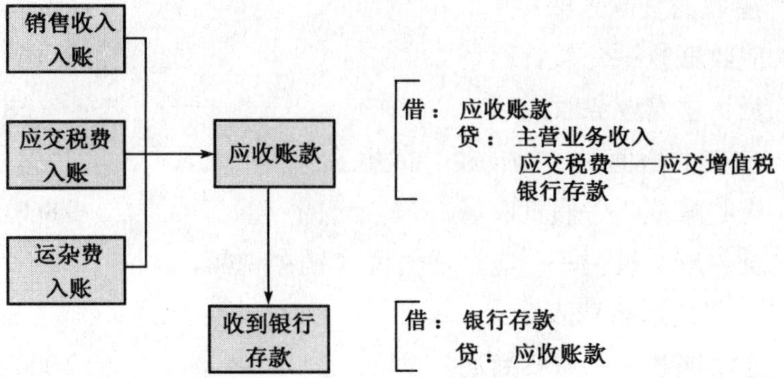

图 9-3　普通应收账款的处理流程

9.1.2　实例 2：商业折扣下应收账款的账务处理

商业折扣，是指企业根据市场供需情况或针对不同的顾客，在商品标价上提供的优惠，是企业最常用的促销手段。对于会计部门来说，企业销售商品涉及商业折扣的，应当按照扣除商业折扣后的金额确定销售收入金额。

例：某企业销售了一批产品，原价总额为 20 000 元，由于批量较大，特给客户 B 公司 10% 的商业折扣，金额为 2 000 元。本交易适用的增值税税率为 17%。此业务的账务处理如下：

（1）交易成立时，会计分录如下：

借：应收账款——B 公司　　21 060

　　贷：主营业务收入　　18 000

　　　　应交税费——应交增值税（销项税额）　　3 060

（2）收回应收账款时，会计分录如下：

借：银行存款　　21 060

　　贷：应收账款——B 公司　　21 060

本笔业务在应收账款——B 公司账户中的记录如表 9-2 所示。

表 9-2　应收账款——B 公司账户记录

（单位：元）

摘　要	借　方	贷　方	余　额
销售一批产品	21 060		21 060
收回货款		21 060	0

（续）

摘　要	借　方	贷　方	余　额

9.1.3　实例 3：现金折扣下应收账款的账务处理

现金折扣，是指企业为了让客户尽快回款而提供的一种价格优惠。现金折扣的表示方式为：2/10，1/20，*n*/30。意思是说，本次货款须在 30 天内付清：

（1）10 天内回款，可享受总价款的 2% 的现金折扣。

（2）11～20 天付款，可享受总价款的 1% 的现金折扣。

（3）21～30 天付款，没有现金折扣优惠。

（4）30 天以后仍未付款，则会根据合同索取利息和罚金。

在会计处理中，现金折扣一般会在货款交回时进行处理。企业的赊销交易成立时，以销售总价款入客户的应收账款户头。在客户付款后，如果符合折扣条件，就将折扣金额划入财务费用。

例：某公司销售 1 000 件商品，每件单价 10 元，增值税税率为 17%。其现金折扣条件为 2/10，1/20，*n*/30。客户 A 公司在第 8 天将货款付清。此业务的账务处理如下：

（1）交易成立时，以货款全价入账，会计分录如下：

借：应收账款——A 公司　　11 700

　　贷：主营业务收入　　10 000

　　　　应交税费——应交增值税（销项税额）　　1 700

（2）客户付款时，由于付款时间没有超过 10 天，所以可以有 2% 的现金折扣。会计分录如下：

借：银行存款　　11 466

　　财务费用　　234

　　贷：应收账款——A 公司　　11 170

说明：上述分录中的财务费用，就是总价款 2% 的现金折扣，计算过程为 11 700 元 × 2% = 234 元。

本笔业务在应收账款——A 公司账户中的记录如表 9-3 所示。

表 9-3　应收账款——A 公司账户记录

（单位：元）

摘　要	借　方	贷　方	余　额
销售商品 1 000 件	11 700		11 700
收回货款		11 700	0

9.2　坏账损失的账务处理

坏账，是指无法收回的应收款项。坏账损失就是由于应收账款收不回来而造成的损失。应收款项就是客户欠企业的钱，只要是欠的钱，都有还不回来的风险，很多时候坏账的产生根本无法预见。

坏账的确认一般都有较严格的程序规定，一般企业对产生坏账的确认是比较谨慎的，对产生坏账可能性较大的应收款项，应尽早进行坏账的损失确认和处理。

9.2.1　实例 1：坏账损失的账务处理——直接转销法

直接转销法，是指在已确认坏账的情况下，将因坏账而形成的损失直接计入资产减值损失的坏账损失处理方法。这种方法适用于坏账损失金额不大，对当期损益影响较小的业务。一般情况下，应收账款数额不大、数量不多的企业，会采用直接转销法来处理坏账带来的损失。

坏账损失处理的直接转销法处理流程，如图 9-4 所示。

例：A 公司欠 B 公司账款 5 600 元，从入账之日起，已满三年。B 公司多次发函催讨无果，认为收回款项的可能性极小，所以根据 B 公司的财务规定，将这笔应收账款做坏账损失处理。

此业务的账务处理如下：

（1）应收账款入账时，会计分录如下：

借：应收账款——A 公司　　　　　　　　　5 600

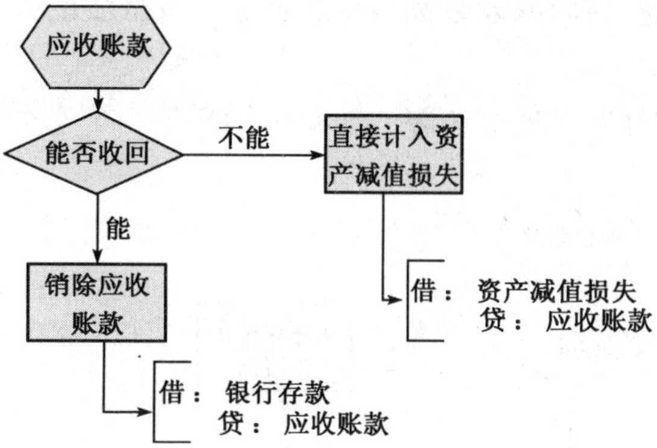

图 9-4　直接转销法处理流程

贷：主营业务收入　　5 600

（2）确认坏账时，会计分录如下：

借：资产减值损失——坏账损失　　5 600

贷：应收账款——A 公司　　5600

说明：在直接转销法下，如果坏账损失相对当期销售收入数额较大，那么会对当期甚至当年的损益数据产生很大影响，这样会使会计数据无法真实地反映企业的损益情况。所以应收款项较多的企业，都会采用备抵法进行处理。

9.2.2　实例 2：坏账损失的账务处理——备抵法

坏账损失的备抵法，是指在应收账款形成之日起，就根据相应的规定计提一定比例的坏账准备。当坏账发生时，只需要从计提出来的坏账准备中冲抵即可。

备抵法的适用范围很广，大部分存在应收账款的企业都可以采用。这种方法的好处是：

（1）通过计提坏账准备，可以很好地降低坏账损失对企业经营状况的风险和影响。

（2）通过计提坏账准备，可以将坏账损失均衡地摊销在应收账款对企业经营产生影响的整个期间，从而使坏账准备的影响无法集中体现在当期损益。

当然，对那些应收账款数额很少的企业，备抵法的处理方法就显得太麻烦。

备抵法处理坏账的账务流程，如图 9-5 所示。

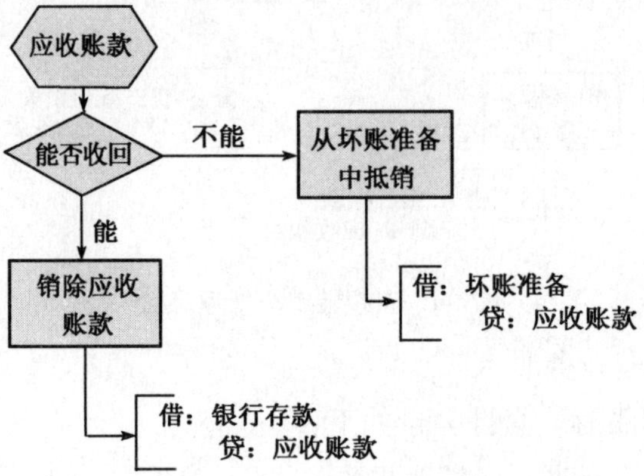

图 9-5　备抵法处理坏账的账务流程

例：某企业年末的应收账款余额为 1 000 000 元，坏账准备的计提比例为 3‰。第二年发生的坏账损失为 6 000 元，其中 A 公司 1 000 元，B 公司 5 000元，第二年年末，应收账款余额为 1 200 000 元；第三年已冲销的 B 公司应收账款 5 000 元又收回了，第三年年末，应收账款余额为 1 300 000 元。

此业务的账务处理如下：

(1) 第一年计提坏账准备时，会计分录如下：

借：资产减值损失　　　　3 000

　　贷：坏账准备　　　　　　3000

(2) 第二年的坏账损失入账时，会计分录如下：

借：坏账准备　　　　6 000

　　贷：应收账款——A 公司　　　　1 000

　　　　　　　　——B 公司　　　　5 000

说明：此时坏账准备余额为借方 3 000 元。在第二年再计提坏账准备时，应将此借方余额进行相应处理。具体方法见下一步。

(3) 第二年年末计提坏账准备时，会计分录如下：

说明：由于先前的坏账准备余额在借方，也就是说之前计提的坏账准备不够用，所以年末应将不足额补齐，使坏账准备账户的余额为贷方，其数额为应收账款账户总额的 3‰。

借：资产减值损失 6 600
　　贷：坏账准备 6 600

说明：本步的计算过程为，第二年应提的坏账准备为 1 200 000 元 × 3‰ = 3 600 元，再提出坏账准备借方余额 3 000 元，合计为 6 600 元。这一步的分录可以分开记为：

借：资产减值损失 3 000
　　贷：坏账准备 3 000
借：资产减值损失 3 600
　　贷：坏账准备 3 600

（4）第三年，已做坏账处理的 B 公司 5 000 元应收账款又收回了，会计分录应为：

借：应收账款——B 公司 5 000
　　贷：坏账准备 5 000
同时做下面这个分录：
借：银行存款 5 000
　　贷：应收账款——B 公司 5 000

说明：此步是将已冲销的应收账款重新补回来，然后再以正常的应收账款的处理方式，将客户的应收账款冲销掉。

（5）第三年年末，计提坏账准备的会计分录如下：

说明：本年坏账准备账户的余额应为当年应收账款余额的 3‰，即 1 300 000 元 × 3‰ = 3 900 元。但此时坏账准备账户的余额为 3 600 元 + 5 000 元 = 8 600 元。此时仍然应当想办法使坏账准备账户的余额保持为当年应收账款余额的 3‰。

借：坏账准备 4 700
　　贷：资产减值损失 4 700

说明：4 700 元这个数字的计算过程是 8 600 元 − 3 900 元 = 4 700 元。

9.3 应收票据的账务处理

应收票据，是指企业因某种原因而持有的，尚未到期或兑现的票据。应收票据是一种债权凭证，是将货款的金额以书面文件的形式约定下来，并由法律来保证收款方收取货款的权利，具有法律上的约束力。

应收票据的账务处理与应收账款类似，只是应收票据会有票息和贴现的情况出现，所以在处理上有所区别。

相对于应收账款来说，应收票据的风险较小，尤其是银行承兑汇票，如果到期出票人不能支付款项，那么将由银行来支付汇票金额，这样坏账的风险更小。所以应收票据一般并不需要计提坏账准备。如果超过承兑期的票据还未能由出票人偿付，可将相应金额挂入出票人的应收账款账户，然后就可以计提坏账准备了。

虽然可以用于支付的票据有很多种，如汇票、本票、支票等，但是应收票据科目中所指的票据，特指汇票。

应收票据中的汇票，一般包括两种：

1. 商业承兑汇票

商业承兑汇票是由银行以外的付款人承兑的票据。商业承兑汇票可以由付款人签发并承兑，也可以由收款人签发交由付款人承兑。具体样式如图 9-6 所示。

2. 银行承兑汇票

银行承兑汇票，是指由企业在开户行申请并经银行审查同意承兑的远期汇票。这种汇票的特点是：由企业签发，经银行批准后成立，二者签立承兑协议；由银行保证承兑，即到期不论开出汇票的企业是否将款项打入银行账户，银行都要按承诺进行兑付；票面有相应的利率，以偿付客户未当场拿到款项的损失，该票息在兑付时支付。具体样式如图 9-7 所示。

说明：银行承兑汇票风险较小，如果持票人着急用钱，可以提前将其贴现。

商业承兑汇票

出票日期（大写）　贰零壹零 年 零叁 月 贰拾伍 日

付款人	全 称			收款人	全 称		
	账 号				账 号		
	开户行		行号		开户行		行号
汇票金额	人民币（大写）				千 百 十 万 千 百 十 元 角 分		
汇票到期日				交易合同号码			
本汇票已经承兑，到期无条件付款 承兑人签章 承兑日期：2010年6月25日				本汇票已承兑，到期后付款 出票人签章			

图 9-6　商业承兑汇票的样式

银行承兑汇票

出票日期（大写）　贰零壹零 年 零叁 月 贰拾伍 日

出票人全称			收款人	全 称		
出票人账号				账 号		
付款行全称		行号		开户行		行号
汇票金额	人民币（大写）				千 百 十 万 千 百 十 元 角 分	
汇票到期日		本汇票已经承兑，到期由本行付款 XXXX 承兑行签章 承兑日期：2010年6月25日		承兑协议编号		
本汇票请银行承兑，到期无条件付款 出票人签章 2010年3月25日		备注：		科目（借） 对方科目（贷） 转账　年　月　日 审核　记账		

图 9-7　银行承兑汇票的样式

9.3.1　实例 1：不带息应收票据的账务处理

晨光公司向其广东总代理 A 公司销售了一批新产品，价值 10 万元，增值税税率为 17%；10 天后，晨光公司收到 A 公司开具的商业汇票，汇票面值为 117 000 元，支付期为三个月；三个月后，晨光公司将该汇票存入银行账户中。

此业务的会计账务处理如下：

（1）交易成立时，应计为收入，会计分录如下：

借：应收账款——A公司　　117 000

　　贷：主营业务收入　　100 000

　　　　应交税费——应交增值税（销项税额）　　17 000

（2）10天后收到商业汇票，将应收账款转为应收票据，会计分录如下：

借：应收票据——A公司　　117 000

　　贷：应收账款——A公司　　117 000

（3）三个月期限到，将商业汇票存入银行账户后，会计分录如下：

借：银行存款　　117 000

　　贷：应收票据——A公司　　117 000

说明：商业汇票到期后，可以直接存入公司账户中。

9.3.2　实例2：带息应收票据的账务处理

某企业9月1日销售一批服装给A商场，货发出的同时，附有增值税发票，票面的销售收入为100 000元，增值税税率为17%。A商场以商业承兑汇票支付货款，付款期限为6个月，票面利率为10%。

这笔业务的账务处理过程如下：

（1）收到用来支付货款的票据时，应做会计分录如下：

借：应收票据　　117 000

　　贷：主营业务收入　　100 000

　　　　应交税费——应交增值税（销项税额）　　17 000

（2）年底时，可以计提票据利息，会计分录如下：

说明：计算年利息＝117 000元×10%×4/12＝3 900元。10%是年利率，所以需要先除以12再乘以4个月。

借：应收票据　　3 900

　　贷：财务费用　　3 900

说明：对于票据的利息记入财务费用的贷方，以抵扣企业付出的利息等财务方面的费用。

（3）票据到期时，企业收回货款，会计分录如下：

说明：计算过程是第二年收货款时，除去上年底计提过的利息外，还有两个月的利息要提，即 117 000 元 ×10% ×2/12 = 1 950 元。而应收票据账户的余额为 117 000 元 + 3 900 元 + 1 950 元 = 122 850 元。

借：银行存款　122 850

　　贷：应收票据　120 900

　　　　财务费用　1 950

9.3.3　实例 3：不带息应收票据贴现的账务处理

某企业在 2009 年 9 月 11 日，收到 A 客户当日签发的、票面金额为 7 500元、30 天到期的不带息汇票。企业财务拿该汇票到银行进行贴现，贴现率为 12%。

这笔业务的账务处理过程如下：

（1）以票据入账，抵销 A 客户之前的应收账款，分录如下：

借：应收票据　7 500

　　贷：应收账款　7 500

说明：票据入账时，应以票面金额入账。

（2）票据进行贴现后，分录如下：

借：银行存款　7 425

　　财务费用　75

　　贷：应收票据　7 500

说明：票据于 9 月 11 日签发，当天就贴现，贴现天数为 30 天，所以根据公式"贴现息 = 票据到期值 × 贴现天数 × 贴现率"计算，贴现息为 75 元；贴现收到的金额则为"票据到期值 - 贴现息"，计算得数值为 7 425元。

9.3.4　实例 4：带息应收票据贴现的账务处理

B 客户于 2009 年 4 月 15 日签发了一张汇票，该汇票 60 天到期、票面金额为6000元、票面利率为10%。企业于2009年4月30日向银行贴现，贴现率为16%。

这笔业务的账务处理过程如下：

（1）2009年4月15日时，以票据入账，抵销B客户之前的应收账款，分录如下：

借：应收票据　　6000

　　贷：应收账款　　6000

说明：以带息票据入账时，仍以票面金额入账。

（2）2009年4月30日，票据进行贴现后，分录如下：

借：银行存款　　5978

　　财务费用——利息支出　　22

　　贷：应收票据　　6000

本例中的计算过程如下：

（1）票据于4月15日签发，60天到期。票面金额6000元，票面利率为10%，其到期值为：

6000元+6000元×60/360×10%=6100元

（2）4月30日去银行贴现，贴现天数为45天，所以根据公式“贴现息=票据到期值×贴现天数×贴现率”计算，贴现息为：

6100元×45/360×16%=122元

（3）贴现收到的金额的计算公式为“票据到期值-贴现息”，所以贴现时企业取得的款项金额为：

6100元-122元=5978元

9.4 应付账款的账务处理

应付账款是一种负债，是因企业购买了产品，享受了服务后，暂未付款而造成的负债。顾名思义，应付账款就是应付给有关人员的款项。

虽然应付账款是企业的债务，自会有客户着急来找企业要回款项，但是这并不意味着企业就可以不对应付账款进行管理。相反，应付账款是债务，更应当严格管理，因为一不小心就可能使企业商誉受损。

应当在明细分类账簿中，为每个客户建立单独的账页，详细记录每一笔应付账款的时间和来历；同时，当客户发函前来核对应付账款时（对客户来说是应收账款），企业会计部门更应当注意核对清楚，一发现问题应当立刻与对方核对。

应付账款的账务处理与应收账款的处理十分类似，可以直接使用应收账款的例子。

9.4.1 实例 1：应付账款的账务处理

例：某服装厂销售一批服装给假日商城，价值总计 58 000 元，增值税税率为 17%，委托银行支付垫付的运费 2 000 元。此业务假日商城的会计部门账务处理如下：

（1）应付的货款入账：

借：库存商品	58 000	
贷：应付账款——服装厂		58 000

（2）应付的增值税（进项税）入账：

借：应交税费——应交增值税（进项税额）	9 860	
贷：应付账款——服装厂		9 860

（3）垫付的运杂费入账：

借：库存商品	2 000	
贷：应付账款——服装厂		2 000

上面的三个分录，实际上可以合并成为一个一借多贷的分录，如下：

借：库存商品	60 000	
应交税费——应交增值税（进项税额）	9 860	
贷：应付账款——服装厂		69 860

说明：一般在实际做账时，应该以多借一贷的分录去填制记账凭证，这样做账更清楚和明白。

货款付清后，应做会计分录如下：

借：应付账款——服装厂　　69 860
　　贷：银行存款　　69 860

9.4.2　实例 2：无法支付的应付账款的账务处理

应付账款无法支付时，意味着企业多了一笔付不出去的钱。在这样的情况下，多出来的钱应被计入营业外收入。

续上例，如果服装厂倒闭了，该笔应付账款挂在账上已超过两年，故而需要将其处理掉。此时应做的会计处理是，将服装厂名下的应付账款69 860元，计入营业外收入中，会计分录如下：

借：应付账款——服装厂　　69 860
　　贷：营业外收入　　69 860

9.5　应付票据的账务处理

应付票据，主要是指企业为了赊购商品或服务而开具的商业汇票。其一般是由企业出票（称为出票人），由承兑人（一般为银行）承诺在一定日期内按票面确定的金额，向持票人（客户）付款的书面凭证。

在我国，应付票据仅指商业汇票，包括：

- ❑ 商业承兑汇票
- ❑ 银行承兑汇票

说明：关于商业汇票的详细介绍和样式图片，请参看章节 9.3 应收票据的财务处理。

9.5.1　实例 1：开具商业汇票的账务处理

企业需要开具商业汇票的情况有两种：

（1）因购买商品、服务等而开出。

（2）抵付原欠货款或应付账款时开出。

这两种情况下，开具商业汇票的财务处理流程如图 9-8 所示。

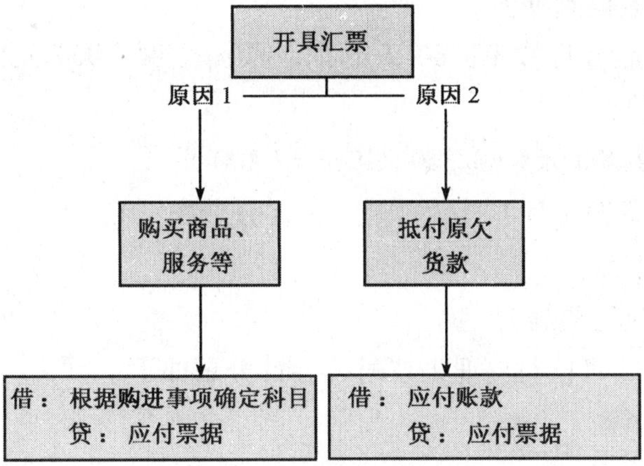

图 9-8　应付票据处理流程

例：2009 年 4 月 11 日，企业向 A 工厂购进一批原材料，取得的增值税发票上材料价款为 100 000 元，增值税额为 17 000 元。材料已到库，发票等结算单据也已收到。本次业务以商业汇票结算，按相关协议企业开出并承兑为期一个月的不带息商业汇票，票面金额为 117 000 元。汇票已开出并邮寄给对方。

此业务应做会计分录为：

借：原材料　　100 000
　　应交税费——应交增值税（进项税额）　　17 000
　　贷：应付票据　　117 000

9.5.2　实例 2：偿付有息应付票据的账务处理

有息应付票据偿付时，应一次性偿付其票面金额以及利息。应付票据进行账务处理时，以账面金额入账。偿付时，需要结算出利息，与应付票据一起付清。

说明：对于跨年度的应付票据，一般在年底时，应付票据的利息会结转一次，也会直接纳入应付票据账户中。其他利息仍然在偿付时结算。

某企业 3 月 1 日开具 60 天、票面利率为 10%，面额为 6 000 元的商业汇票，以偿付购买材料所欠的货款。此业务的计算过程及账务处理如下：

（1）计算票据到期值。

票据于 3 月 1 日签发，60 天到期。票面金额 6 000 元，票面利率为 10%，其到期值为：

6 000 元 + 6 000 元 × 60/360 × 10% = 6 100 元

（2）应付票据 3 月 1 日开具时入账，分录如下：

借：应付账款　　6 000

　　贷：应付票据　　6 000

（3）4 月 30 日偿付商业汇票时，会计分录如下：

借：应付票据　　6 000

　　财务费用　　100

　　贷：银行存款　　6 100

第 10 章
存货的账务处理

存货对于不同性质的企业来说，其具体内容有很大差异。对于工业生产企业来说，存货包括原材料、包装物、产成品、半成品等；对于商品流通企业而言，存货就代表着企业存放着的商品；而对于一些提供劳务的公司，可能存货也就是些办公用品。

各种存货的账务处理的基本流程比较相似，如图 10-1 所示。

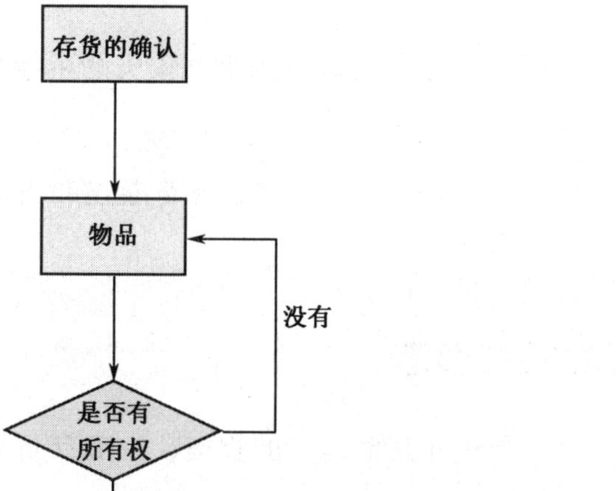

图 10-1　存货的账务处理流程

10.1　存货概述

存货是指企业在日常生产经营过程中持有的，准备出售或正在生产或在生产中将消耗的材料、物料等，包括以下三种状态下的物资：

（1）库存的，指在仓库中储存着的物资。

（2）加工中的，生产过程中的产成品、半成品或加工中在消耗的原料等。

（3）在途的，还在运输途中，但归属上已属于企业的物资。

10.1.1　存货的主要特点

从性质上讲，存货属于非货币性流动资产，与其他资产相比，存货的主要特点如下：

（1）与无形资产比，存货具有实物形态。

（2）与非流动资产比，存货具有较强的流动性。

说明：存货一般可以直接变卖，所以具有较强的流动性。但是比起货币来，流动性又稍差一些。

（3）与货币性资产比，存货具有发生潜在损失的可能性。

说明：存货可能会因为一些原因，如市场不好、产品不对路等，造成积压；在运输过程中也可能会有损失；因为有质量问题或其他问题造成退货损失等。

10.1.2　存货的实物形态

存货就是指存放在仓库或其他地方的物资，一般存货的实物形态有以下几种：

（1）材料，如原材料等。

（2）商品，各种用于出售的商品，多用于商品流通企业。

（3）在产品，还在生产中的产品，多用于工业生产企业。

（4）产成品，已生产完成的产品，多用于工业生产企业。

（5）包装物，如纸箱、各种包装盒、包装袋等。

（6）低值易耗品等，如办公用的文具等。

10.1.3 存货的确认

存货的确认，除应确定在性质上是否属于存货外，还应确定是否属于企业的存货。也就是说，有些可以是存货的物资，还应当确定其是否应当算是当前会计主体的存货，如果是，那么才能纳入会计核算的范围。

从归属权的意义上讲，存货的确认，就是对存货归属权的确认。通常判定存货是否为当前会计主体的存货的标准是，看其所有权是否已归属于当前会计主体。

（1）只要所有权已属企业，那么无论是否收到或持有，均应作为本企业的存货。

（2）如果没有取得所有权，就算存放在企业，也不能作为本企业的存货。

10.1.4 存货的计价方式

因为存货的形态多，所以存货的计价方式也较多。存货的计价方式一般有两种：

（1）实际成本，是指存货所耗用的实际成本。

（2）计划成本，是指以存货计划购买时的价格入账。若存货的计划成本和实际成本之间有差异，则须单独核算。

10.1.5 存货实际成本的确定

在取得存货时，应当按照其实际成本入账。由于存货存在各种形态，所以对其实际成本的确定是比较重要的，必须按不同的情况分别对待。存货实际成本的确定方法如下：

（1）购入的存货，其购买过程和运输过程中的全部费用，以及存储后的相关费用，都应计入实际成本中，具体的成本构成，如图 10-2 所示。

说明：购入存货的成本涉及三个过程，即购买过程、运输过程及库存过程。这三个过程都会有相应的消耗，所以在计算成本时，都要考虑到。

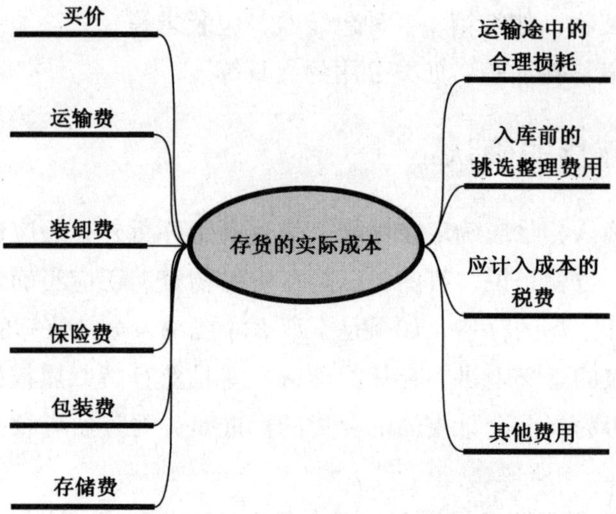

图 10-2　购入存货的实际成本构成

（2）自制的存货，其实际成本的构成，如表 10-1 所示。

表 10-1　自制存货的实际成本构成表

<table>
<tr><th>名称</th><th colspan="2">实际成本构成</th></tr>
<tr><td rowspan="3">自制的存货</td><td rowspan="3">制造过程中耗用的</td><td>原材料</td></tr>
<tr><td>工资</td></tr>
<tr><td>有关费用</td></tr>
</table>

说明：从表 10-1 中可以看出，自制存货的实际成本，就是其实际耗用的成本。

（3）委托外单位加工完成的存货，其实际成本的构成，如表 10-2 所示。

表 10-2　委托加工存货的实际成本构成表

<table>
<tr><th>企业类型</th><th>名称</th><th colspan="2">实际成本构成</th></tr>
<tr><td rowspan="7">工业企业</td><td rowspan="7">委托加工的存货</td><td rowspan="2">实际耗用的</td><td>原材料</td></tr>
<tr><td>半成品</td></tr>
<tr><td colspan="2">加工费</td></tr>
<tr><td colspan="2">运输费</td></tr>
<tr><td colspan="2">装卸费</td></tr>
<tr><td colspan="2">保险费</td></tr>
<tr><td colspan="2">税费</td></tr>
</table>

（续）

企业类型	名称	实际成本构成
商品流通企业	委托加工的存货	进价原价
		加工费用
		税费

说明：委托加工的存货，对于工业企业和商品流通企业来说是不同的，工业企业的委托加工存货，其实际成本更为复杂。

（4）投资者投入的存货，按投资各方确认的价值，作为实际成本。

（5）接受捐赠的存货，其实际成本的确认方式，如图 10-3 所示。

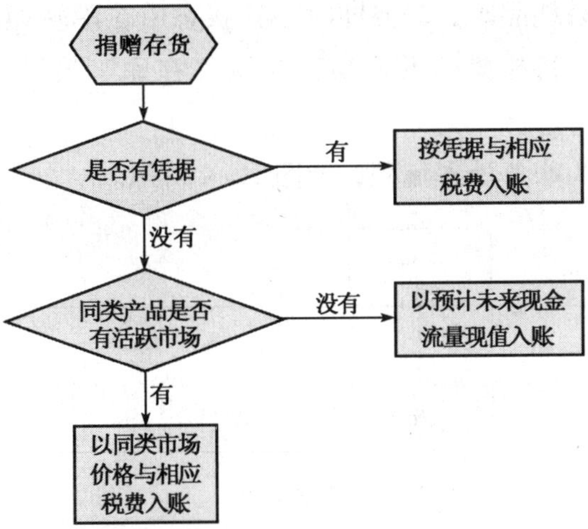

图 10-3 捐赠存货的实际成本

（6）抵债的存货，其实际成本的确认按应收债权的账面价值，减去可抵扣的增值税的进项税额，再加上相关税费即可。

（7）盘盈的存货，其实际成本参照同类产品或类似产品的市场价值入账。

10.2 低值易耗品的账务处理

低值易耗品，是指那些不能作为固定资产进行核算的用具和物品，包括：

- ❑ 工具

❑ 管理用具
❑ 玻璃器皿
❑ 周转使用的包装容器等

企业在进行低值易耗品的账务处理时，需使用“周转材料——低值易耗品”科目，并在其下再设置“在库”、“在用”和“摊销”三个三级明细科目。

说明：使用一次摊销法的企业，可以不采用这三个明细科目，因为一次摊销法下，低值易耗品只有两种情况，即在库的和已摊销的，已摊销后，低值易耗品只登记在登记簿上，账面上已不再核算。

在领用低值易耗品时，需要即时将其状态由在库转换为在用，即根据领用的相关单据，将相应的低值易耗品从“在库”转到“在用”明细科目中。

低值易耗品的账务处理流程，如图10-4所示。

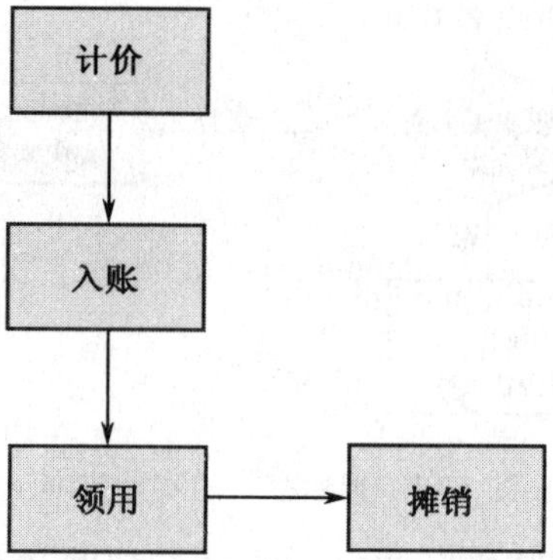

图10-4 低值易耗品的账务处理流程

10.2.1 低值易耗品的摊销方法

低值易耗品在使用过程中会不断损耗，直至报废。而磨损是为了服务于企业的经营和管理，所以这部分磨损要列为企业的费用，即摊销。

低值易耗品的摊销，有以下三种方法：

（1）一次摊销法，是指将低值易耗品，一次性全价摊入当期费用中。

（2）分次摊销法，是指在低值易耗品摊销时，分若干次将其价值摊入费用中。

（3）五五摊销法，是指分两次摊销，购入时摊销一半，报废时再摊销另一半。

说明：五五摊销法实际上就是分次摊销法，只是分两次而已。

低值易耗品账务处理的实例如下。

10. 2. 2　实例 1：低值易耗品的购入

企业购入一批文具，价值 1 000 元，现金运费 30 元，增值税税率为 17%。入库后，账务处理过程如下：

购入文具时，应做会计分录如下：

借：周转材料——低值易耗品——在库　　1 200

　　贷：银行存款　　1 170

　　　　库存现金　　30

其账务处理流程图，如图 10-5 所示。

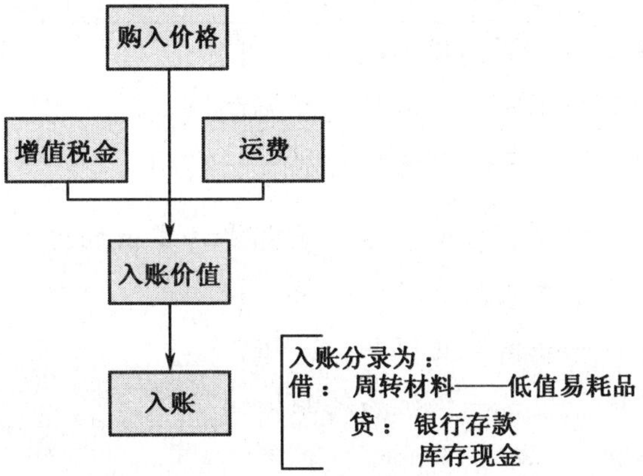

图 10-5　低值易耗品购入的账务处理程序

10. 2. 3　实例 2：低值易耗品的领用及摊销

企业购入一批文具，入库后领用了 200 支笔，每只价值 4 元，分 4 次摊销入费用中。

账务处理过程如下：

（1）低值易耗品领用程序，应做会计分录如下：

借：周转材料——低值易耗品——在用　　800

　　贷：周转材料——低值易耗品——在库　　800

（2）对领用的低值易耗品进行摊销，应做会计分录如下：

说明：每次应摊销的费用为：

200 元 ×4/4 = 200 元

借：管理费用——低值易耗品摊销　　200

　　贷：周转材料——低值易耗品——摊销　　200

10.2.4　实例3：低值易耗品的转卖

企业有一批货架，这批货架共有20个，每个的购入价为500元，经过几年摊销，账面的剩余价值还有4 000元。这批货架已转卖给了其他单位，每个价格250元。

这笔业务的账务处理过程如下：

借：银行存款　　5 000

　　周转材料——低值易耗品——摊销　　6 000

　　贷：管理费用——低值易耗品摊销　　1 000

　　　　周转材料——低值易耗品——在用　　10 000

说明：由于卖价高于账面余值，就需要将多出的账抵减低值易耗品摊销值。所以上面的分录实际上可以分解为：

借：周转材料——低值易耗品——摊销　　1 000

　　贷：管理费用——低值易耗品摊销　　1 000

借：银行存款　　5 000

　　周转材料——低值易耗品——摊销　　5 000

　　贷：周转材料——低值易耗品——在用　　10 000

10.3　包装物的账务处理

包装物，是指在生产过程中，为包装产品而随同产品一起出售的成形容器，如桶、缸、坛、玻璃瓶等。会计业务中，需要处理的包装物，是指与产品出售相关的包装容器，扎绳、铁丝、包纸等则不属于包装物。

在对包装物进行账务处理时，需使用“周转材料”科目，并在此总账科目下，设置“包装物”明细科目。

包装物的账务处理流程，如图 10-6 所示。

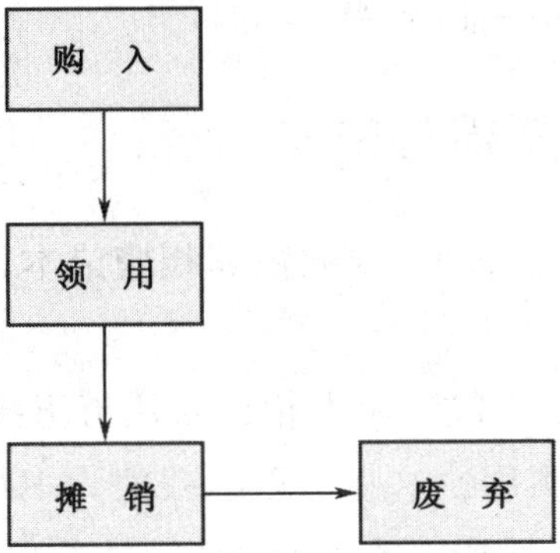

图 10-6　包装物的账务处理流程

10.3.1　包装物的分类

包装物按其用途分类，可分为：

（1）产品的包装，比如产品的外包装盒。

（2）用于储存和保管的包装，如盛啤酒的容器大木桶等。

（3）中转包装，生产、销售、运输等生产经营过程中周转用的包装物，比如自行车的木质条箱。

10.3.2　包装物的购入

购入的单独计价的包装物，或随货购进单独计价的包装物，一般以购入时的实际价格入账。收到时，借记“周转材料——包装物”科目。

企业购入用做产品包装物的木箱 30 只，每只 40 元，此账务应做会计分录如下：

借：周转材料——包装物	1 200	
贷：银行存款		1 200

10.3.3 包装物的领用

领用包装物时，借记销售费用、管理费用或制造费用相关成本科目。

例：销售部门领用木箱 8 只，每只 40 元，应做会计分录如下：

借：销售费用　　320

　　贷：周转材料——包装物　　320

10.3.4 包装物的摊销与废弃

包装物在周转使用过程中，要摊销其相应成本，摊销方法可比照低值易耗品的摊销方法。

例：成本为 1 200 元的包装用木箱，采用五五摊销法，在购入时将其价值的一半摊销入当期费用，这些木箱的残值为 100 元。这些包装物从摊销到废弃的账务处理过程如下：

（1）首次摊销时，应做会计分录如下：

借：销售费用　　600

　　贷：周转材料——包装物——摊销　　600

（2）包装物废弃后，将木箱拆分变卖，可得 100 元。废弃时应做会计分录如下：

借：库存现金　　100

　　周转材料——包装物——摊销　　600

　　销售费用　　500

　　贷：周转材料——包装物——在用　　1 200

第 11 章 固定资产的账务处理

固定资产一般占企业资产的一大部分。而固定资产不光体积大，资金占用也很大，所以一般的企业不光对固定资产进行会计处理，还为其制定详细的管理规则，并为每一件固定资产都建立信息卡片。

固定资产的账务处理，一般引入“固定资产”总账科目。

11.1 固定资产概述

资产，是企业拥有或控制的资源。固定资产，顾名思义，是指比较固定的资产。固定资产一般使用期限较长，单位价值比较高，而且在使用中可以保持原实物形态。

11.1.1 固定资产的确认条件

固定资产，是指同时具有下列特征的有形资产：

（1）为生产商品、提供劳务、出租或经营管理需要而持有的。

（2）使用寿命超过一个会计年度。

使用寿命，是指企业使用固定资产的预计期间，或者该固定资产所能生产产品或提供劳务的数量。

固定资产同时满足下列条件的，才能予以确认：

（1）与该固定资产有关的经济利益很可能流入企业。

（2）该固定资产的成本能够可靠地计量。

新会计准则下固定资产的定义发生了以下两点变化：

（1）不再强调单位价值较高。

改变了旧会计准则关于生产企业非生产经营主要设备需达到单位价值2 000元以上，行政事业单位设备单位价值需达到500元以上的价值量判断的硬性标准，将更多地主动权交给企业。

（2）使用时间要求发生了变化。

新会计准则将固定资产的使用寿命由原来的“超过一年”变更为“超过一个会计年度”，意味着有些设备虽然使用寿命未到一年整，但跨过了一个会计年度，也可以纳入固定资产的核算范围。

一说到固定资产，我们都会想到房屋、设备这样又大又笨，单价也高的大型资产。对于一般公司里比较常见的办公桌椅，会计新手常常会觉得为难，其属性不太符合固定资产的特性，但是划归在低值易耗品里好像也不合适。

其实办公桌椅一般都是按固定资产来核算的，因为其符合固定资产的两个判定标准。第一，办公桌椅是生产经营使用的主要设备；第二，办公桌椅的使用寿命一般都在5～10年，也符合固定资产的时间标准。

会计工作中常见的固定资产，如表11-1所示。

表11-1　常见固定资产表

<table>
<tr><th>资产类别</th><th colspan="2">常见的固定资产</th></tr>
<tr><td rowspan="6">生产经营用固定资产</td><td>房屋</td><td>厂房等</td></tr>
<tr><td>建筑物</td><td>高炉等</td></tr>
<tr><td>机器</td><td>流水线上的机器等</td></tr>
<tr><td>设备</td><td>计算机、复印机等</td></tr>
<tr><td>器具</td><td></td></tr>
<tr><td>工具</td><td></td></tr>
<tr><td rowspan="4">非生产经营用固定资产</td><td>职工宿舍</td><td rowspan="4">包括其他的相关设施</td></tr>
<tr><td>食堂</td></tr>
<tr><td>浴室</td></tr>
<tr><td>理发室等</td></tr>
</table>

11.1.2 固定资产的分类

固定资产的种类繁多，可以根据不同的标准对其进行划分。根据不同的分类方法，可以体现不同的作用。按经济用途对固定资产进行分类，可以考核企业各类固定资产配备是否合理；按所有权分类，可以考核企业经济行为的可行性；按使用情况分类，则可以分析固定资产的有效利用程序，促进企业合理使用资产，同时也是计算固定资产折旧的依据。

固定资产的分类，如图 11-1 所示。

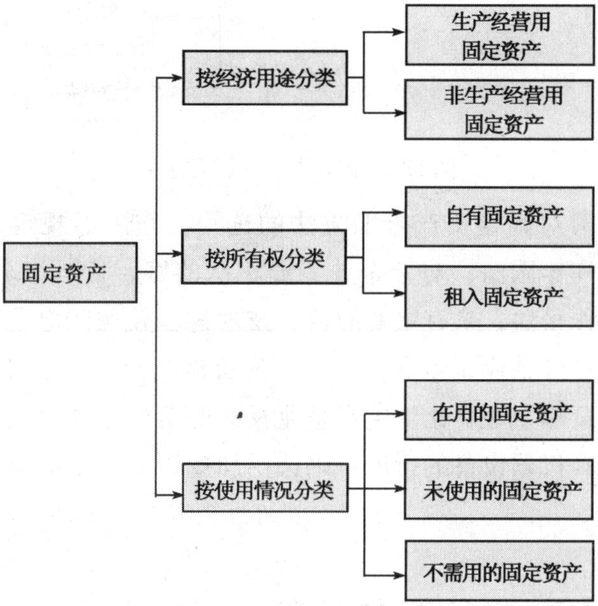

图 11-1 固定资产的分类

11.1.3 固定资产的折旧方法

会计业务中，计算固定资产折旧的方法很多，主要可以分为两大类：

- ❑ 直线法
- ❑ 加速折旧法

在每一个折旧方法的类别中，又有几种相应的折旧方法，这些方法如图 11-2所示。

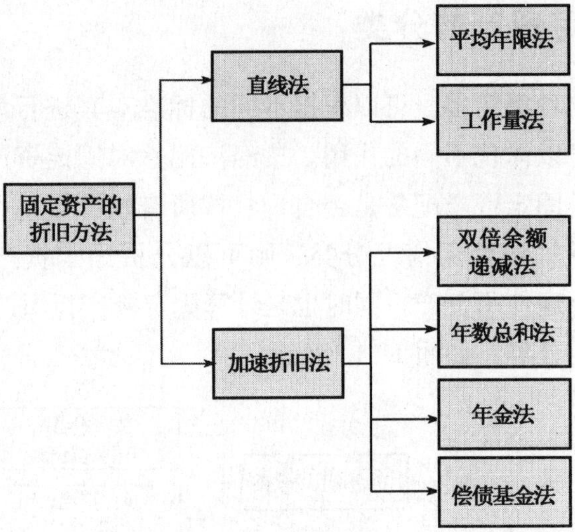

图 11-2　固定资产的折旧方法

目前，我国对固定资产折旧方法的选用，作出的规定包括：一般企业，可采用平均年限法；对于企业专业车队的客、货运汽车、大型设备，还可以采用工作量法；具有重要地位、技术进步较快的电子生产企业、船舶工业、船舶运输企业、生产“母机”的机械企业、收音机制造企业、汽车制造企业和运输企业、化工生产企业及医药卫生企业以及其他经财政部批准的企业，其机器设备的折旧可以选用加速折旧法中的双倍余额递减法或年数总和法。

11.2　固定资产的账务处理

因为固定资产是企业最重要的生产经营资源，虽然其流动性不像货币资金那样强，但是由于固定资产的单位价值都比较高，一旦有损失就是很大的损失，所以固定资产的账务处理和日常管理都是非常重要的。

固定资产从取得起，就要每月计提折旧，直至报废。固定资产的管理一般由行政部门负责，但是固定资产的相关资料却基本掌握在会计部门手中。所以在企业的会计部门，不但有固定资产的各种总账、分类账，还有一整套固定资产管理系统，以便于对固定资产进行管理。

固定资产的账务处理，主要分四个部分：

- ❑ 固定资产取得的账务处理
- ❑ 固定资产折旧的账务处理
- ❑ 固定资产残值的账务处理
- ❑ 固定资产盘亏盘盈的账务处理

本节就以这四个部分为主线，每部分都抽取最常见的实例，进行固定资产账务处理的讲解。

11.2.1 实例 1：购入需要安装的设备

例：企业购入需要安装的设备，该设备的购买价格为 50 000 元，增值税税率为 17%。企业为设备花费运杂费 1 000 元。安装设备时，领用相关材料1 500元，购进该材料时支付的增值税额为 255 元，支付安装人员工资2 500元。

此业务的账务处理过程及步骤如下：

（1）购入设备时，以设备的实际成本入账。应做会计分录如下：

说明：由于设备还需要安装，所以先不纳入固定资产科目，先放入在建工程科目中。

借：在建工程	51 000	
应交税费——应交增值税（进项税额）	8 500	
贷：银行存款		59 500

说明 1：59 500 的计算过程是：设备买价 50 000 元 + 增值税 8 500 元 + 运杂费 1 000 元 = 59 500 元。

说明 2：2009 年 1 月 1 日后，购置设备也可以进行增值税抵扣了，所以上面的会计分录中有增值税的相关内容。

（2）设备安装完成后，安装过程中的相关费用，如领用的材料、支付的人员工资等，需一并纳入在建工程科目中。应做会计分录如下：

借：在建工程	4 000	
贷：原材料		1 500
应付职工薪酬		2 500

（3）设备完成安装后，就可以交付使用了。而此时将在建工程科目中的累计金额转出，即为固定资产的入账价值。应做会计分录如下：

借：固定资产　　　　　　　　　　　55 000

　　贷：在建工程　　　　　　　　　　55 000

11.2.2　实例2：接受捐赠的设备

例：企业接受某爱国华侨捐赠的生产流水线一条，流水线所带的凭证标明其价值42 000元，估计折旧金额为3 000元，发生的运杂费、包装费等计1 000元。企业适用的所得税税率为25%。

本笔业务的账务处理过程与步骤如下：

（1）计算固定资产的入账价值如下：

42 000元+1 000元-3 000元=40 000元

说明：固定资产的入账价值=价值+运杂费+包装费-折旧额。

（2）计算应交所得税费用金额如下：

40 000元×25%=10 000元

（3）将固定资产正式入账，应做会计分录如下：

接受捐赠时：

借：固定资产　　　　　　　　　　　40 000

　　贷：营业外收入　　　　　　　　　　40 000

计缴所得税时：

借：所得税费用　　　　　　　　　　10 000

　　贷：应交税费——应交所得税　　　　10 000

11.2.3　实例3：设备的折旧处理

企业有一台原值为200 000元的设备，使用年限预计为5年，报废后残值估计有8 000元，企业按双倍余额递减法计提固定资产折旧。其每年的折旧及会计分录如下：

（1）计算年折旧率，如下：

年折旧率=2/5=40%

（2）第一年的折旧额计算过程如下：

200 000 元 ×40% =80 000 元

应做会计分录如下：

借：管理费用　　80 000

　　贷：累计折旧　　80 000

（3）第二年的折旧额计算过程如下：

（200 000 －80 000）元 ×40% =48 000 元

应做会计分录如下：

借：管理费用　　48 000

　　贷：累计折旧　　48 000

（4）第三年的折旧额计算过程如下：

（200 000 －80 000 －48 000）元 ×40% =28 800 元

应做会计分录如下：

借：管理费用　　28 800

　　贷：累计折旧　　28 800

（5）第四年的折旧额计算过程如下：

说明：从第四年起，剩下的两年按平均年限法计提折旧。将剩下的余值除以余下的年限 2，即得折旧额。实际上就是余值第四年提一半，第五年全部提完。

（200 000 －80 000 －48 000 －28 800 －8 000）元 ÷2 =17 600 元

应做会计分录如下：

借：管理费用　　17 600

　　贷：累计折旧　　17 600

（6）第五年的折旧额计算过程如下：

说明：从第四年起，剩下的两年按平均年限法计提折旧。第五年的折旧额与第四年的相同。

（200 000 －80 000 －48 000 －28 800 －8 000）元 ÷2 =17 600 元

应做会计分录如下：

借：管理费用　　17 600

　　贷：累计折旧　　17 600

第 12 章

负债与所有者权益的账务处理

负债与所有者权益是资产负债表中与资产相对的会计概念。其各科目期末余额的总和应当与资产类科目余额总和相等。

企业负债权人的债称为负债；企业负所有者的债称为所有者权益。所以负债和所有者权益实际上都是针对企业的债务权利。

12.1 负债概述

负债，是指企业负债权人的债。负债是企业债权人对企业资产的主张权。广义的负债包括了企业负债权人的债和负所有者的债，即包含了负债和所有者权益两方面的内容。

通常情况下，会计上所说的负债，单指狭义的负债，即企业负债权人的债。

12.1.1 负债的特点

归纳起来，负债的特点主要有以下四个：

第一，负债是以往或目前已经完成的交易而形成的当前债务。

说明：将来要发生的交易可能产生的债务，不能当成负债。

第二，负债是要在将来支付的经济责任。

第三，负债是可以确定和估计的金额。

第四，负债是需用货币资金或其他资产支付的确实存在的债务。

12.1.2　流动负债的分类

流动负债，是指一年内或超过一年的一个经营周期内需要偿付的负债。流动负债包括了处于经营循环中的各种债务项目，如对供应商和职工的应付款，在运交商品或提供劳务前的预收款或应付的房租、税款、产品售后服务、保修义务或承诺。

流动负债根据未来支付货币金额是否具有可确定性，可以分为三类：

（1）金额肯定的流动负债，是指企业在到期偿还日必须偿还的，有确定金额的流动负债，如：

- 应付账款
- 应付票据
- 应付股利
- 预收账款
- 应付利息
- 一年内到期的非流动负债等

（2）金额取决于经营成果的流动负债，是指需根据企业在这一会计期间的经营成果才能决定金额的流动负债，如：

- 应付营业税
- 应付所得税等

（3）金额不能确定而需要估计的流动负债，是指虽然是企业以往和目前已完成经济活动要承担的债务，但还没有确定的金额，需在资产负债表编制日予以估计的流动负债，如：

- 应付产品质量担保估计负债
- 应付奖券兑换估计负债等

说明：上面这两个金额不能确定而需要估计的流动负债，在会计的日常事务中极为罕见，读者只需了解即可。

流动负债的分类，如图 12-1 所示。

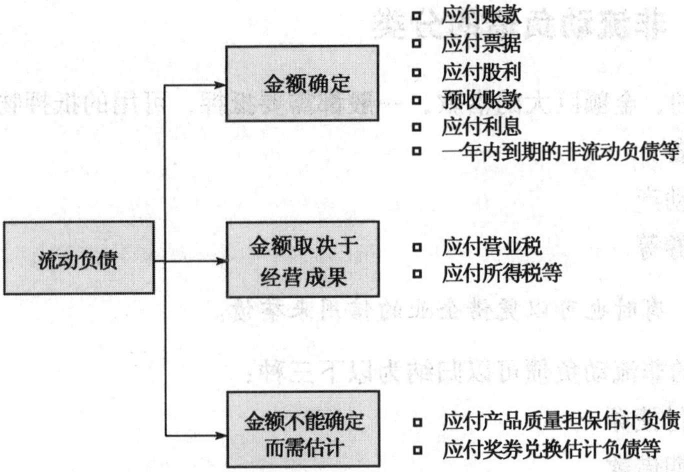

图 12-1 流动负债的分类

12.1.3 非流动负债的特点

非流动负债，是指偿还期在一年以上或超过一年的一个经营周期以上的债务。非流动负债的归还期较长。在企业扩充经营阶段，由于增添设备、扩建厂房等原因，需要大量的资金投入，此时就需要采用各种办法，利用非流动负债取得短缺的资金。

非流动负债的特点有：

- 借款期限长
- 借款金额大

12.1.4 非流动负债的形式

非流动负债的形式很多，包括：

- 自金融机构借款
- 其他单位的长期借款
- 企业发行的公司债券
- 融资租赁方式下租赁固定资产的应付款
- 引进设备的应付款等

12.1.5 非流动负债的分类

长期的、金额巨大的借款，一般都需要抵押，可用的抵押物有：

- ❑ 设备
- ❑ 不动产
- ❑ 证券等

说明：有时也可以凭借企业的信用来举债。

主要的非流动负债可以归纳为以下三种：

- ❑ 应付债券
- ❑ 长期借款
- ❑ 长期应付款

非流动负债的分类，如图 12-2 所示。

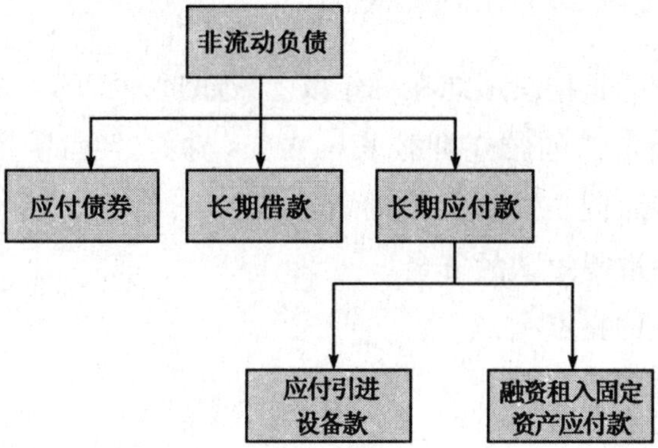

图 12-2　非流动负债的分类

12.2 流动负债的会计处理

流动负债的会计处理是较常见的会计处理业务。流动负债所涉及的会计科目主要有以下几个：

- ❑ 短期借款
- ❑ 交易性金融负债

- ❑ 应付票据
- ❑ 应付账款
- ❑ 预收账款
- ❑ 应付职工薪酬
- ❑ 应交税费
- ❑ 应付利息
- ❑ 应付股利
- ❑ 其他应付款

以上科目中，业务较多的“应付账款”和“应付票据”已在本书第 9 章中进行了详细说明，本章就不再多说。只将余下的科目中最常见的业务的会计处理举例说明。

12.2.1　结算工资

某企业本月应付工资总额为 462 000 元。其中，生产人员工资 400 000 元；车间管理人员工资为 20 000 元；企业行政管理人员工资为 40 400 元；医务室工作人员工资 1 600 元。

本笔业务的账务处理过程与步骤如下：

（1）分析各类人员的工资归属的会计科目，分析过程如下：

- ❑ 生产人员工资应直接归入产品成本中，故应记入“生产成本”科目
- ❑ 车间管理人员工资属于期间费用，又由于车间管理人员是生产管理人员，所以应记入“制造费用”科目
- ❑ 企业行政管理人员工资，记入“管理费用”科目

相应人员的工资费用归入的科目列表，如表 12-1 所示。

表 12-1　工资费用归入的科目列表

（单位：元）

人员类别	工资额	归属科目
生产人员工资	400 000	生产成本
车间管理人员工资	20 000	制造费用
企业行政管理人员工资	40 400	管理费用
医务室工作人员工资	1 600	管理费用

（2）将工资总额分配到各个会计科目中，应做会计分录如下：

借：生产成本　　400000
　　制造费用　　20000
　　管理费用　　42000
　　贷：应付职工薪酬　　462000

12.2.2　支付职工薪酬

某企业本月工资总额为462000元，其中代扣职工房租40000元，企业代垫职工家属医药费2000元，实发工资420000元。本笔业务的会计处理过程如下：

（1）企业垫付职工房租时，应做会计分录如下：

借：其他应收款——职工房租　　40000
　　贷：银行存款　　40000

说明：一般来说，房租是月底缴纳，而职工的工资则是下月5号或10号发放，所以企业先将房租垫付。

（2）企业代垫职工家属医药费，应做会计分录如下：

借：其他应收款——代垫医药费　　2000
　　贷：银行存款　　2000

（3）向银行提取现金，以支付工资，应做会计分录如下：

借：库存现金　　420000
　　贷：银行存款　　420000

说明：虽然工资表上的工资总额是462000元，但其中有42000元已由企业代扣，其中40000元是企业替员工支付的房租，2000元是企业为职工家属垫付的医药费。

（4）用库存现金发放工资，应做会计分录如下：

借：应付职工薪酬　　462000
　　贷：库存现金　　420000
　　　　其他应收款——职工房租　　40000
　　　　　　　　　——代垫医药费　　2000

12.2.3　短期借款的会计处理

某企业于 2007 年 1 月 1 日借入 120 000 元，期限为 8 个月，年利率为 8%。该贷款到期后按期如数归还，利息分月预提，按季支付。

本笔借款的会计处理过程及步骤如下：

（1）借入借款时，应做会计分录如下：

借：银行存款　　120 000

　　贷：短期借款　　120 000

（2）第一个月月底，即 1 月 31 日，计提当月的借款利息，应做会计分录如下：

借：财务费用　　800

　　贷：应付利息　　800

（3）第一个季度支付本季应付利息，应做会计分录如下：

借：财务费用　　800

　　应付利息　　1 600

　　贷：银行存款　　2 400

（4）9 月 1 日到期偿还借款本金，并支付当季尚未支付的借款利息，应做会计分录如下：

借：短期借款　　120 000

　　应付利息　　1 600

　　贷：银行存款　　121 600

12.2.4　预收账款的会计处理

企业与 A 公司签订供货合同，供货金额为 100 000 元，应纳增值税 17 000元。A 公司预付货款 60 000 元，剩余货款在交货后付清。

此笔业务的会计处理过程与步骤如下：

（1）收到 A 公司预付的货款时，应做会计分录如下：

借：银行存款　　60 000

　　贷：预收账款——A 公司　　60 000

（2）货已发出，A 公司已验收入库，并开具增值税发票，款未到，应做会计分录如下：

借：预收账款——A 公司　　1 17 000

　　贷：主营业务收入　　100 000

　　　　应交税费——应交增值税（销项税额）　　17 000

说明：如果前面没有预收账款，本步中的会计分录应当如下：

借：应收账款——A 公司　　1 17 000

　　贷：主营业务收入　　100 000

　　　　应交税费——应交增值税（销项税额）　　17 000

由于前面已为本笔交易开设了"预收账款"账户，此时为了核算和管理的方便，并不将未付的销售款记入"应收账款"账户中，仍然记入"预收账款"账户中。

（3）收到 A 公司补付的货款时，应做会计分录如下：

借：银行存款　　57 000

　　贷：预收账款——A 公司　　57 000

12.3　非流动负债的账务处理

非流动负债，是指偿还期在一年以上，或超过一年的一个经营周期以上的债务。包括：

- ❑ 长期借款
- ❑ 应付债券
- ❑ 长期应付款等

12.3.1　长期借款的会计处理

企业于 2007 年 11 月 30 日向银行借入资金 4 000 000 元，借款期限为 3 年，年利率为 8.4%（到期一次还本付息，不计复利），所借款项已存入银行。

本笔业务的账务处理过程及步骤如下：

（1）取得借款时，应做会计分录如下：

借：银行存款	4000000	
贷：长期借款		4000000

（2）2007 年年底结算一次利息，应做会计分录如下：

说明：虽然银行并不要求每年年底还利息，但是根据权责发生制原则，每年的借款利息都要由会计部门结算，并计入当期的费用科目中。

借：财务费用	28000	
贷：长期借款		28000

说明：企业每月月底都会将所有有息债务的利息结算出来，计入当月的费用中。以后两年结算利息的会计分录同上。

（3）企业偿还长期借款时（一次还本付息），应做会计分录如下：

借：财务费用	28000	
长期借款	4980000	
贷：银行存款		5008000

12.3.2 债券发行的会计处理

企业于 2007 年 7 月 1 日发行三年期、到期一次还本付息、年利率为 8%（不计复利）的债券，发行面值总额为 40000000 元。债券按面值发行。

本笔业务的账务处理，应做会计分录如下：

借：银行存款	40000000	
贷：应付债券——面值		40000000

12.3.3 长期应付款的会计处理

企业以补偿贸易方式，从国外引进一台不需要安装的高级设备，价款折合人民币 400000 元。按引进协议，企业可用产品分批还款。

设备投产后，第一批产品 100 件，每件销售价格为 300 元，其销售成本为 250 元。这批产品全部用于归还设备引进款。该产品适用的增值税税率为 17%。

根据上述资料，应进行以下的会计处理：

(1) 引进设备时，应做会计分录如下：

借：固定资产　400 000
　　贷：长期应付款　400 000

(2) 第一批产品销售完成时，应做会计分录如下：

借：应收账款　35 100
　　贷：主营业务收入　30 000
　　　　应交税费——应交增值税（销项税额）　5 100

(3) 结转第一批产品的成本，应做会计分录如下：

借：主营业务成本　25 000
　　贷：库存商品　25 000

(4) 用第一批产品的销售款偿还设备款，应做会计分录如下：

借：长期应付款　35 100
　　贷：应收账款　35 100

12.4 所有者权益概述

所有者权益，又叫产权，是指所有者在企业资产中享有的经济利益，其金额为资产减去负债后的余额，故又称之为净资产。

12.4.1 所有者权益的来源

所有者权益的来源，主要有以下几个方面：

- 企业投资者的初始投资
- 企业投资者的追加投资
- 因资本（投本）溢价形成的资本公积
- 因资产评估增值形成的资本公积
- 企业在生产经营过程中形成的留存收益等

12.4.2 所有者权益的分类

所有者权益按其构成，可分为以下三类：

1. 投入资本

说明：实际上就是注册资本，是指所有者一开始投入的资本。

2. 资本公积

说明：是指归所有者共有的，非收益转化而成的资本。

3. 留存收益

说明：是指归所有者共有的，由收益转化形成的资本。

所有者权益的分类及构成，如图 12-3 所示。

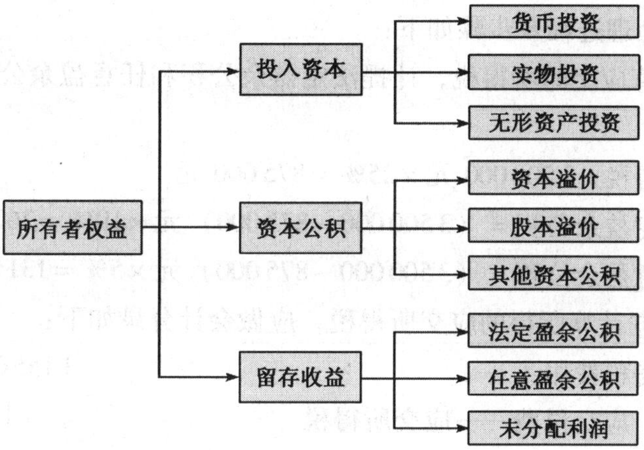

图 12-3　所有者权益的分类及构成

12.5　所有者权益的账务处理

所有者权益的账务处理，主要是对以下三个会计科目的账务处理：

- ❑ 实收资本
- ❑ 资本公积
- ❑ 盈余公积

12.5.1　实例 1：注册资本的账务处理

小李出资开办一家公司，注册资本为 500 万元。现将注册资本入账，应做会计分录如下：

借：银行存款　　　　　　　　　　　　　　　　5 000 000

　　贷：实收资本　　　　　　　　　　　　　　　　5 000 000

说明：实收资本中一般都是投资者实际投入企业的资本，是企业注册登记的法定资本总额的来源。

12.5.2　实例2：计提盈余公积

某有限责任公司2008年度盈利3 500 000元，按25%所得税税率计算缴纳所得税后，分别按10%和5%计提法定盈余公积和任意盈余公积。此业务的账务处理过程及步骤如下：

（1）计算应交的所得税，计提法定盈余公积和任意盈余公积，计算过程如下：

应交所得税 = 3 500 000元 × 25% = 875 000元

提取法定盈余公积 =（3 500 000 − 875 000）元 × 10% = 262 500元

提取任意盈余公积 =（3 500 000 − 875 000）元 × 5% = 131 250元

（2）根据计算所得的应交所得税，应做会计分录如下：

借：所得税费用　　　　　　　　　　　　　　1 155 000

　　贷：应交税费——应交所得税　　　　　　　　1 155 000

（3）对利润进行分配时，应做会计分录如下：

借：利润分配——提取法定盈余公积　　　　　　262 500

　　　　　　——提取任意盈余公积　　　　　　131 250

　　贷：盈余公积——法定盈余公积　　　　　　　　262 500

　　　　　　　　——任意盈余公积　　　　　　　　131 250

第 13 章 收入和费用的账务处理

收入和费用，实际上就是收入与支出。对于收入与费用的账务处理，需要注意的是收入与费用的确认过程。因为只有将收入和费用的类型划分清楚后，才能更好地对企业的成本进行核算和控制，才能更清楚企业利润的形成过程。

13.1 收入概述

收入，是指企业在销售商品、提供劳务及让渡资产使用权等日常经营活动中形成的经济利益的流入。

13.1.1 收入的分类与构成

根据性质不同，收入可分为三类：

（1）商品销售收入，是指商品销售后取得的货币资产或其他资产。这是最常见的收入类型。

（2）提供劳务收入，主要是以提供建筑安装、金融、运输、保险、旅游、饮食、广告、代理、培训等所取得的收入。

（3）让渡资产使用权收入，是指企业将资产让渡给他人使用而取得的收入，如租金、品牌使用费等。

收入的分类与构成，如图 13-1 所示。

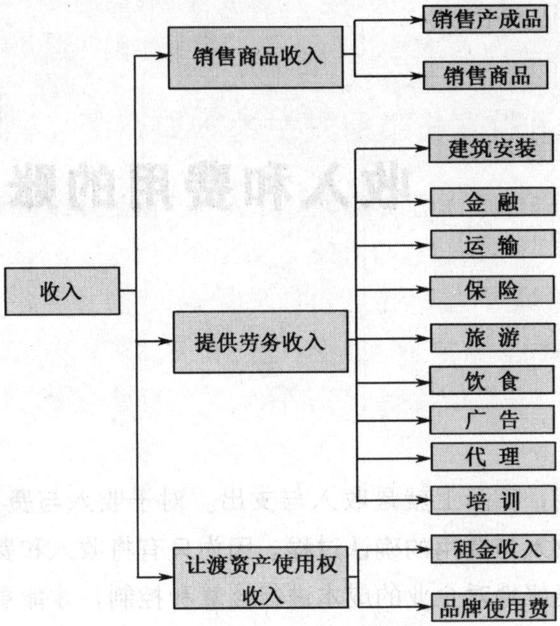

图 13-1　收入的分类与构成

13. 1. 2　收入的特征

企业的收入具有以下几个特征：

（1）收入是日常产生的，并非偶然所得。

说明：收入来源于企业的日常活动，并不是从偶然发生的交易或事项中产生的。

（2）收入表现在企业资产的增加或企业负债的减少两方面。

说明：收入一般会造成企业的资产增加，如收到现金可以使企业的货币资产增加等。有时候收入会使资产增加和负债减少同时发生。

（3）收入必然能导致企业所有者权益的增加。

（4）收入只核算本会计主体的利益流入，不包括代收的款项。

说明：对于代收的款项，如代收的增值税等，虽然客户打款时会将增值税一并支付，但是由于其只是代收性质，所以必须单独核算，并不纳入收入账户。

13.1.3　收入的确认原则

企业在销售商品时，只有同时符合以下四个条件时，方可确认为收入：

（1）商品所有权上的主要风险和报酬已转移给购货方。

说明 1：所谓风险，是指商品由于贬值、损坏、报废等原因造成的损失；报酬，是指商品中包含的未来经济利益，包括商品升值带来的利益。

说明 2：如果一件商品所产生的任何损失均不需要本企业承担，其带来的经济利益也不归本企业所有，则意味着其所有权上的主要风险和报酬已移出本企业。

（2）企业既没有保留通常与所有权相联系的继续管理权，也没有对已售出的商品实施控制。

（3）与交易相关的经济利益很可能流入企业。

（4）相关的收入和成本能够可靠地计量。

在判定和确认收入时，最简单的方法是，判断交易是否完成，商品的所有权是否已完成转移即可。对于一般的商品销售来说，收入的确认以购买者得到商品的所有权或享受到相应服务为标准。

13.1.4　收入的核算科目

收入在进行会计核算时，主要引入以下三个会计科目：

1. 主营业务收入

说明：用于核算企业在销售商品、提供劳务及让渡资产使用权等日常活动中所产生的收入。本账户期末应无余额。

2. 其他业务收入

说明：用于核算企业除主营业务收入以外的其他销售或其他业务的收入，如材料销售、代购代销、包装物出租等收入。本账户期末应无余额。

3. 营业外收入

说明：对于不属于主营业务收入与其他业务收入的收入，一律记入

“营业外收入”科目中。如商品盘盈后确认为收入的金额，就应纳入“营业外收入”科目。

13.1.5 收入的科目归属判定

在核算时，应对收入进行简单的归属判定，如果是企业的经营业务收入，那么主要业务所得收入纳入“主营业务收入”科目，其他业务所得纳入“其他业务收入”科目；企业的非经营业务所得，则纳入“营业外收入”科目。

对企业的各项收入的科目归属进行判定的流程示意，如图 13-2 所示。

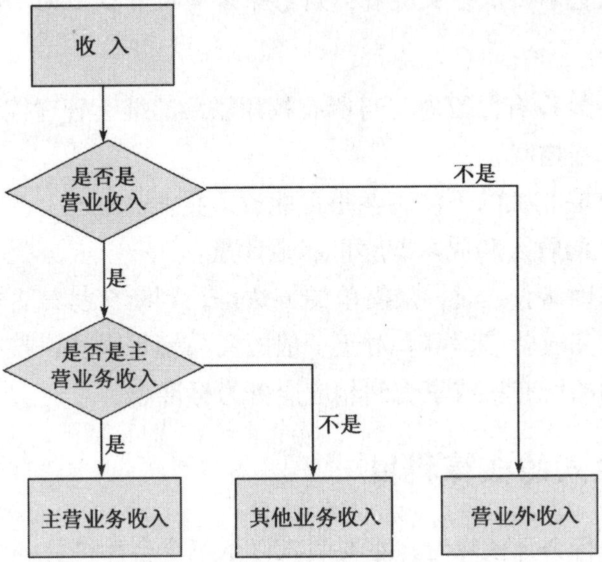

图 13-2 收入的科目归属判定

13.2 收入的账务处理

收入，是指企业的利益流入。收入是利润的来源，所有企业对收入的核算都是非常重视的。

收入的会计处理，一般是在收入产生时，将其纳入相应的收入账户中，期末再将收入账户中的余额转至本年利润账户中。收入业务的账务处理流程，如图 13-3 所示。

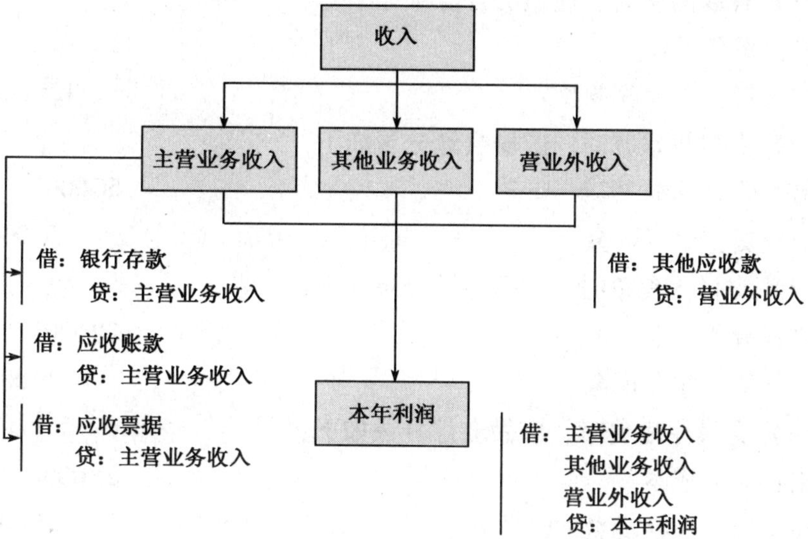

图 13-3　收入业务的账务处理流程

13.2.1　实例 1：商品销售收入的处理

A 企业向 B 企业销售一批商品，增值税发票上的价款为 100 000 元，增值税税率为 17%，款已收到并存入银行。本笔业务的账务处理会计分录如下：

借：银行存款　　117 000

　　贷：主营业务收入　　100 000

　　　　应交税费——应交增值税（销项税额）　　17 000

说明：本例是非常典型的产品销售的账务处理，由于收入可直接确认，所以直接做上述分录即可。

13.2.2　实例 2：旅游企业业务收入的处理

A 企业为旅游公司，近日接待一批五日游旅行团，该团共 50 人，每人现金收费 2 500 元；用现金支付来回机票每人 1 000 元，伙食费每人 400 元，住宿费每人 500 元，门票费每人 150 元，包车费每人 150 元。本笔业务的账务处理过程与步骤如下：

（1）收取团费时，应做会计分录如下：

借：库存现金　　125 000

　　贷：主营业务收入　　125 000

（2）支付机票款时，应做会计分录如下：

借：劳务成本　　50 000

　　贷：库存现金　　50 000

（3）支付伙食费时，应做会计分录如下：

借：劳务成本　　20 000

　　贷：库存现金　　20 000

（4）支付住宿费时，应做会计分录如下：

借：劳务成本　　25 000

　　贷：库存现金　　25 000

（5）支付门票费时，应做会计分录如下：

借：劳务成本　　7 500

　　贷：库存现金　　7 500

（6）支付包车费用时，应做会计分录如下：

借：劳务成本　　7 500

　　贷：库存现金　　7 500

（7）结转劳务成本时，应做会计分录如下：

借：主营业务成本　　110 000

　　贷：劳务成本　　110 000

13.2.3　实例3：使用费收入的处理

A 企业将某商品的商标使用权转让给 B 企业使用。B 企业年末向 A 企业缴纳 800 000 元转让费。款已收到并存入银行。本笔业务的账务处理，应做会计分录如下：

借：银行存款　　800 000

　　贷：其他业务收入　　800 000

13.2.4 盘盈现金以收入做账的处理

出纳小王盘点库存现金时，发现多了 50 元现金，经查，是由于本月工资领取时，许多员工并没有领取分位尾数而造成的，如小李工资为 895.23 元，其实领工资为 895.2 元。经财务经理批准，此次盘盈的现金以收入入账。本笔业务的账务处理，应做会计分录如下：

现金盘盈时：

借：库存现金　　50

　　贷：待处理财产损溢　　50

批准处理后：

借：待处理财产损溢　　50

　　贷：营业外收入　　50

13.3 费用概述

费用，又称成本费用，广义的费用包括成本与费用两项内容。费用，是指企业为销售商品、提供劳务等日常活动所发生的经济利益的流出。成本，是指企业为生产产品、提供劳务而发生的各种耗费。在通常情况下，在会计上所指的费用，都是狭义的费用，即不包括成本而只有单独的费用。

13.3.1 费用的分类

根据费用耗用的定向性，将费用分为两大类：

1. 营业成本

说明：营业成本专指与营业收入相关的费用。其可以很确定针对的期间和对象。

2. 期间费用

说明：期间费用，是指不能明确归属对象的各种费用。如管理费用似乎与每项收入都没关系，但是却又对每项收入的取得起到了一定的促进作用。

费用的分类示意图，如图13-4所示。

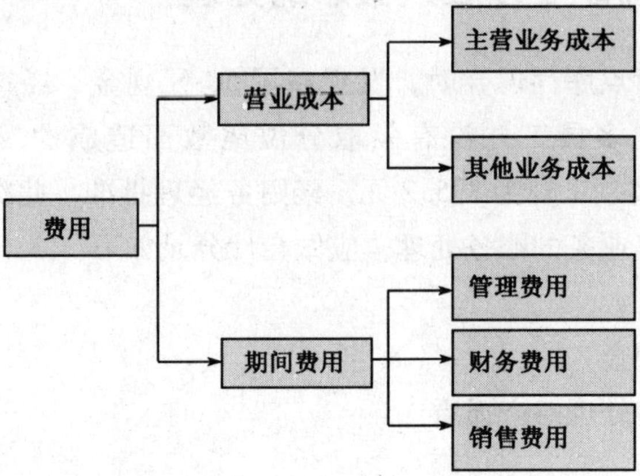

图13-4　费用的分类示意图

13.3.2　费用与成本的区别与联系

费用与成本实际上是非常相似的概念，事实上成本就是费用的一部分。成本与费用既有联系，又有区别。成本与费用的关系，如图13-5所示。

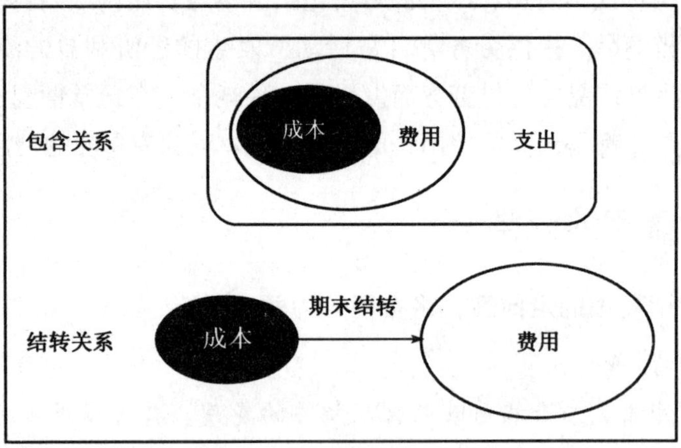

图13-5　成本与费用的关系

从图13-5中可以看出，成本与费用的相互联系在于：

（1）二者都是支出，即都是企业经济资源的耗费。

（2）在会计期末时，成本会一次性结转入当期费用。

成本与费用的相互区别在于：

（1）成本针对一定的对象，其是可以明确用于某个对象的费用。

（2）费用则一般是指某个期间的耗用。

13.3.3　费用的确认原则

费用应当按照以下原则进行确认：

- 权责发生制
- 配比原则

凡应属于本期发生的费用，不论其款项是否支付，都应确认为本期费用；反之，如果不属于本期发生的费用，即使款项已在本期支付，也不确认为本期费用。

13.3.4　费用的确认流程

费用的确认，应当遵循以下流程：

（1）首先，应当划分生产费用与非生产费用的界限。

说明：生产费用，是指与企业日常生产经营活动有关的费用，如生产产品所发生的原材料费用、人工费用等；而非生产费用则指不应由生产经营活动负担的费用，如用于购建固定资产所发生的费用等。

（2）其次，应当分清生产费用与生产成本的界限。

说明：生产费用与一定的时期有关，而与生产的产品无关，而生产成本则与一定品种和数量的产品相联系。打个比方说，同样是一块布，用来擦全车间的桌子就是生产费用，而专门用来擦生产某产品的机床的布，就是生产成本。当然，这个例子可能举得并不合适，但意思大致就是这样。

（3）第三，应当分清生产费用与期间费用的界限。

说明：生产费用会直接计入产品成本，而期间费用则计入当期损益。

（4）最后，将确认为期间费用的费用，再划分为管理费用、销售费用和财务费用。

说明：通常情况下，会计中所说的费用，就是指期间费用。

费用的确认流程示意图，如图 13-6 所示。

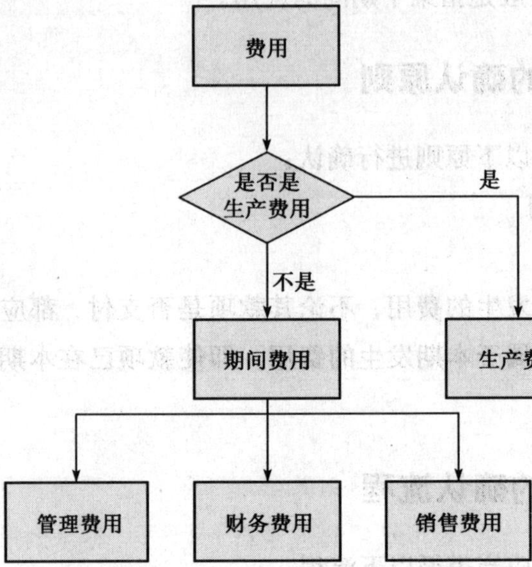

图 13-6　费用的确认流程示意图

当面对某项支出时，只要不是偿债性支出和分配性支出，就都可以暂时当作是广义的费用来对待，然后再根据图 13-6 所示的确认流程，一步步确认其费用的种类。

13.3.5　管理费用

管理费用，是指企业行政管理部门为组织和管理生产经营活动而发生的各种费用，包括：

- ❑ 工会经费
- ❑ 职工教育经费
- ❑ 业务招待费
- ❑ 印花税等相关税费
- ❑ 技术转让费
- ❑ 无形资产摊销
- ❑ 咨询费

- ❑ 诉讼费
- ❑ 公司经费

说明：公司经费，包括总部管理人员的工资、职工福利费、差旅费、办公费、折旧费、修理费、物料消耗、低值易耗品摊销及其他公司费用。

- ❑ 聘请中介机构费
- ❑ 矿产资源补偿费
- ❑ 研究与开发费
- ❑ 劳动保险费
- ❑ 董事会会费
- ❑ 以及其他管理相关费用

企业发生的管理费用，在“管理费用”科目中进行核算。在具体核算时，需要在“管理费用”科目下设置相应的明细科目，明细科目的名称可以使用上面所列的名称。

“管理费用”科目的余额，在会计期末，会转入“本年利润”科目中，所以“管理费用”科目期末无余额。

说明：管理费用是会计使用最多的费用科目，几乎所有和生产挂不上边的费用，都可以放进管理费用中去。而且一般来说，只要不是非常明显应当归入财务费用中的费用，放进管理费用科目都是说得过去的。

13.3.6 财务费用

财务费用是指企业筹集生产经营所需资金而发生的费用。包括：

1. 利息支出

说明：利息收入也计入财务费用中，直接抵扣利息支出。

2. 汇兑损失

说明：汇兑时产生的收益也直接计入财务费用中，用以抵扣汇兑的损失。

3. 金融机构手续费

4. 筹集生产经营资金发生的其他费用

企业发生的财务费用，在“财务费用”科目中进行核算。在具体核算时，需要在“财务费用”科目下设置相应的明细科目，明细科目的名称可以使用上面所列的名称。

“财务费用”科目的余额，在会计期末，会转入“本年利润”科目中，所以“财务费用”科目期末无余额。

13.3.7 销售费用

销售费用，是指企业在销售产品、提供劳务等日常经营过程中发生的各项费用，以及专设销售机构的各项经费。销售费用包括：

- ❑ 运输费
- ❑ 装卸费
- ❑ 包装费
- ❑ 保险费
- ❑ 展览费
- ❑ 广告费
- ❑ 租赁费

说明：融资租赁的租赁费不纳入销售费用中核算。

- ❑ 专设销售机构的职工工资、福利费等经常性费用

企业发生的销售费用，在“销售费用”科目中进行核算。在具体核算时，需要在“销售费用”科目下设置相应的明细科目，明细科目的名称可以使用上面所列的名称。

“销售费用”科目的余额，在会计期末会转入“本年利润”科目中，所以“销售费用”科目期末无余额。

13.4 费用的账务处理

在进行会计账务处理时，费用一般应纳入相应的费用总账科目中。通常情况下，会计业务中提到的费用都是指期间费用，所以费用的核算科目如下：

- ❑ 管理费用

- ❑ 财务费用
- ❑ 销售费用

这三个科目都是当期过渡科目，期末时，都应将余额转至“本年利润”账户进行当期利润的结转。

13.4.1 实例 1：贷款利息的账务处理

企业用银行存款支付本期贷款利息 50 000 元。应做会计分录如下：

借：财务费用　　50 000

　　贷：银行存款　　50 000

说明：利息费用是典型的财务费用，而不论是利息的收入还是利息的支出，都应放入财务费用来处理。

13.4.2 实例 2：广告费的账务处理

企业用银行存款支付本月广告费 10 000 元。应做会计分录如下：

借：销售费用　　10 000

　　贷：银行存款　　10 000

说明：由于广告是销售产品所需的花费，所以广告支出应纳入销售费用中进行核算。

第 3 篇

会计知识技能提高

第 14 章
会计循环

会计循环是在经济业务事项发生时，从填制和审核会计凭证开始，到登记账簿，直至编制财务报告，即完成一个会计期间会计核算工作的过程。在连续的会计期间，企业这些工作都要按照整个过程周而复始地进行。

14.1 会计循环的步骤

企业在一定时期发生的所有经济业务都要按照一定的步骤和方法进行处理。在了解会计核算顺序的基础上，本章主要阐述将会计基本的核算环节串联起来，形成一个循环，也就是所谓的会计循环。企业对经济业务的处理是依据一定的步骤和方法，加以记录、分类、汇总直至编制会计报表的会计处理全过程，也就是会计循环的过程。会计循环的过程，如图 14-1 所示。

14.2 企业日常经济业务事项实例

本节将以工业企业日常最基本的经济业务为例，通过企业整个会计循环来说明会计核算的全过程。

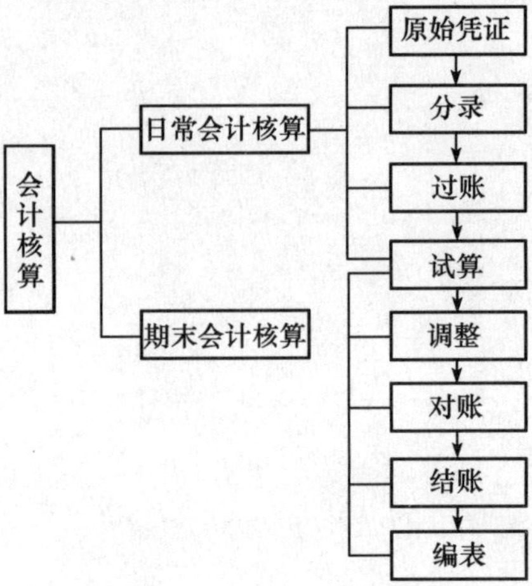

图 14-1　会计循环的过程

企业只要正常经营，就会发生经济业务。工业企业即产品制造企业，它们的主要经营活动是由材料的供应、产品的生产和完工产品的销售三个过程组成。另外，企业只要正常运作，还会涉及资金的投入和企业固定资产的购入，还有就是主营业务之外的营业外收支活动等。最后，企业在一定期间经过生产、销售，就会产生最终的财务成果，还要按照规定进行处理和分配。

下面将以通达公司 2011 年 7 月份所发生的经济业务为例，具体说明工业企业日常经济业务的会计分录、过账和试算平衡、登账、结账、编表的全过程。

通达公司 2011 年 6 月 30 日的试算平衡表，如表 14-1 所示。

表 14-1　试算平衡表

编制单位：通达公司　　　　2011 年 6 月 30 日　　　　（单位：元）

账 户 名 称	借 方 余 额	贷 方 余 额
库存现金	4 000	
银行存款	95 000	
应收账款	10 000	
原材料	50 000	
周转材料	4 000	
库存商品	70 000	

（续）

账户名称	借方余额	贷方余额
待处理财产损溢		
固定资产	1 900 000	
累计折旧		40 000
短期借款		10 000
应付账款		12 000
其他应付款		5 000
应付职工薪酬		3 000
应交税费		
应付股利		
应付利息		
实收资本		2 000 000
资本公积		
盈余公积		
本年利润		63 000
利润分配		
合计	2 133 000	2 133 000

14.2.1 资金投入与退出企业的核算

资金的投入主要包括投资和借款集资等经济业务；资金的退出主要包括向所有者分配利润、上缴各种税费、偿还债务等。

1. 资金投入企业的核算

工业企业关于资金的投入和其他企业基本相同。企业在进行生产经营活动之前，要吸收一定量的资金，以保证企业可以进行正常的生产和经营活动。下面分别进行举例说明。

（1）企业收到流动资产。

通达公司接收鸿运公司投资 100 000 元，全部款项已收到，存入银行。

此项经济业务的会计分录如下：

借：银行存款　　　　　　　　　　100 000

　　贷：实收资本——鸿运公司　　　　　　100 000

（2）企业收到固定资产的投资。

通达公司收到兴利工厂厂房一幢作为投资，投资厂房的账面原价为1 500 000元，经过权威评估确定该厂房的实际入账价值为1 300 000元。

此项经济业务的会计分录如下：

借：固定资产　　　　　　　　　　　　　　1 300 000

　　贷：实收资本——兴利工厂　　　　　　　　　　1 300 000

（3）企业收到无形资产的投资。

通达公司收到北京技术开发公司的专有技术80 000元作为投资。

此项经济业务的会计分录如下：

借：无形资产——专有技术　　　　　　　　　　80 000

　　贷：实收资本——北京技术开发公司　　　　　　　80 000

2. 资金退出企业的核算

工业企业在生产经营过程中也会有一部分资金要退出企业。比如企业因资本过剩要减少实收资本，或是因发生严重亏损而减少实收资本。以上这些业务都属于资金退出企业的业务。资金退出企业的经济业务所应做的会计分录，与上述资金投入企业相关经济业务所作的会计分录刚好相反，此处不再一一举例。

14.2.2　材料采购业务的会计分录与过账

材料采购业务的目的是为企业生产经营做准备，属于工业企业的材料供应过程。材料是投入生产过程以制造新产品的物资，在生产过程中经加工改变其原来的形态或性质，经过加工的材料其当初购买的价值也就转移到所制造的新产品中去了，从而构成了产品成本的一部分。

为了满足正常生产需求，企业必须购进足够的材料物资；为了保证生产过程的不间断，企业还必须经常储备一定的材料物资。企业储备的材料物资会占用一定的货币资金。因此，企业在进行材料采购时应当做好计划，既要保证材料供应充足，也不能过多占用资金。

购买材料的采购成本一般包括：①买价，即销货单位开出的发票价格；②运杂费，即从销货单位运到企业仓库所发生的包装、运输、装卸、搬运、整理、保险等费用；③运输途中发生的合理损耗等费用。

对于采购人员的差旅费和对材料所发生的保管费用，一般计入企业的管理费用，不计入材料采购成本。

材料采购的买价属于直接费用，可以直接按照发票金额计入成本；运输、装卸、搬运等采购费用一般属于间接费用，必须通过计算进行分配。通常采用的分配标准是按照材料的重量、体积和买价等分配。

例：通达公司购入甲材料 10 吨，价值 2 000 元，装卸费 50 元，按材料买价的 17% 缴纳增值税，材料已经验收入库，货款及税金已由银行存款支付，装卸费用以现金支付。

其会计分录如下：

借：材料采购——甲材料　　2 000
　　应交税费——应交增值税（进项税额）　　340
　　贷：银行存款　　2 340

借：材料采购——甲材料　　50
　　贷：库存现金　　50

通达公司购入利宏公司乙材料 20 吨，价值 2 000 元，已验收入库，货款及应付增值税（买价的 17%）暂未支付。

其会计分录如下：

借：材料采购——乙材料　　2 000
　　应交税费——应交增值税（进项税额）　　340
　　贷：应付账款——利宏公司　　2 340

通达公司归还前欠利华公司的材料货款 2 000 元，以银行存款支付。

其会计分录如下：

借：应付账款——利华公司　　2 000
　　贷：银行存款　　2 000

通达公司本月购入甲材料、乙材料已完成了采购过程，按其实际成本转账。

首先，应根据通达公司本月购入材料的有关明细账资料，编制材料采购成本计算表，如表 14-2 所示。

然后根据上述资料，结转入库甲、乙材料的实际采购成本。

其会计分录如下：

表 14-2 材料采购成本计算表

2011 年 7 月 （单位：元）

项目	甲材料		乙材料	
	总成本（10 吨）	单位成本	总成本（20 吨）	单位成本
1. 买价	2 000	200	2 000	100
2. 采购费用	50	5	—	—
材料采购成本	2 050	205	2 000	100

借：原材料——甲材料　　2 050
　　　　　——乙材料　　2 000
　贷：材料采购——甲材料　　2 050
　　　　　　　——乙材料　　2 000

14.2.3 产品生产业务的会计分录与过账

工业企业中，产品的生产过程是指从原材料投入到产出成品的全过程，是生产经营过程中的核心环节。在生产过程中，工人对原材料进行加工，制造出各种产品。产品的生产过程实际上是生产工具、材料和工人劳动等各种资源耗费的过程。

按照生产耗费的不同用途，划分为几个不同的项目，称为成本项目，如原材料、工资薪金、制造费用等。由于产品成本的支出是要从产品销售后的收入中得到补偿的，所以要正确地计算产品的成本。按照不同的成本项目计算产品成本，能够清楚地反映出用于产品生产过程中的直接材料是多少、工人工资是多少，以及在管理和组织生产上的各项支出是多少。这样可以有效地发挥会计核算和监督的功能，能够合理地控制预算，从而加强成本管理。

1. 材料费用的核算

材料费用是企业产品成本的重要组成部分，在实际工作中，企业一定要加强材料费用的核算。一般单位在材料费用的核算方面，都要建立非常全面的材料领退制度，每一种材料都要分别进行登记。按照一定的会计期间，根据审核后的材料领退凭证，计算出材料费用，然后再按照其使用用途归结到该项产品的成本中。

例：通达公司本月仓库发出材料的资料汇总如下：

产品生产耗用	甲产品	20 000 元
	乙产品	8 000 元
车间耗用		5 000 元
管理部门耗用		1 000 元
小计		34 000 元

其会计分录如下：

借：生产成本——甲产品　　20 000

　　　　　　——乙产品　　8 000

　　制造费用　　5 000

　　管理费用　　1 000

　　贷：原材料　　34 000

2. 工资薪金的核算

工业企业的人员工资，一般是按照计件工资进行核算。工资薪金是企业生产费用的重要组成部分，工业企业工资薪金的核算工作相对于其他企业来说，比较复杂。职工的工资总额主要包括：按不同的标准支付的基本工资（包括计时工资和计件工资），各种工资性的津贴和补贴，加班工资，各种非工作时间的工资（如病、伤、产假工资和探亲假、婚丧假等工资）。另外，如餐费、医药费、交通补贴等随同工资一起发放给职工，但是不属于工资总额的组成部分。

说明：企业所支付的工资，并不是都可以作为生产费用计入产品成本的，如厂部管理人员工资应计入管理费用核算等。所以，工资费用的核算，必须严格按照规定区分，哪些工资可以计入产品成本，哪些工资不能计入产品成本。

例：通达公司从银行存款中提取现金45 000元，以备发放工资。

其会计分录如下：

借：库存现金　　45 000

　　贷：银行存款　　45 000

通达公司用现金发放工资45 000元。

其会计分录如下：

借：应付职工薪酬　　45 000

贷：库存现金　　　　45 000

通达公司月末按工资用途计算并分配本月职工工资。

生产工人工资	甲产品	10 000 元
	乙产品	15 000 元
	小计	25 000 元
车间管理人员工资		12 000 元
管理人员及办公室人员工资		8 000 元
合计		45 000 元

其会计分录如下：

借：生产成本——甲产品　　　　10 000

——乙产品　　　　15 000

制造费用　　　　12 000

管理费用　　　　8 000

贷：应付职工薪酬　　　　45 000

另外，该公司 7 月份甲产品、乙产品生产成本的明细分类账分别如表 14-3和表 14-4 所示。

表 14-3　生产成本明细分类账

产品名称：甲产品　　　　产量：50 件（单位：元）

2011 年		凭证	摘　要	借方			
月	日			原材料	工资	制造费用	合计
7	31		期初余额	—	—	—	
			领用材料	20 000			20 000
			分配生产人员工资		10 000		10 000

表 14-4　生产成本明细分类账

产品名称：乙产品　　　　产量：40 件（单位：元）

2011 年		凭证	摘　要	借方			
月	日			原材料	工资	制造费用	合计
7	31		期初余额	—	—	—	
			领用材料	8 000			8 000
			分配生产人员工资		15 000		15 000

14.2.4 产品销售业务的会计分录与过账

产品销售过程是通过对企业生产产品的销售，收回货款来实现企业产品价值的过程。销售过程也就是生产出来的产品发出和货款收回的过程。通过产品销售，企业生产出来的产品销售给购货单位，在满足社会的需要的同时按销售价收到购货单位付给的货款。通过货款的收回企业得到了进行继续生产的资金。企业有了销售收入，就要根据产品的销售额和国家规定的税率缴纳相关税费。

每个工业企业都要与各个购货单位签订销售合同，按照合同规定的交货标准及其他条件，在约定的时间内向购货单位供货，办理货款的结算并及时收回货款，加速企业资金的周转。

销售收入扣除销售费用和税金后的余额就是产品的销售利润。因此，控制销售费用，能够降低成本，是增加利润的重要途径之一。

销售过程核算的内容是计算销售收入、销售费用和销售税金，及时结算销售损益。下面结合实际经济业务说明销售过程核算的内容和方法。

工业企业根据供货合同出售产品或提供劳务后，应及时向购货等有关单位进行结算，收取销售货款。

例：通达公司销售甲产品 30 件，单价 1 000 元（不含税）；按 17% 计算应交增值税，货款及增值税已全部收回，存入银行。

甲产品实现的销售收入 = 1 000 元 × 30 = 30 000 元

此笔业务应交增值税额 = 30 000 元 × 17% = 5 100 元

其会计分录如下：

借：银行存款	35 100	
贷：主营业务收入——甲产品		30 000
应交税费——应交增值税（销项税额）		5 100

通达公司销售乙产品 100 件给外地的天天商场，单价 1 000 元，按 17% 计算应交增值税，同时以银行存款 5 000 元支付代垫运杂费，款项尚未收回。

乙产品实现的销售收入 = 1 000 元 × 100 = 100 000 元

应交增值税额 = 100 000 元 × 17% = 17 000 元

共计应收账款：100 000 元 + 17 000 元 + 5 000 元 = 122 000 元

其会计分录如下：

借：应收账款——天天商场	122 000	
贷：主营业务收入——乙产品		100 000
应交税费——应交增值税（销项税额）		17 000
银行存款		5 000

通达公司以银行存款支付广告费 8 500 元。

其会计分录如下：

借：销售费用	8 500	
贷：银行存款		8 500

通达公司月末按 6% 的税率计算甲产品应交的消费税。

甲产品应交消费税 = 30 000 元 × 6% = 1 800 元

其会计分录如下：

借：营业税金及附加	1 800	
贷：应交税费——应交消费税		1 800

企业的税金应在规定日期上缴，不能拖欠，更不能挪用。工业企业应缴税金一般是在月末结算，次月上缴。

通达公司以银行存款 32 595.16 元缴纳税金，其中应交消费税 1 800 元，应交增值税 30 795.16 元。

此项经济业务应作会计分录如下。

借：应交税费——应交消费税	1 800	
——应交增值税	30 795.16	
贷：银行存款		32 595.16

14.2.5 期末账项调整

期末账项调整即期末结账前，按照权责发生制原则，确定本期的应得收入和应负担的费用，并据以对账簿记录的有关账项作出必要调整的会计处理方法。本节企业期末账项调整内容主要是指计提各项费用、计提固定资产折旧等。

例：通达公司固定资产本月折旧额如下：

车间使用的固定资产折旧：2 300 元

厂部使用的固定资产折旧：3 000 元

其会计分录如下：

借：制造费用 2 300

　　管理费用 3 000

　　贷：累计折旧 5 300

14.2.6 产品成本的确定和结转

产品成本的确定和结转主要包括已销售产品实际成本的确定、制造费用的结转和完工产品的成本结转等内容。

1. 分配和结转制造费用

制造费用是企业为生产产品和提供劳务而发生的各项间接成本。企业应当根据制造费用的性质，合理地选择制造费用分配方法。制造费用发生时，先记入“制造费用”账户的借方进行归集，每月终了，再将归集的制造费用进行汇总，然后转入产品成本中。分配结转后，“制造费用”账户期末没有余额。

企业只生产一种产品，则制造费用可以直接计入该种产品的成本；企业生产多种产品，就要按照一定的方法进行分配。制造费用的分配方法有很多，通常采用的是生产工时比例法和生产工人工资比例法等。其计算公式如下：

$$\text{制造费用分配率}=\frac{\text{制造费用总额}}{\text{生产工时（生产工人工资）总额}}$$

某产成品负担的制造费用 = 该种产品的生产工时（生产工人工资）× 制造费用分配率

分配制造费用，一般需要编制制造费用分配表，根据费用分配结果在“生产成本”账户及其所属明细分类账户中进行登记。

例：通达公司本月份按生产工时比例在甲、乙两种产品成本之间分配所发生的制造费用。

依前例，通达公司本月“制造费用”账户的记录如下：

借方	制造费用	贷方
5 000 12 000 2 300		
19 300		

首先应根据制造费用总额和产品生产工时编制制造费用分配表，如表 14-5 所示。

表 14-5　制造费用分配表

2011 年 7 月

应借科目		分配标准/工时	分配率（19 300 ÷ 500 = 38.6）	分配金额/元
生产成本	甲产品	300	38.6	11 580
	乙产品	200	38.6	7 720
合计		500		19 300

根据表 14-5 应作会计分录如下：

借：生产成本——甲产品　　11 580

　　　　　　——乙产品　　7 720

　贷：制造费用　　19 300

2. 计算和结转完工产品的成本

各项生产费用经过归集和分配，最后都结转到“生产成本”账户中。根据“生产成本”账户及其所属产品明细分类账户的资料，即可确定产品的生产成本。

产品完工以后，就是产成品了。此时，要将完工产品的生产成本从“生产成本”账户的贷方转入“库存商品”账户的借方，说明产品已经完成生产过程，生产资金转化为产成品资金。

为了反映库存商品的总成本和单位成本，考核产品成本计划的完成情况，相关部门和人员还要编制产品成本报表，报送企业领导和有关部门。

例：通达公司本月生产的甲产品 50 件、乙产品 40 件，全部完工验收入库，确定甲、乙产品的实际成本，并转入“库存商品”账户。

根据生产成本——甲、乙产品明细分类账户归集的生产费用，即可计算出本月完工甲产品 50 件的实际总成本为 41 580 元，乙产品 40 件的实际总成本为 30 720 元。其明细分类账如表 14-6 和表 14-7 所示。

表 14-6　生产成本明细分类账

产品名称：甲产品　　　　（单位：元）

2011 年		凭证	摘　要	借方			
月	日			原材料	工资	制造费用	合计
7	略	略	期初余额	—	—	—	
			领用材料	20 000			20 000
			分配生产工人工资		10 000		10 000
			分配制造费用			11 580	11 580
			本期发生额	20 000	10 000	11 580	41 580
			结转完工产品成本	-20 000	-10 000	-11 580	-41 580
			期末余额	—	—	—	—

表 14-7　生产成本明细分类账

产品名称：乙产品　　　　（单位：元）

2011 年		凭证	摘　要	借方			
月	日			原材料	工资	制造费用	合计
7	略	略	期初余额	—	—	—	
			领用材料	8 000			8 000
			分配生产工人工资		15 000		15 000
			分配制造费用			7 720	7 720
			本期发生额	8 000	15 000	7 720	30 720
			结转完工产品成本	-8 000	-15 000	-7 720	-30 720
			期末余额	—	—	—	—

其会计分录如下：

借：库存商品——甲产品　　41 580

　　　　　　——乙产品　　30 720

　贷：生产成本——甲产品　　41 580

　　　　　　　——乙产品　　30 720

根据甲、乙产品的“生产成本”明细分类账户编制的甲、乙产品成本报表，如表 14-8 所示。

表 14-8　产品成本报表

（单位：元）

成本项目	甲产品（50 件）		乙产品（40 件）	
	总成本	单位成本	总成本	单位成本
原材料	20 000	400	8 000	200
工资	10 000	200	15 000	375
制造费用	11 580	231.6	7 720	193
合计	41 580	831.6	30 720	768

3. 结转已经销售产品的实际成本

企业在月末要确定本月销售的各种产品的实际成本，以便确定本月相关业务成本。仓库发出产成品的计价方法和发出材料的计价方法是一样的，可采用加权平均法、先进先出法、后进先出法等方法计算单位成本，再乘以销售产品的数量，就可以计算出已销产品的实际生产成本。

例：通达公司结转已销甲、乙产品的实际生产成本如下：

甲产品 30 件单位成本 831.6 元	总成本 24 948 元
乙产品 100 件单位成本 768 元	总成本 76 800 元
小计	101 748 元

说明：企业出售的产品，应记入“库存商品”账户的贷方，以反映库存产品的减少。同时，将出售产品的实际生产成本记入“主营业务成本”账户的借方。

此项经济业务的会计分录如下：

借：主营业务成本——甲产品　　24 948

——乙产品　　76 800

贷：库存商品——甲产品　　24 948

——乙产品　　76 800

14.2.7　利润的形成和分配核算方法

工业企业的利润总额由营业利润和营业外收支净额等组成。利润形成和分配核算方法举例如下。

1. 其他业务收支的核算

通达公司出售其他材料，价值20 000元，按17%的税率计算应交增值税3 400元，款项已存入银行。

其会计分录如下：

借：银行存款　　23 400

　　贷：其他业务收入　　20 000

　　　　应交税费——应交增值税（销项税额）　　3 400

通达公司结转出售其他材料的成本16 000元。

其会计分录如下：

借：其他业务成本　　16 000

　　贷：原材料　　16 000

2. 营业外收支的核算

通达公司收到某购货单位违反合同规定而支付给本单位的违约金7 700元，存入银行。

其会计分录如下：

借：银行存款　　7 700

　　贷：营业外收入　　7 700

通达公司因自然灾害损失原材料一批，价值1 000元，已报经批准，做非常损失处理。

其会计分录如下：

借：营业外支出　　1 000

　　贷：原材料　　1 000

3. 所得税的核算

月末，通达公司按照本月实现利润的25%计算所得税。

依据7月份的经济业务资料，该公司的利润总额计算如下：

主营业务利润＝130 000元－101 748元－1 800元＝26 452元（注：主营业务收入130 000元＝销售甲产品收入30 000元＋销售乙产品收入100 000元）

其他业务利润＝20 000元－16 000元＝4 000元

利润总额＝26 452元＋4 000元－8 500元－12 000元＋7 700元－1 000

元 = 16 652 元

应交所得税额 = 16 652 元 × 25% = 4 163 元

其会计分录如下：

借：所得税费用　　4 163

　　贷：应交税费　　4 163

4. 利润形成与分配的核算

通达公司按照规定从实现的利润中提取盈余公积金 1 000 元。

其会计分录如下：

借：利润分配——提取盈余公积　　1 000

　　贷：盈余公积　　1 000

根据股东大会决议，通达公司向股东分派普通股利 1 000 元。

其会计分录如下：

借：利润分配——应付股利　　1 000

　　贷：应付股利　　1 000

14.2.8 将所有发生的经济业务过入总分类账户

银行存款

借方		贷方	
期初余额	95 000		2 340
	100 000		2 000
	35 100		45 000
	23 400		5 000
	7 700		8 500
			32 595.16

库存现金

借方		贷方	
期初余额	4 000		50
	45 000		45 000

实收资本

借方		贷方	
		期初余额	2 000 000
			100 000
			1 300 000
			80 000

管理费用

借方		贷方	
	1 000		
	8 000		
	3 000		

原材料

借方		贷方	
期初余额	50 000		34 000
	2 050		16 000
	2 000		1 000

库存商品

借方		贷方	
期初余额	70 000		24 948
	41 580		76 800
	30 720		

借方	无形资产	贷方
	80 000	

借方	材料采购	贷方
	2 000	2 000
	50	2 050
	2 000	

借方	生产成本	贷方
	20 000	41 580
	8 000	30 720
	10 000	
	15 000	
	11 580	
	7 720	

借方	制造费用	贷方
	5 000	19 300
	12 000	
	2 300	

借方	应收账款	贷方
期初余额	10 000	
	122 000	

借方	营业税金及附加	贷方
	1 800	

借方	其他业务收入	贷方
		20 000

借方	营业外收入	贷方
		7 700

借方	固定资产	贷方
期初余额	1 900 000	
	1 300 000	

借方	应交税费	贷方
	340	5 100
	340	17 000
	1 800	1 800
	30 795. 16	3 400
		4 163

借方	主营业务收入	贷方
		30 000
		100 000

借方	应付职工薪酬	贷方
	45 000	期初余额 3 000
	45 000	

借方	销售费用	贷方
	8 500	

借方	主营业务成本	贷方
	24 948	
	76 800	

借方	其他业务成本	贷方
	16 000	

借方	营业外支出	贷方
	1 000	

借方	所得税费用	贷方
4 163		

借方	利润分配	贷方
1 000		
1 000		

借方	盈余公积	贷方
		1 000

借方	应付股利	贷方
		1 000

借方	应付账款	贷方
2 000	期初余额	12 000
		2 340

借方	其他应付款	贷方
	期初余额	5 000

借方	周转材料	贷方
期初余额 4 000		

借方	短期借款	贷方
	期初余额	10 000

借方	本年利润	贷方
	期初余额	63 000

借方	累计折旧	贷方
	期初余额	40 000
		5 300

14.2.9 根据本月发生额编制试算平衡表

下面以本章所举通达公司日常经济业务的会计分录与过账的资料为例，编制该公司2011年7月调整前的试算平衡表，如表14-9所示。

表14-9 调整前的试算平衡表

编制单位：通达公司　　2011年7月　　（单位：元）

账户名称	期初余额		本期发生额		期末余额	
	贷方	借方	贷方	借方	贷方	借方
库存现金	4 000		45 000	45 050	3 950	
银行存款	95 000		166 200	95 435. 16	165 764. 84	
应收账款	10 000		122 000		132 000	
材料采购			4 050	4 050		
原材料	50 000		4 050	51 000	3 050	
周转材料	4 000				4 000	
库存商品	70 000		72 300	101 748	40 552	
生产成本			72 300	72 300		
制造费用			19 300	19 300		
在建工程						

（续）

账户名称	期初余额		本期发生额		期末余额	
	贷方	借方	贷方	借方	贷方	借方
固定资产	1 900 000		1 300 000		3 200 000	
无形资产			80 000		80 000	
累计折旧		40 000		5 300		45 300
待处理财产损溢						
短期借款		10 000				10 000
长期借款						
应付账款		12 000	2 000	2 340		12 340
应付职工薪酬		3 000	45 000	45 000		3 000
其他应付款		5 000				5 000
应付股利				1 000		1 000
应交税费			33 275. 16	31 463	1 812. 16	
应付利息						
实收资本		2 000 000		1 480 000		3 480 000
资本公积						
盈余公积				1 000		1 000
本年利润		63 000				63 000
利润分配			2 000		2 000	
主营业务收入				130 000		130 000
主营业务成本			101 748		101 748	
其他业务收入				20 000		20 000
其他业务成本			16 000		16 000	
销售费用			8 500		8 500	
营业税金及附加			1 800		1 800	
管理费用			12 000		12 000	
财务费用						
营业外收入				7 700		7 700
营业外支出			1 000		1 000	
所得税费用			4 163		4 163	
合计	2 133 000	2 133 000	2 112 686. 16	2 112 686. 16	3 778 340	3 778 340

14.3 对账、结账和编制会计报表

月末，要进行对账、结账和编制会计报表。根据上述会计业务，具体操作如下。

14.3.1 将损益类账户余额结转至“本年利润”账户

承前例，应结转本月实现的主营业务收入 130 000 元，其他业务收入 20 000 元，营业外收入 7 700 元，主营业务成本 101 748 元，其他业务成本 16 000元，销售费用 8 500 元，营业税金及附加 1 800 元，管理费用 12 000 元，营业外支出 1 000 元，所得税费用 4 163 元。

其会计分录如下：

借：主营业务收入	130 000	
其他业务收入	20 000	
营业外收入	7 700	
贷：本年利润		157 700
借：本年利润	145 211	
贷：主营业务成本		101 748
其他业务成本		16 000
销售费用		8 500
营业税金及附加		1 800
管理费用		12 000
营业外支出		1 000
所得税费用		4 163

将以上会计分录过入总分类账户。

借方	主营业务成本	贷方
	101 748	101 748

借方	管理费用	贷方
	12 000	12 000

借方	营业税金及附加	贷方
	1 800	1 800

借方	所得税费用	贷方
	4 163	4 163

借方	主营业务收入	贷方
	130 000	130 000

借方	其他业务收入	贷方
	20 000	20 000

借方	营业外收入	贷方
	7 700	7 700

借方	营业外支出	贷方
	1 000	1 000

借方	销售费用	贷方
	8 500	8 500

借方	其他业务成本	贷方
	16 000	16 000

借方	本年利润	贷方
		期初余额 63 000
	145 211	157 700
		75 489

14.3.2 结账后编制试算平衡表

2011 年 7 月份的试算平衡表，如表 14-10 所示。

表 14-10 结账后的试算平衡表

编制单位：通达公司 2011 年 7 月 （单位：元）

账户名称	借方余额	贷方余额
库存现金	3 950	
银行存款	165 764. 84	
应收账款	132 000	
其他应收款		
原材料	3 050	
库存商品	40 552	
生产成本		
周转材料	4 000	
固定资产	3 200 000	
在建工程		
无形资产	80 000	
累计折旧		45 300
短期借款		10 000
应付账款		12 340
应付职工薪酬		3 000

（续）

账户名称	借方余额	贷方余额
应付股利		1 000
其他应付款		5 000
应交税费	1 812.16	
长期借款		
实收资本		3 480 000
资本公积		
盈余公积		1 000
本年利润		75 489
利润分配	2 000	
合计	3 633 129	3 633 129

14.3.3 编制会计报表

根据月末结账数分别编制资产负债表和利润表。

1. 资产负债表

根据表14-10来编制资产负债表，如表14-11所示。

表14-11 资产负债表

编制单位：通达公司　　2011年7月31日　　（单位：元）

资　产	期末数	负债及所有者权益	期末数
流动资产：		流动负债：	
货币资金	169 714.84	短期借款	10 000
应收账款	132 000	应付账款	12 340
其他应收款		应付职工薪酬	3 000
存货	47 602	其他应付款	5 000
其他流动资产		应交税费	-1 812.16
流动资产合计	349 316.84	应付股利	1 000
非流动资产：		流动负债合计	29 527.84
固定资产	3 154 700	非流动负债：	
固定资产清理		长期借款	
生产性生物资产		非流动负债合计	

（续）

资　　产	期　末　数	负债及所有者权益	期　末　数
在建工程		所有者权益：	
工程物资		实收资本	3 480 000
商誉		资本公积	
无形资产	80 000	盈余公积	1 000
长期待摊费用		未分配利润	73 489
非流动资产合计	3 234 700	所有者权益合计	3 554 489
资产总计	3 584 016. 84	负债和所有者权益总计	3 584 016. 84

2. 利润表

根据表 14-10 来编制利润表，如表 14-12 所示。

表 14-12　利润表

编制单位：通达公司　　　　2011 年 7 月　　　　（单位：元）

项　　目	本　月　数
一、营业收入	150 000
减：营业成本	117 748
营业税金及附加	1 800
销售费用	8 500
管理费用	12 000
财务费用	
资产减值损失	
加：公允价值变动收益	
投资收益	
二、营业利润	9 952
加：营业外收入	7 700
减：营业外支出	1 000
三、利润总额	16 652
减：所得税费用	4 163
四、净利润	12 489

第 15 章
报税

会计人员在工作中需要经常与某些外部单位打交道，税务部门就是其中之一。按照相关规定，企业每月末、每季末和每年末都要在指定的时间内将这一期间内的会计报表申报至国家或地方税务局，国家或地方税务局以此作为向企业征收税款的依据。把税务部门作为一个验收企业会计报表、了解企业经营状况的外部单位，那么报税就是将前面所做的各项工作归结成会计报表，然后向税务部门申报并办理有关纳税手续的一个过程。

15.1 企业应纳税的种类

在我国，目前实行的税收制度中税收分为流转税、所得税、资源税、特定目的税和财产、行为税五大类，共 19 个税种。在我国征税主体是国家。具体部门有税务部门、财政部门和海关。面对众多的税种，会计人员特别是会计新手，首先要解决的就是该到哪些部门报税，以及到这些部门报何种税的问题。本节将带领读者解决这些问题。

15.1.1 我国现行的税制

我国现行的税制实体法将各项税收按性质和作用分为以下五类：

（1）流转税类，是指以商品生产流转额和非生产流转额为课税对象征收的一类税。包括增值税、消费税、营业税和关税。

（2）资源税类，是指对在我国境内从事资源开发的单位和个人征收的一类税。包括资源税、土地增值税和城镇土地使用税。

（3）所得税类，又称收益税，是指以各种所得额为课税对象的一类税。包括企业所得税、个人所得税。

（4）特定目的税类，是指国家为达到某种特定目的而设立的一类税。包括固定资产投资方向调节税、筵席税、城市维护建设税、车辆购置税、耕地占用税和烟叶税。其中固定资产投资方向调节税目前暂缓征收。

（5）财产和行为税类，是指以纳税人所拥有或支配的财产或某些特定行为为课税对象的一类税。包括房产税、车船税、印花税和契税。

上述五大类一共包括 19 个税种，其中海关负责征收关税，同时代征进出口环节的增值税和消费税，地方附加、耕地占用税和契税在大部分地区由地方财政部门征收，其他的税种均由国家税务局或地方税务局负责征收管理。

15.1.2 国税应交的税种

国税又称中央税，由国家税务局系统征收，是中央政府收入的固定来源，归中央所有。在国家税务局缴纳的主要税种有增值税、消费税、车辆购置税、企业所得税、个人所得税。

其中征收的企业所得税范围，是指 2002 年 1 月 1 日后登记成立的企业以及 2002 年 12 月 31 日前由国家税务局征收管理的企业。2001 年 12 月 31 日前由地方税务局征收所得税的企业不在此范围。

个人所得税的范围是指对储蓄存款利息所得征收的部分。

另外，铁道部门、各银行总行、各保险总公司集中缴纳的营业税、所得税、城市维护建设税，中央企业缴纳的所得税，中央与地方所属企业、事业单位组成的联营企业、股份制企业缴纳的所得税，地方银行、非银行金融企业缴纳的所得税，海洋石油企业缴纳的所得税、资源税，证券交易税等，以及中央税的滞纳金、补税、罚款，由国家税务局统一征收。

15.1.3 地税应交的税种

地方税是中央税的对称，是由一国地方政府征收、管理和支配的一类税收，依据税收的征收管理权及收入支配权进行的分类。地方税即属于地方固定财政收入，由地方管理和使用的税种。在地方税务局系统缴纳的税种有：营业税，除去前述各类中央企业后的地方国有企业、集体企业、私营企业缴纳的企业所得税、城市维护建设税（除去已经在国家税务系统征收管理的部分）、资源税、个人所得税（除去存款利息缴纳的个人所得税外都在地税局缴纳）、土地增值税、印花税、城市维护建设税、车船税、房产税、城镇土地使用税、耕地占用税、契税、筵席税及其地方附加。地方税的滞纳金、补税和罚款也由地方税务系统征收和管理。

15.2 发票的管理

发票，是指一切单位和个人在购销商品、提供或接受劳务、服务以及从事其他经营活动，所提供给对方的收付款的书面证明，是财务收支的法定凭证。发票是会计人员据以记账的原始凭证之一，也是审计机关、税务机关执法检查的重要依据。按大类分可以将发票分为三种：增值税专用发票、普通发票和专业发票，每种发票都有特定的使用范围。增值税专用发票限于增值税一般纳税人领购和使用，用来进行销售货物或提供加工修理修配等应税劳务的结算，在企业（纳税人）经济活动中存在着重要的作用。

15.2.1 发票的领购

增值税专用发票实行的是验旧购新、限量供应、限期使用、超期缴销、最高开票限额的管理办法。对于已办理税务登记的纳税人需要使用发票的，应向税务机关申请领购发票。

1. 初次办理增值税专用发票的领购

申请领购增值税专用发票的单位和个人，必须具备一般纳税人资格，非增值税纳税人和根据增值税有关规定确认的增值税小规模纳税人不得领购增值税专用发票。对于初次购买发票的企业，应先凭盖有一般纳税人确认章的税务登记证（副本）向主管税务机关申请领购发票的种类、数量以及购票方式。

（1）应提供的资料：《纳税人领购发票票种核定申请审批表》1 份、税务行政许可表、加盖有“增值税一般纳税人”确认专章的税务登记证（副本）及其复印件、营业执照及其复印件、企业授权委托书（公司授予经办人）、经办人的身份证及其复印件、财务专用章或者发票专用章、纳税卡、防伪税控 IC 卡（防伪税控系统已在主管税务机关备案），以及当地主管税务部门要求提供的其他资料。

（2）审批时限：提供资料完整、各项手续齐全，符合条件的 5 个工作日办结。

（3）程序：申请人依法提出申请，主管税务机关受理、核准。初次申购发票流程如图 15-1 所示。

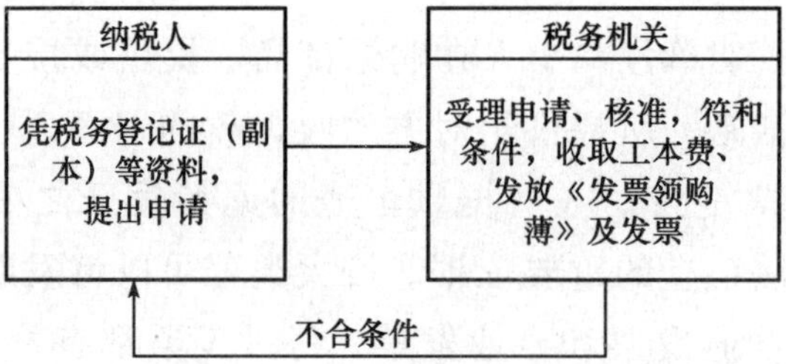

图 15-1 初次申购发票流程

2. 再次申请领购发票

再次申请领购发票的，会计人员应确保企业当前发票使用量未超过税务局每月限定使用量，凭《发票领购簿》核准的种类、数量以及购票方式，向主管税务部门申请领购。

（1）应提供的资料：税务登记证（副本）、购票员身份证原件、领购发票申请表、发票领购簿、防伪税控 IC 卡、纳税卡、财务专用章或发票专用章、已用发票的存根及当地主管税务部门要求提供的其他资料。

（2）审批时限：提供资料完整、各项手续齐全、无违章问题，符合条件的当场办结。

（3）程序：申请人依法提出申请，主管税务机关受理、审核、核准。续购发票流程如图 15-2 所示。

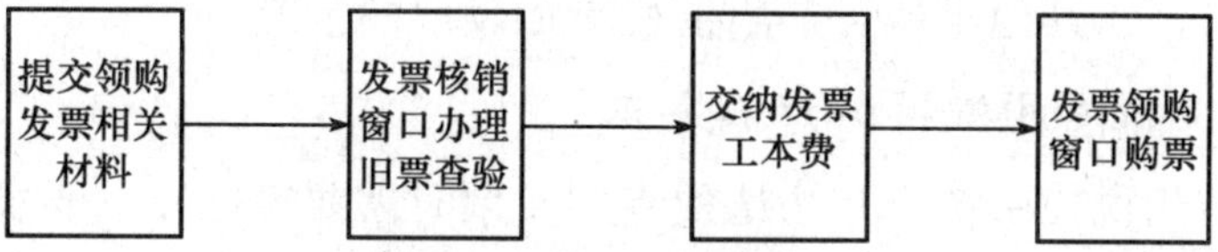

图 15-2　续购发票流程

3. 已申领发票读入税控机

企业在认购发票后，需要将 IC 卡中的空白发票信息进行读入，数据读入后系统会弹出包含此次所购发票电子信息的窗口，此时，会计人员应与所购买的纸质发票进行核对，确保纸质发票与防伪税控系统中的电子发票号码、数量保持一致。税控机（防伪税控系统）中发票读入的操作过程如图 15-3 所示。

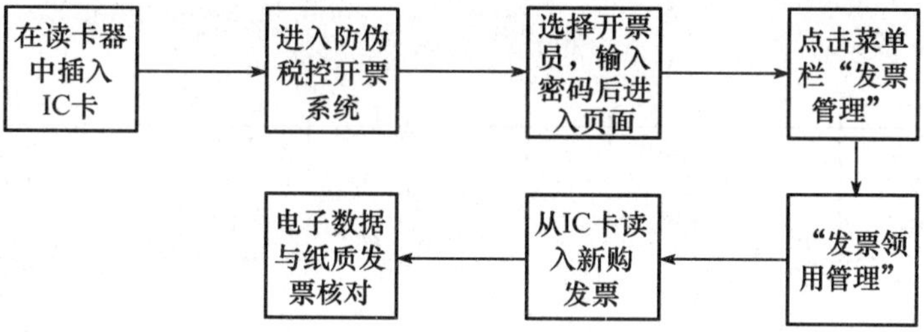

图 15-3　发票读入的操作过程

15.2.2　发票的填开

目前增值税专用发票需用防伪税控开票系统开具，发票的开具应严格按照我国《增值税暂行条例》《增值税专用发票使用规定》等相关规定执行。

1. 增值税专用发票的开具范围

一般纳税人销售货物或提供加工修理修配等应税劳务的，应向购买方开具增值税专用发票。增值税小规模纳税人不能自行开具增值税专用发票，如果需要开具的，应到当地主管税务机关申请代开。

不得开具增值税专用发票的情形：①商业企业一般纳税人零售的烟、

酒、食品、服装、鞋帽（不包括劳保专用部分）、化妆品等消费品业务不得开具增值税专用发票；②向消费者个人销售货物或者应税劳务的；③销售免税项目；④其他不得开具增值税专用发票的情况。

2. 增值税专用发票的开具要求

利用防伪税控系统开具增值税专用发票时需要遵守以下要求：

（1）项目完整，必须按实际的交易来开具。

（2）打印清楚，字迹不得压线、错格等。

（3）各联次统一打印，三联（存根联、发票联和抵扣联）数据、内容需保持一致。

（4）按照增值税纳税义务发生的时间开具。

（5）各联次加盖财务专用章或者发票专用章。

3. 增值税专用发票的开具

增值税专用发票的开具采用专门的防伪税控开票系统，开具程序如图 15-4 所示。

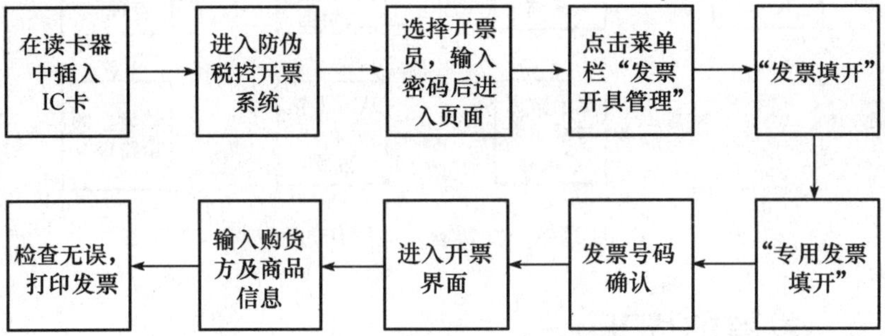

图 15-4　增值税专用发票开具程序

在开具发票时应注意以下几个问题：

（1）发票号码的确认：确保打印所用的纸质发票号码与开票系统当前发票号码一致。

（2）系统进入开票界面后，输入数量、单价时，系统默认为不含税价，开票人员应注意含税价与不含税价的转换。

（3）各项信息输入完成后，在单击打印前一定要对发票内容认真检查，因为一旦选择打印，则系统自动对所打印的发票进行保存，保存之后对该张发票不能再行更改。

（4）一张发票最多只能开具 8 项商品明细，如果超出 8 项的，应在“销售货物或者提供劳务清单”内输入。如是附清单的，打印清单时，退出开票界面后再点“发票查询”，选择刚开的发票，单击“清单”“打印”即可。

（5）开完一张发票后系统会自动跳到下一张空白发票，如果需要退出开票界面，则单击“取消”按钮即可。

开具发票后，如发生销货退回需开红字发票的，必须收回原发票并注明“作废”字样或取得对方有效证明；发生销售折让的，在收回原发票并注明“作废”字样后，重新开具销售发票。

15.2.3 发票的管理

增值税专用发票在税收管理中起到非常重要的作用，国家税法除了对纳税人领购、开具发票等作了具体规定外，也对发票的管理制定了多项规定，会计人员在日常工作中应谨慎对待增值税专用发票，对不同的情况采取不同的有效措施合理对待。

1. 增值税专用发票丢失、被盗

对被盗、丢失增值税专用发票的，应按规定程序向当地主管税务机关、公安机关报失，将丢失增值税专用发票的纳税人名称、发票份数、发票号码、盖章与否等情况，统一传（寄）中国税务报社刊登“遗失声明”。同时税务机关可以按《税收征收管理法》和《发票管理办法》的规定对丢失、被盗发票的纳税人，处以 10 000 元以下的罚款，并可视具体情况，在一定期限内（最长不超过半年）停止纳税人领购增值税专用发票；对纳税人申报遗失的增值税专用发票，如发现有非法代开、虚开问题的，该纳税人应承担偷税、骗税的连带责任。

2. 代开、虚开增值税专用发票

代开、虚开发票的行为都是严重的违法行为。对纳税人代开、虚开的增值税专用发票，税务机关应不予以抵扣进项税，并按票面所列货物的适用税率全额征补税款，同时按《税收征收管理法》的规定按偷税给予处罚。代开、虚开发票构成犯罪的，按《全国人民代表大会常务委员会关于惩治虚开、伪造和非法出售增值税专用发票犯罪的决定》处以刑罚。

3. 纳税人善意取得虚开的增值税专用发票处理问题

购货方与销货方发生真实的经济交易，并且购货方对于非法取得的增值税专用发票不知情的，该增值税专用发票的进项税不得抵扣或者不能据以办理出口退税，已经抵扣或者取得了出口退税的，应该退回。如果纳税人能够重新取得合法、有效的增值税专用发票，则经过所在地税务机关查证，可以抵扣进项税款或者办理出口退税。

4. 防伪税控系统增值税专用发票的管理

会计人员在进行防伪税控系统认证时一般会出现“无法认证”“认证不符”“密文有误”“重复认证”和“纳税人识别号认证不符（指发票所列购货方纳税人识别号与申报认证企业的纳税人识别号不符）”五种情况。凡是出现上述情况的，均不得抵扣其票面的进项税额。

属于“无法认证”“纳税人识别号认证不符”和“认证不符”中的“发票代码号码认证不符（指密文与明文相比较，发票代码或号码不符）”的发票，纳税人应将问题发票的原件退还给销货方，要求销货方重新开具。属于“重复认证”的发票，应交由主管税务部门进行查处。属于“密文有误”和“认证不符”（不包括发票代码号码认证不符）的发票，应移交稽查部门处理。

15.3 纳税申报这样做

从收集原始凭证到出具会计报表的所有过程偏重于会计处理，纳税申报则更侧重于税务处理这方面。针对不同的税种，会计人员在编制好会计报表的基础上还需要进行各种工作，用以完成纳税申报，缴交税款。

15.3.1 纳税申报前的准备

会计人员除了需要进行日常会计处理，做好凭证出具会计报表外，在进行纳税申报前，还应对纳税申报的工作做好前期准备。

1. 核对销售业务，填开销售发票，确定当期销项税额

增值税销项发票是企业据以记账，确认当期销售收入的合法凭据，因此企业在发生销售业务时应尽快给对方开具发票，确定当月销售情况。但是在现实的工作中，不像出会计考题，题目一出说销售多少货物，发票也就开出来了。真实的货物交易存在着从合同签订到发货、到对方确认、购销双方核对账目，再到开具发票的过程。开票过程又会因客户的大小、业务往来的频率、各公司验收程序的不同而存在差异。

企业的财务人员，特别是负责税务工作的人员应当熟知增值税专用发票的开具规定，以及各客户的开票要求，对企业日常销售业务的处理相当明确。在保证符合税务法规的同时结合客户的要求，保证日常工作的正常进行。一般，会计人员应在当月 20 日前与客户确定开票额度，在月末前开具当月销项增值税专用发票，这样可以合理地运用手头的空白发票，在发票数量不够的情况下也有充分的时间到税务局进行发票领购。

2. 核对当月购货发票，保证进项发票及时收取

同货物销项发票的开具一样，企业作为购货人时也应及时根据实际到货、验货情况与供货单位核对账目，确认进项发票的开具金额。企业取得的进项增值税专用发票，需要通过税务机关认证审核通过后，才可以进行税额的抵扣。因防伪税控系统具有很严密的时间设定，企业会计人员一定要认真确认进项发票的开具情况，如果在规定的时间内未收到发票，一定要及时与供货单位联系，保证发票的及时开具和收取。

3. 进项发票认证，确定当期进项税额

认证、抄税、报税是会计人员特别是税务会计每月必做的工作。企业所取得的进项增值税专用发票必须进行认证后才能进行增值税进项税的抵扣。

发票认证，是指取得进项税票的企业通过手工输入或采用扫描仪等设备，将增值税专用发票抵扣联的主要信息（如销货方纳税识别号、购货方纳税识别号、发票号码、发票代码、发票密文、开票日期、金额、税额等）通过“增值税一般纳税人纳税申报电子信息采集系统”转换成电子信息，再交由国税机关，由国税机关计算机系统进行全国范围的发票比对，以此确定发票真假、数据真实等情况，作为企业进项税抵扣的依据。

增值税专用发票开具180天内认证有效，当月认证必须当月抵扣。认证的方法有网上认证和上门认证，网上认证的步骤如下：

说明：增值税一般纳税人取得2010年1月1日以后开具的增值税专用发票，公路内河货物运输业统一发票和机动车销售统一发票，应在开具之日起180日内到税务机关办理认证，并在认证通过的次月申报期内抵扣进项税。

（参考文件：《国家税务总局关于调整增值税扣税凭证抵扣期限有关问题的通知》（国税函〔2009〕617号）。）

第一步：有扫描仪的先将进项税票资料扫描至扫描仪中，发票扫描流程如图15-5所示。

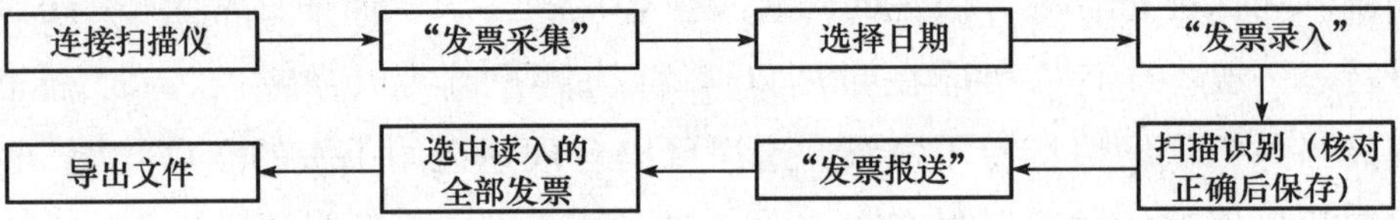

图15-5　发票扫描流程

操作人员应记住导出文件所在的路径，便于下一步数据的读取。

第二步：将扫描好的进项税数据导入“增值税一般纳税人纳税申报电子信息采集系统”。扫描数据导入操作流程如图15-6所示。

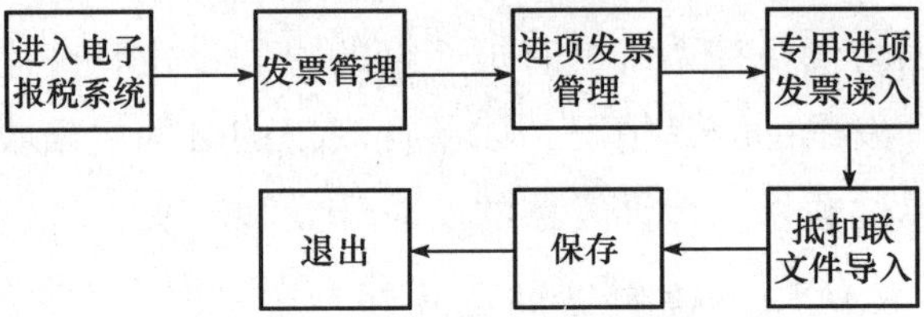

图15-6　扫描数据导入

如果采用手工输入增值税进项票信息，则操作流程如图15-7所示。

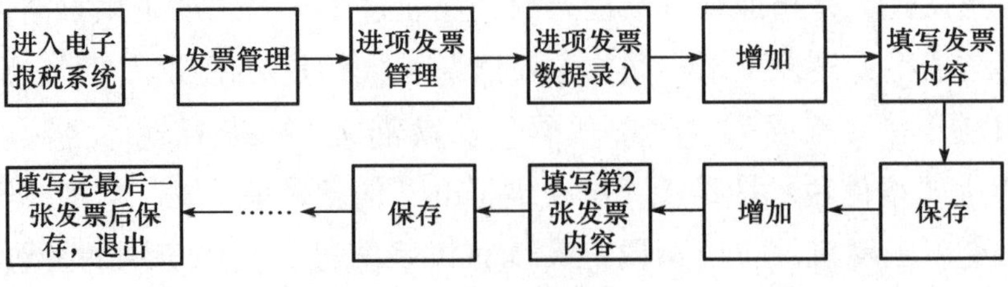

图15-7　手工输入进项税票数据

第三步：生成认证文件，步骤如图 15-8 所示。

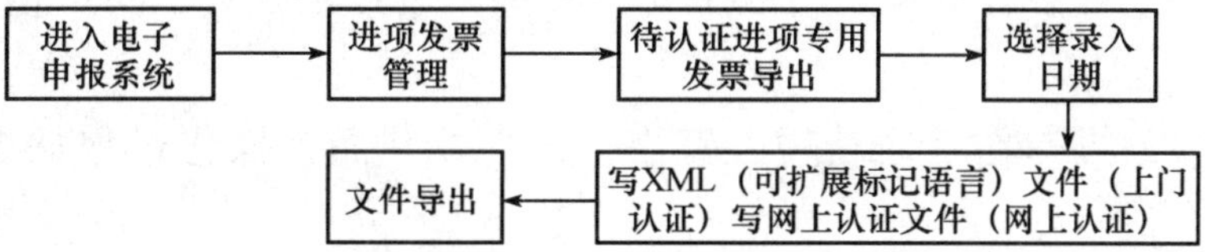

图 15-8 生成认证文件

生成以上认证文件后，如果是网上认证的，则纳税人通过宽带接入等方式连接到互联网，并登录到国税局纳税服务网站，选择纳税服务网站上阳光通道栏目的网上税局，进入“网上税局”后，选择左边导航栏中的“网上认证”按钮即可进入网上认证系统登录页面。按页面提示操作，将生成的认证文件上传至国税局的认证服务器上。

如果是上门认证的，则将导出文件存放至 U 盘，携带该 U 盘、增值税进项发票原件、纳税卡等资料到国税局认证窗口认证即可。

第四步：认证结果导入至“增值税一般纳税人纳税申报电子信息采集系统”。

企业从网上下载认证结果或者上门认证取得认证结果后，应当将认证结果导入至电子报税系统，作为之后生成纳税报表的进项税额依据。认证结果导入操作流程如图 15-9 所示。

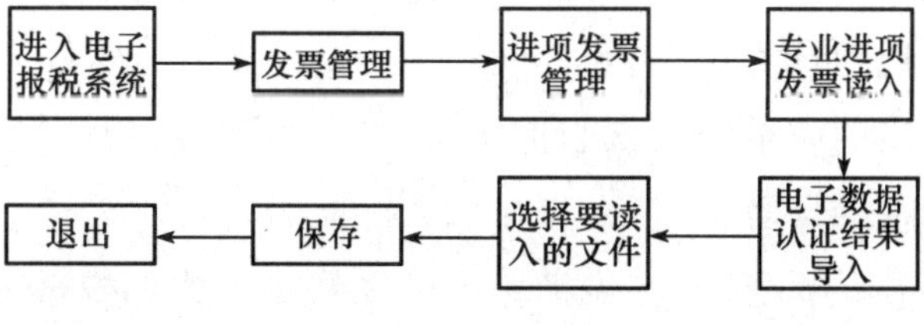

图 15-9 认证结果导入

进项发票的认证工作可于日常进行，但必须在月末前结束，当月认证的发票必须当月抵扣进项税，同一份发票不能跨月重复认证。同时，网上认证的企业需要注意，同一份发票如果存在网上认证 3 次后仍不能认证通过的情况，则需携带发票及认证文件进行前台认证。

4. 抄税，保证报税工作的正常进行

抄税，是指开票单位将防伪税控系统中开具的增值税专用发票信息读入至开票所用的IC卡中，并携带企业纳税卡、开票IC卡（已抄税）、开票数据统计表等资料到当地主管国税部门进行全国范围发票信息的比对工作。

抄税的工作在“防伪税控开票系统”中进行，操作过程如图15-10所示。

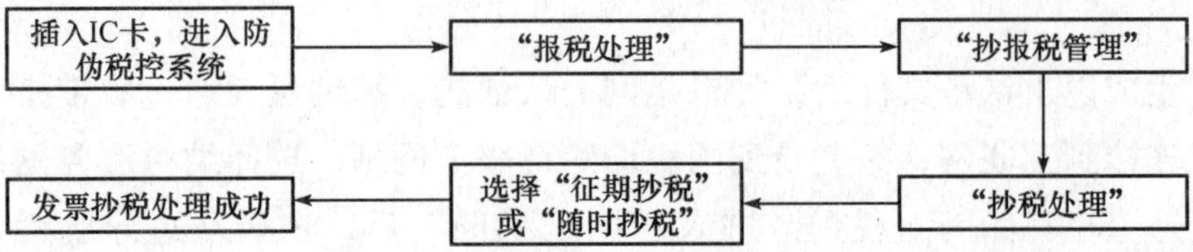

图15-10　抄税处理

抄税于每月月初进行，只有抄税后才能进行报税工作。无论企业上月是否购买或开具了税控发票，都必须在抄报税期内执行“抄税”操作，并在指定期间内完成报税，否则企业将无法开具税控发票。

5. 计算各项应缴税金

在进行完上述进项发票认证、销项发票抄税工作后，需对企业应缴的各项税金进行计提，与此同时进行会计处理，编制会计报表，做好纳税申报的各项准备。我国税种的具体类别已在本章第15.1节中有所概述，各企业应针对自身应交的税金做好税金的计提工作。常缴的税种计算方法如下：

（1）增值税的计算：

当期应纳税额＝当期销项税额－当期进项税额

（2）消费税的计算：

应纳税额＝应税消费品的销售额×比例税率

应纳税额＝应税消费品的销售数量×定额税率

应纳税额＝应税销售数量×定额税率＋应税销售额×比例税率

（3）营业税的计算：

应纳税额＝营业额×税率

（4）城市维护建设税的计算：

应纳税额＝纳税人实际缴纳的增值税、消费税、营业税税额×适用税率

（5）教育费附加的计算：

应纳税额 = 纳税人实际缴纳的增值税、消费税、营业税税额 × 适用税率

（6）企业所得税的计算：

应纳税额 = 应纳税所得额 × 适用税率 − 减免税额 − 抵免税额

（7）个人所得税的计算：

应纳税额 = 应纳税所得额 × 适用税率 − 速算扣除数

正常月份，大部分企业只需考虑计算增值税、城市维护建设税、教育费附加、代扣代缴个人所得税等税金，但个别月份如季度、年末结束应计算缴纳企业所得税。根据企业性质不同、各地税务机关要求不同按不同的时间缴交不同的税种。

15.3.2 纳税申报的对象和期限

纳税申报是纳税人在发生纳税义务后按照税法规定的期限和内容向主管税务机关提交纳税资料、缴纳税款的法律行为，是纳税人履行纳税义务、承担法律责任的主要依据，是税务机关税收管理信息的主要来源和税务管理的一项重要制度。

1. 纳税申报的对象

纳税申报的对象，是指按照国家法律、行政法规的规定，负有纳税义务的纳税人或者是负有代扣代缴义务的扣缴义务人。概括来说，主要包括以下对象：

（1）应当正常履行纳税义务的纳税人。在正常情况下，依法已经向国家税务机关办理税务登记的纳税人必须按税收法律、行政法规规定的申报期限、申报内容如实办理纳税申报。

（2）应当履行扣缴税款义务的扣缴义务人。扣缴义务人必须依照法律、行政法规的规定或者税务机关依照法律、行政法规的规定确定的申报期限、申报内容如实报送代扣代缴、代收代缴税款报告表以及税务机关根据实际需要要求扣缴义务人报送的其他有关资料。

（3）享受减税、免税待遇的纳税人。纳税人享受减税、免税待遇的，在减税、免税期间也应当按照规定办理纳税申报手续，填报纳税申报表，

以便于进行减免税的统计与管理。

（4）按规定不需要办理税务登记，以及应当办理而未办理税务登记的纳税人。

（5）国家税务机关确定的委托代征人。

2. 纳税申报的期限

会计人员应按各税种规定的期限进行申报，否则会给企业带来缴交滞纳金及罚款等损失，同时也会影响企业的纳税形象及打乱企业的日常税务工作。

各税种的申报期限如下：

（1）缴纳增值税、消费税的纳税人，以1个月或者1个季度为一期纳税的，于期满后15日内申报，以1日、3日、5日、10日、15日为一期纳税的，自期满之日起5日内预缴税款，于次月1日起至15日内申报并结算上月应纳税款。

（2）缴纳企业所得税的纳税人应当在月份或者季度终了后15日内，向其所在地主管国家税务机关办理预缴所得税申报。企业在年度终了之日起5个月内向其所在地主管国家税务机关办理所得税申报。

（3）其他税种，大多也是在次月15日内申报结算，各地主管税务机关要求不同。税法已明确规定纳税申报期限的，按税法规定的期限申报。

（4）税法未明确规定纳税申报期限的，按主管国家税务机关根据具体情况确定的期限申报。

（5）纳税人办理纳税申报的期限最后一日，如遇公休、节假日的，可以顺延。会计人员应随时留意各地主管税务局的通知。

15.3.3 纳税申报的内容

纳税申报的内容，是指纳税申报或者代扣代缴、代收代缴税款提交的各种报表及与纳税有关的资料或证件。

1. 纳税申报的内容

纳税申报前的准备工作及会计账务处理工作已经为纳税申报做好了准备，但是资产负债表、利润表、现金流量表等会计报表只是记录企业财务状况和经营成果的报表，还不能作为税务机关征收税款的依据，企业应根据申报的不同填制各种对应的纳税申报表。

下面以“深尔有限公司”为例，其属于增值税一般纳税人，于每月办理纳税申报时应报送的资料如下：

（1）纳税申报表。它是由税务机关统一负责印制的由纳税人进行纳税申报的书面报告。

深尔有限公司于月末应报送的纳税申报表包括：增值税纳税申报表（主表连同附列资料一起9份）；应交增值税报表。

（2）会计报表。不同的纳税人由于其生产经营的内容不同，所使用的会计报表也不一样，需向税务机关报送的种类也不相同。

增值税一般纳税人，如深尔有限公司，应提交的会计报表有：资产负债表、利润表和现金流量表。

（3）其他纳税资料。比如，地方税务局征收个人所得税时需要提供的企业工资表、个人所得税汇总报告表等。

扣缴义务人纳税申报时，要报送的资料有：

（1）代扣代缴、代收代缴税款报告。

（2）其他有关资料，如与代扣代缴、代收代缴税款有关的经济合同、协议书、公司章程等。

2. 纳税申报表的填制

增值税一般纳税人应采用“增值税一般纳税人纳税申报电子信息采集系统”进行纳税申报，通过“增值税一般纳税人纳税申报电子信息采集系统”软件汇总企业销售数据和可抵扣的凭证、其他发票资料以及相关的税务凭证，作为纳税申报的基本数据，再加上相关的税款缴纳和抵扣或免、抵、退税的相关信息，形成纳税申报资料。

“增值税一般纳税人纳税申报电子信息采集系统”需要操作的内容主要为销项数据的操作和进项数据的操作，通过销项和进项数据生成各种申报表。该系统生成的申报表包括：

（1）主表：增值税纳税申报主表。

（2）附表一：本期申报的销售数据的分类统计信息。

（3）附表二：本期申报的进项数据的分类统计信息。

（4）附表三：本期申报抵扣的防伪税控增值税专用发票明细列表。

（5）附表四：本期申报的防伪税控增值税销项发票的明细列表。

（6）附表五：本期申报的销售数据应税货物分类统计及进项数据的分类统计。

（7）附表六：本期申报的其他抵扣凭证的明细列表。

（8）资产负债表、利润表。

（9）申报情况说明表。

（10）成品油进销存报表（只针对有成品油销售的企业）。

3. 纳税申报报税系统的使用

"增值税一般纳税人纳税申报电子信息采集系统"的使用流程如图 15-11 所示。

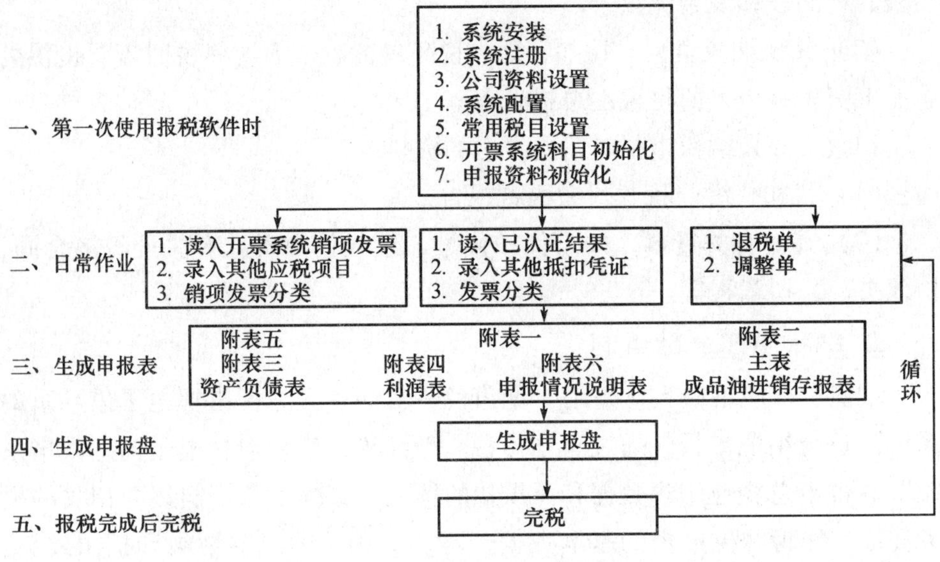

图 15-11　电子报税系统使用流程

针对"增值税一般纳税人纳税申报电子信息采集系统"主要的日常操作步骤简述如下：

第一，销项数据管理。

（1）企业开具销项发票读入，操作过程如图 15-12 所示。

说明：读取开票数据时，应将防伪税控系统开启并进入发票查询当月的界面。

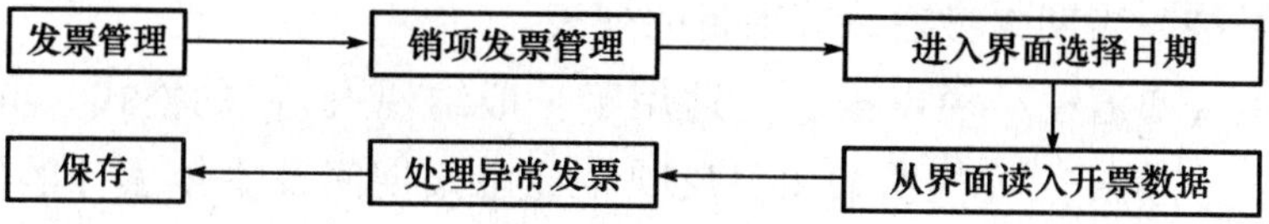

图 15-12 销项发票读入

（2）补录读入修复。

（3）其他应税项目录入。

（4）销项发票分类：区分免税或应税（系统默认为一般应税货物）。

第二，进项数据管理。

（1）进项发票的读入，操作如本章第 15. 3. 1 节“进项发票认证，确定当期进项税额”中所述。

（2）录入其他扣税凭证，如海关完税凭证、农产品发票、废旧物资发票、运输业专用发票等。

第三，生成纳税申报表。

进行完上述所有的发票及报税凭证的录入并分类完成后，即可以开始生成报表。报税系统中各纳税报表的生成顺序为附表五、附表一 ~ 附表四、附表六、主表、成品油进销存报表、资产负债表、利润表，最后为申报情况说明表。

其中附表二及主表部分内容需手工输入、资产负债表和利润表需要手工输入外，其他附表一、附表三 ~ 附表六均为系统自动生成。注意各类报表生成后一定要单击“保存”“审核”后方可退出。

15. 3. 4 一般纳税人申报表的具体填列

前面已经了解到增值税一般纳税人的申报需要通过“增值税一般纳税人纳税申报电子信息采集系统”进行纳税申报，虽然系统可以自动生成大部分报表，但会计人员还是必须对报表的组成项目及其填列方法有所了解，本小节将对该系统中的主要报表的具体填列一一进行描述。

1. 增值税纳税申报表主表

《增值税纳税申报表（适用于一般纳税人）》，是汇总反映企业申报会计期间内进项、销项税额，并计算企业当期应缴纳税款，以及反映企业当期实际缴纳、当期欠缴税款等项目的列表。

(1)《增值税纳税申报表（适用于一般纳税人)》的格式。申报表主表通过三大项目，38 栏明细项目反映企业申报期间及本年累计的销售额、税款计算及税款缴纳的情况，其具体格式如表 15-1 所示。

(2)《增值税纳税申报表（适用于一般纳税人)》的具体填列。

1）“税款所属时间”，是指纳税人申报的增值税应纳税额的所属期间，应填写具体的起止年、月、日。

2）“填表日期”，应填写纳税人填写本表的具体日期，一般是申报所属期次月的 15 日以前。

3）“所属行业”，填写企业在国民经济行业分类与代码中所属的最小类别。

4）“纳税人识别号”“纳税人编码”，分别填列税务机关为纳税人确定的税务登记证号码和税务管理码。

5）“纳税人名称”，填写纳税人单位名称的全称，不得采用简称填写。

6）“法定代表人姓名”，填写纳税人法定代表人的姓名。

7）“注册地址”，按纳税人税务登记证所注明的详细地址填写。

8）“营业地址”，填写纳税人营业地的详细地址。

9）“开户银行及账号”，按企业开户银行（一般账户）的名称和账户号码填写。

10）“企业登记注册类型”，按税务登记证上所注内容填写。

11）“电话”“传真”，填写企业注册地和经营地的电话和传真号码。

12）“一般货物及劳务”栏，指的是除享受即征即退的货物及劳务以外的其他货物及劳务。

13）“即征即退货物及劳务”栏，反映企业按照税法规定享受即征即退税收优惠政策的货物及劳务的内容。

14）第 1 栏“按适用税率征税货物及劳务销售额”。填写纳税人本期按适用税率缴纳增值税的应税货物和应税劳务的销售额（销货退回的销售额用负数表示）。包括在财务上不作销售但按税法规定应缴纳增值税的视同销售货物和价外费用销售额，外贸企业作价销售进料加工复出口的货物，税务、财政、审计部门检查按适用税率计算调整的销售额。

表 15-1 增值税纳税申报表

（适用于增值税一般纳税人）

根据《中华人民共和国增值税暂行条例》第二十二条和第二十三条的规定制定本表。纳税人不论有无销售额，均应按主管税务机关核定的纳税期限按期填报本表，并于次月 1 日起 15 日内，向当税务机关申报。

税款所属时间：2009-08-01 至 2009-08-31　　填表日期：2009-09-13　　所属行业：制造业　　（金额单位：元至角分）

纳税人识别号	441900517981320	纳税人编码	190012345678		法定代表人姓名
纳税人名称	深尔有限公司				
注册地址	广州市白云区			电话	
营业地址	广州市白云区			传真	
开户银行及账号	建行白云支行 2350012351332173012		登记注册类型	其他有限责任公司	

项目		栏次	一般货物及劳务		即征即退货物及劳务	
			本月数	本年累计数（略）	本月数	本年累计数
销售额	（一）按适用税率征税货物及劳务销售额	1	1 369 797.39			
	其中：应税货物销售额	2	1 369 797.39			
	应税劳务销售额	3				
	纳税检查调整的销售额	4				
	（二）按简易征收办法征税货物销售额	5				
	其中：纳税检查调整的销售额	6				
	（三）免、抵、退办法出口货物销售额	7			—	—
	（四）免税货物及劳务销售额	8			—	—
	其中：免税货物销售额	9			—	—
	免税劳务销售额	10				
税款计算	销项税额	11	232 865.56			
	进项税额	12	91 177.26			
	上期留抵税额	13	62 812.40	—		—
	进项税额转出	14	689.37			
	免、抵、退货物应退税额	15			—	—
	按适用税率计算的纳税检查应补缴税额	16				
	应抵扣税额合计（=12+13−14−15+16）	17	153 300.29	—		—

（续）

	项　目	栏　次	一般货物及劳务		即征即退货物及劳务	
			本月数	本年累计数（略）	本月数	本年累计数
税款计算	实际抵扣税额（如 17<11，则为 17，否则为 11）	18	153 300.29			
	应纳税额（=11−18）	19	79 565.27			
	期末留抵税额（=17−18）	20		—		—
	按简易征收办法计算的应纳税额	21				
	简易征收办法计算的纳税检查应补缴税额	22				
	应纳税额减征额	23				
	应纳税额合计（=19+21−23）	24	79 565.27			
税款缴纳	期初未缴税额（多缴为负数）	25	64 858.11			
	实收出口开具专用缴款节退税额	26			—	—
	本期已缴税额（=28+29+30+31）	27	64 858.11			
	1．分次预缴税额	28		—		—
	2．出口开具专用缴款书预缴税额	29		—	—	—
	3．本期缴纳上期应纳税额	30	64 858.11			
	4．本期缴纳欠缴税额	31				
	期末未缴税额（=24+25+26−27）	32	79 565.27			
	其中：欠缴税额（≥0）（=25+26−27）	33				
	本期应补（退）税额（=24−28−29）	34	79 565.27	—		—
	即征即退实际退税额	35	—	—		
	期初未缴查补税额	36			—	—
	本期入库查补税额	37			—	—
	期末未缴查补税额（=16+22+36−37）	38			—	—
授权人声明	如果你已委托代理申报人，请填写下列资料： 为代理一切税务事宜，现授权　　　　　　（地址） 为本纳税人的代理申报人，任何与本申报表有关的往来文件，都可寄予此人。 授权人签字：	申报人声明	此纳税申报表是根据《中华人民共和国增值税暂行条例》的规定填报的，我确信它是真实的、可靠的、完整的。 声明人签字：			

以上由税务机关填写：　　　　接收人：　　　　主管税务机关盖章：

收到日期：

本月数 = （本期按适用税率缴纳增值税的应税货物的销售额 - 本期销货退回的销售额） + 应税劳务的销售额 + 视同销售的适用税率货物销售额 + 增值税价外费用 + 外贸企业作价销售应纳进料加工复出口的货物销售额 + 出口不予退免税货物销售额 + （免、抵、退办法出口货物超过备案期单证不齐先做入库销售额 - 清算期内收齐单证销售额） + 税务、财政、审计部门检查调整本年或以前年度适用税率计算的销售额。

第 1 栏 = 第 2 栏 + 第 3 栏 + 第 4 栏。“一般货物及劳务”的“本月数”与“即征即退货物及劳务”的“本月数”之和，应等于《增值税纳税申报表附列资料（表一）》第 7 栏的“小计”中的“销售额”。

本年累计数 = 本年度各月数据之和。

15）第 2 栏“应税货物销售额”。填写纳税人本期按适用税率缴纳增值税的应税货物的销售额（销货退回的销售额用负数表示）。包括在财务上不作销售但按简洁规定应缴纳增值税的视同销售货物和价外费用销售额，以及外贸企业作价销售进料加工复出口的货物。

本月数 = 税率为 17% 的应税货物销售额 + 税率为 13% 的应税货物销售额 - 销货退回销售额 + 视同销售适用税率货物销售额 + 增值税价外费用 + 外贸企业作价销售应纳进料加工复出口的货物销售额 + 出口不予免、退税货物销售额 + （免、抵、退办法出口货物超过 6 个月备案期未收齐单证视同内销货物计算征税销售额 - 清算期内收齐单证销售额） + 纳税人自查调整本年或以前年度按适用税率计算的销售额。

“一般货物及劳务”的“本月数”与“即征即退货物及劳务”的“本月数”之和，应等于《增值税纳税申报表附列资料（表一）》第 5 栏的“应税货物”中 17% 税率“销售额”与 13% 税率“销售额”的合计数。

本年累计数 = 本年度各月数据之和。

16）第 3 栏“应税劳务销售额”。填写纳税人本期按适用税率缴纳增值税的应税劳务的销售额。

本月数 = 本期按适用税率缴纳增值税的应税劳务的销售额 + 纳税人自查调整的应税劳务销售额。

“一般货物及劳务”的“本月数”与“即征即退货物及劳务”的“本月数”之和，应等于《增值税纳税申报表附列资料（表一）》第 5 栏的“应税劳务”中的“销售额”。

本年累计数＝本年度各月数据之和。

17）第4栏“纳税检查调整的销售额”。填写纳税人本期收到税务、财政、审计部门检查处理决定后，按适用税率计算调整的应税货物和应税劳务的销售额。对于享受即征即退税收优惠政策的货物及劳务经税务稽查发现偷税的，应将本部分销售额在“一般货物及劳务”栏中填写，不在“即征即退货物及劳务”内反映。

本月数＝税务、财政、审计部门检查按17%税率计算调整的应税货物销售额＋按13%税率计算调整的应税货物销售额＋调整的应税劳务销售额＋检查调整即征即退货物及劳务销售额。

“一般货物及劳务”的“本月数”与“即征即退货物及劳务”的“本月数”之和，应等于《增值税纳税申报表附列资料（表一）》第6栏“小计”中的“销售额”。

本年累计数＝本年度各月数据之和。

18）第5栏“按简易征收办法征税货物销售额”。根据纳税人本期按简易征收办法征收增值税货物的销售额填写。本期收到的财政、税务、审计部门检查处理的决定中，按简易征收办法计算调整的销售额也在此栏中反映。

“一般货物及劳务”的“本月数”与“即征即退货物及劳务”的“本月数”之和，应等于《增值税纳税申报表附列资料（表一）》第14栏“小计”中的“销售额”数。

本年累计数＝本年度各月数据之和。

19）第6栏“其中：纳税检查调整的销售额”。填写本期纳税人收到税务、财政、审计部门检查处理决定后，按简易征收办法计算调整的销售额，享受即征即退优惠政策的货物及劳务经税务稽查发现偷税的，填写在“一般货物及劳务”栏中，而不在“即征即退货物及劳务”中反映。

“一般货物及劳务”的“本月数”与“即征即退货物及劳务”的“本月数”之和，应等于《增值税纳税申报表附列资料（表一）》第13栏“小计”中的“销售额”数。

本年累计数＝本年度各月数据之和。

20）第7栏“免、抵、退办法出口货物销售额”。按纳税人本期执行免、抵、退办法出口货物的销售额填写，如果为销货退回的话，用负数填写。

本月数＝当期免、抵、退出口货物实际销售额＝当期《生产企业出口货物免、抵、退税申报汇总表》2a栏“当期免、抵、退出口货物销售额”。

本年累计数＝本年度各月数据之和。

21）第8栏“免税货物及劳务销售额”。填写纳税人本期按照税法规定直接免征增值税的货物及劳务的销售额及适用零税率的货物及劳务的销售额，同样，销货退回的销售额用负数表示。本栏数据不包括第7栏中的适用免、抵、退办法出口货物的销售额。

本月数＝内销免征增值税货物销售额＋免征增值税劳务销售额＋外贸企业、生产企业免税出口货物销售额＋外商投资企业国内转厂货物销售额＋来料加工复出口加工费＋免税出口劳务销售额。

第8栏＝第9栏＋第10栏。“一般货物及劳务”的“本月数”应等于《增值税纳税申报表附列资料（表一）》第18栏的“小计”中的“销售额”。

本年累计数＝本年度各月数据之和。

22）第9栏“免税货物销售额”。填写纳税人本期按照税法规定直接免征增值税货物的销售额及适用零税率货物的销售额（销货退回的销售额用负数表示），不包含适用免、抵、退税办法出口货物的销售额。

本月数＝本期内销免征增值税货物销售额＋外贸企业、生产企业免税出口货物＋外商投资企业国内转厂货物销售额。

“一般货物及劳务”的“本月数”应等于《增值税纳税申报表附列资料（表一）》第18栏“免税货物”中的“销售额”。

本年累计数＝本年度各月数据之和。

23）第10栏“免税劳务销售额”。填写企业本期按照税法规定直接免征增值税劳务的销售额及适用零税率劳务的销售额（销货退回的销售额用负数表示）。

本月数＝本期内免征增值税劳务销售额＋免税出口劳务销售额＋来料加工复出口加工费。

“一般货物及劳务”的“本月数”应等于《增值税纳税申报表附列资料（表一）》第18栏“免税劳务”中的“销售额”。

本年累计数=本年度各月数据之和。

24）第11栏“销项税额”。填写纳税人本期按适用税率计征的销项税额。

本月数=第1栏“按适用税率征税货物及劳务销售额”×适用税率=“应交税费——应交增值税”明细科目贷方“销项税额”专栏本期发生数。

“一般货物及劳务”的“本月数”与“即征即退货物及劳务”的“本月数”之和，应等于《增值税纳税申报表附列资料（表一）》第7栏“小计”中的“销项税额”。

本年累计数=本年度各月数据之和。

25）第12栏“进项税额”。为企业本期申报抵扣的进项税额。

本月数=一般货物及劳务本期申报抵扣的符合抵扣规定的扣税凭证上注明的税额+按销售比例计算分配的一般货物及劳务的进项税额=“应交税费——应交增值税”借方“进项税额”明细科目专栏本期发生额。

一般货物及劳务（即征即退货物及劳务）应分配的进项税额=无法划分的进项税额×当月一般货物及劳务销售额（当期即征即退货物及劳务销售额）/当期全部销售额合计。

“一般货物及劳务”的“本月数”与“即征即退货物及劳务”的“本月数”之和，应等于《增值税纳税申报表附列资料（表二）》第12栏中的“税额”。

本年累计数=本年度各月数据之和。

26）第13栏“上期留抵税额”。为纳税人上一申报期间的本报表中的“期末留抵税额”。

本月数=上期报表第20栏“期末留抵税额”本月数=“应交税费——应交增值税”明细科目的借方月初余额。

27）第14栏“进项税额转出”。填写企业已经抵扣但按照税法规定应作进项税转出的进项税额的总数，但销售折扣、折让、销货退回等应负数冲减的当期进项税额不包含在此栏。

一般货物及劳务（即征即退货物及劳务）应转出的进项税额=无法划分的应转出进项税额×当月一般货物及劳务销售额（当月即征即退货物及劳务销售额）/当月全部销售额合计。

本月数 = 能够准确划分的进项税额转出数 + 按销售比例计算应转出的进项税额 = “应交税费——应交增值税”明细科目贷方的“进项税额转出”本期发生额。

“一般货物及劳务”的“本月数”与“即征即退货物及劳务”的“本月数”之和，应等于《增值税纳税申报表附列资料（表二)》第 13 栏中“税额”。

本年累计数 = 本年度各月数据之和。

28）第 15 栏“免、抵、退货物应退税额”。填写退税机关按照出口货物免、抵、退办法审批的应退税额。

本月数 = 本期《生产企业出口货物免、抵、退税申报汇总表》中“当期应退税额”数据。

本年累计数 = 本年度各月数据之和。

29）第 16 栏“按适用税率计算的纳税检查应补缴税额”。填写税务、财政、审计部门检查按适用税率计算的纳税检查应补缴税额。

本月数 = 本月收到税务、审计、财政等部门发生的处理决定书上注明按适用税率应补缴的销项税额和注明的应调减的进项税额数 = 《增值税纳税申报表附列资料（表一)》第 6 栏“纳税检查调整”销项税额小计 + 《增值税纳税申报表附列资料（表二)》第 19 栏“纳税检查调减进项税额”。

本年累计数 = 本年度各月数据之和。

30）第 17 栏“应抵扣税额合计”。填写纳税人本期应抵扣进项税额合计数。

本月数 = 第 12 栏“进项税额” + 第 13 栏“上期留抵税额” − 第 14 栏“进项税额转出” − 第 15 栏“免、抵、退货物应退税额” + 第 16 栏“按适用税率计算的纳税检查应补缴税额”。

31）第 18 栏“实际抵扣税额”。填写纳税人本期实际抵扣的进项税额。

当第 17 栏“应抵扣税额合计”本月数≤第 11 栏“销项税额”本月数时，那么本月数 = 第 17 栏“应抵扣税额合计”中“本月数”，期末留抵税额为零；如果第 17 栏“应抵扣税额合计”本月数 > 第 11 栏“销项税额”本月数，则“实际抵扣税额”本月数 = 第 11 栏“销项税额”的“本月数”，存在期末留抵税额。

本年累计数＝本年度各月数据之和。

32）第19栏“应纳税额”。填写本期按适用税率计算并应缴纳的增值税额。

反映正常一般货物及劳务销售的应纳税额，不包括查补应补缴入库的税款。

本月数＝第11栏“销项税额”－第18栏“实际抵扣税额”。

本年累计数＝本年度各月数据之和。

33）第20栏“期末留抵税额”。为纳税人在本期销项税额中尚未抵扣完，留待下期继续抵扣的进项税额。

当第17栏“应抵扣税额合计”＞第11栏“销项税额”时，第18栏“实际抵扣税额”＝第11栏“销项税额”，则本期存在期末留抵税额，本月数＝第17栏“应抵扣税额合计”－第18栏“实际抵扣税额”。

34）第21栏“按简易征收办法计算的应纳税额”。填写纳税人本期按简易征收办法计算并应缴纳的增值税额，但不包括按简易征收办法计算的纳税检查应补缴税额。

本月数＝（第5栏－第6栏）×适用税率。

“一般货物及劳务”的“本月数”数据与“即征即退货物及劳务”的“本月数”数据之和，应等于《增值税纳税申报表附列资料（表一）》第12栏的“小计”中的“应纳税额”数据。

本年累计数＝本年度各月数据之和。

35）第22栏“简易征收办法计算的纳税检查应补缴税额”。填写本期纳税人因税务、财政、审计部门检查并按简易征收办法计算的纳税检查应补缴税额。

本月数＝本月收到税务、审计、财政等部门发出的处理决定书上注明的按简易征收办法计算的纳税检查应补缴税额数。

“一般货物及劳务”的“本月数”与“即征即退货物及劳务”的“本月数”之和，应等于《增值税纳税申报表附列资料（表一）》第13栏的“小计”中的“应纳税额”。

本年累计数＝本年度各月数据之和。

36）第23栏“应纳税额减征额”。填写纳税人本期按照税法规定减征的增值税应纳税额。

本月数＝按适用税率征收货物及劳务计算的应纳税额减征额＋按适用的征收率征收办法征税货物计算的应纳税减征额。

本年累计数＝本年度各月数据之和。

37）第24栏“应纳税额合计”。填写纳税人本期应缴纳的增值税的合计数。

本月数＝第19栏“应纳税额”＋第21栏“按简易征收办法计算的应纳税额”－第23栏“应纳税额减征额”。

本年累计数＝本年度各月数据之和。

38）第25栏“期初未缴税额（多缴为负数）”。填写上一申报期纳税人申报表中的“期末未缴税额（多缴为负数）”栏数据。

39）第26栏“实收出口开具专用缴款书退税额”。填写纳税人本期实际收到税务机关退回的，因开具《出口货物税收专用缴款书》而多缴的增值税款。

本月数＝“应交税费——未交增值税”明细科目贷方发生额中“收到税务机关退回的多缴增值税款”数据。

本年累计数＝本年度各月数据之和。

40）第27栏“本期已缴税额”。填写纳税人本期实际缴纳的增值税额，但不包括本期入库的查补税款。

本月数＝第28栏“1. 分次预缴税额”＋第29栏“2. 出口开具专用缴款书预缴税额”＋第30栏“3. 本期缴纳上期应纳税额”＋第31栏“4. 本期缴纳欠缴税额”。

本年累计数＝本年度各月数据之和。

41）第28栏“1. 分次预缴税额”。填写纳税人本期分次预缴的增值税额。

本月数＝“应交税费——应交增值税”明细科目借方“已交税金”专栏中分次预缴税额本期发生额＝∑当期预缴本所属期应纳税额。

42）第29栏“2. 出口开具专用缴款书预缴税额”。填写纳税人本期销售出口货物而开具专用缴款书向税务机关预缴的增值税额。

本月数 = “应交税费——应交增值税”明细科目借方“已交税金”专栏中出口开具专用缴款税额本期发生额 = ∑当期开具出口货物专用缴款书预缴税额。

43）第 30 栏“3. 本期缴纳上期应纳税额”。填写纳税人本期上缴上期应缴未缴的增值税款，包括缴纳上期按简易征收办法计算的应缴未缴的增值税额。

本月数 = “应交税费——应交增值税”明细科目借方缴纳上期应纳税额本期发生额。

本年累计数 = 本年度各月数据之和。

44）第 31 栏“4. 本期缴纳欠缴税额”。填写纳税人本期实际缴纳的增值税欠税额，不包括缴纳入库的查补增值税额。

本月数 = “应交税费——未交增值税”科目借方缴纳欠缴税额本期发生额。

本年累计数 = 本年度各月数据之和。

45）第 32 栏“期末未缴税额”。填写纳税人本期期末未缴的增值税额，不包括纳税检查应缴未缴的税额。

本月数 = 第 24 栏“应纳税额合计” + 第 25 栏“期初未缴税额（多缴为负数）” + 第 26 栏“实收出口开具专用缴款书退税额” − 第 27 栏“本期已缴税额”。

本年累计数 = 本月数栏中的数据。

46）第 33 栏“其中：欠缴税额（≥0）”。为纳税人按税法规定已形成欠税的数额。

本月数 = 第 25 栏“期初未缴税额（多缴为负数）” + 第 26 栏“实收出口开具专用缴款书退税额” − 第 27 栏“本期已缴税额”。

47）第 34 栏“本期应补（退）税额”。为纳税人本期应纳税额中应补缴或应退回的数额。

本月数 = 第 24 栏“应纳税额合计” − 第 28 栏“1. 分次预缴税额” − 第 29 栏“2. 出口开具专用缴款书预缴税额” = “应交税费——应交增值税”明细科目“转出未交增值税”或“转出多交增值税”专栏数据。

48）第 35 栏“即征即退实际退税额”。填写纳税人本期符合增值税即征即退优惠政策规定，而实际收到的税务机关返还的增值税额。

本年累计数 = 本月数栏中的数据。

49）第36栏“期初未缴查补税额”。为纳税人上一申报期的“期末未缴查补税额”。

本月数 = “应交税费——未交增值税”明细科目期初余额 - 第25栏“期初未缴税款（多缴为负数）”。

本年累计数 = 纳税人上年度末的“期末未缴查补税额”。

50）第37栏“本期入库查补税额”。填写纳税人因税务、审计、财政部门检查而实际入库的增值税款，包括：按适用税率计算并实际缴纳的查补增值税款、按简易征收办法计算并实际缴纳的查补增值税款。

本月数 = 本月实际缴纳一般货物及劳务按适用税率计算的查补增值税款及按简易征收办法计算的查补增值税款 + 本月实际缴纳即征即退货物及劳务按适用税率计算的查补增值税款及按简易征收办法计算的查补增值税款。

本年累计数 = 本年度各月数据之和。

51）第38栏“期末未缴查补税额”。为纳税人纳税检查本期期末应缴未缴的增值税额。

本月数 = 第16栏“按适用税率计算的纳税检查应补缴税额” + 第22栏“简易征收办法计算的纳税检查应补缴税额” + 第36栏“期初未缴查补税额” - 第37栏“本期入库查补税额” = “应交税费——未交增值税”明细科目期末余额 - 第32栏“期末未缴税额（多缴为负数）”。

本年累计数 = 本月数栏中数据。

说明：上述所列增值税申报主表的填列方法为“一般货物及劳务”部分的具体填写，“即征即退货物及劳务”部分的报表填列，可参照上述方法进行，对于发生检查部门查补的即征即退货物及劳务税款情形的，查补的税款及入库的情况全部相应填写在“一般货物及劳务”的第16栏、第22栏、第36栏及第38栏内。

2. 增值税纳税申报表附表一

《增值税纳税申报表附列资料（表一）》是反映纳税人本期销售资料明细状况的报表。

（1）《增值税纳税申报表附列资料（表一）》的格式。《增值税纳税申报表附列资料（表一）》（以下简称《附表一》），按纳税人销售不同税率货物及劳务的情况和开具发票情况双重角度反映纳税人的销售明细情况。其具体格式如表 15-2 所示。

（2）《增值税纳税申报表附列资料（表一）》的具体填列。

1）"税款所属时间""填表日期""纳税人名称"等栏目的填写与纳税申报表主表的填列方法一致。

2）《附表一》第一大项"一、按适用税率征收增值税货物及劳务的销售额和销项税额明细"和第二大项"二、按简易征收办法征收增值税货物的销售额和应纳税额明细"中的"防伪税控系统开具的增值税专用发票""非防伪税控系统开具的增值税专用发票""开具普通发票""未开具发票"各栏数据均应包括销售退回或折让、视同销售货物、价外费用的销售额和销项税额，但是不应该包括免税货物及劳务的销售额、适用零税率货物及劳务的销售额和出口执行免、抵、退办法的销售额以及税务、财政、审计部门检查并调整的销售额、销项税额或应纳税额。

3）《附表一》第一大项"一、按适用税率征收增值税货物及劳务的销售额和销项税额明细"和第二大项"二、按简易征收办法征收增值税货物的销售额和应纳税额明细"中"纳税检查调整"栏数据应填写纳税人本期因税务、财政、审计部门检查计算调整的应税货物、应税劳务的销售额、销项税额或应纳税额。

4）《附表一》第三大项"三、免征增值税货物及劳务销售额明细"中"防伪税控系统开具的增值税专用发票"栏数据，填写纳税人本期因销售免税货物而使用防伪税控系统开具的增值税专用发票的份数、销售额和税额。

3. 增值税纳税申报表附表二

《增值税纳税申报表附列资料（表二）》是反映纳税人本期进项税额明细资料的列表。

（1）《增值税纳税申报表附列资料（表二）》的格式。《增值税纳税申报表附列资料（表二）》（以下简称《附表二》）反映纳税人按照税法规定，在本纳税申报期内申报抵扣、进项转出等进项税额的具体情况，其具体格式如表 15-3 所示。

表 15-2　增值税纳税申报表附列资料（表一）

（本期销售情况明细）

税款所属时间：2009-08-01 至 2009-08-31

纳税人名称：（公章）深尔有限公司　　填表日期：2009 年 09 月 13 日　　（金额单位：元至角分）

一、按适用税率征收增值税货物及劳务的销售额和销项税额明细

项目	栏次	应税货物						应税劳务			小计		
		17%税率			13%税率								
		份数	销售额	销项税额	份数	销售额	销项税额	份数	销售额	销项税额	份数	销售额	销项税额
防伪税控系统开具的增值税专用发票	1	14	1 369 797.39	232 865.56							14	1 369 797.39	232 865.56
非防伪税控系统开具的增值税专用发票	2												
开具普通发票	3												
未开具发票	4	—			—			—			—		
小计（=1+2+3+4）	5	—	1 369 797.39	232 865.56	—			—			—	1 369 797.39	232 865.56
纳税检查调整	6	—			—			—			—		
合计（=5+6）	7	—	1 369 797.39	232 865.56	—			—			—	1 369 797.39	232 865.56

二、按简易征收办法征收增值税货物的销售额和应纳税额明细

项目	栏次	6%征收率			4%征收率			小计		
		份数	销售额	应纳税额	份数	销售额	应纳税额	份数	销售额	应纳税额
防伪税控系统开具的增值税专用发票	8									
非防伪税控系统开具的增值税专用发票	9									
开具普通发票	10									
未开具发票	11	—			—			—		
小计（=8+9+10+11）	12	—			—			—		
纳税检查调整	13	—			—			—		
合计（=12+13）	14	—			—			—		

三、免征增值税货物及劳务销售额明细

项目	栏次	免税货物			免税劳务			小计		
		份数	销售额	税额	份数	销售额	税额	份数	销售额	税额
防伪税控系统开具的增值税专用发票	15				—	—	—			
开具普通发票	16			—			—			—
未开具发票	17	—		—	—		—	—		—
合计（=15+16+17）	18	—			—		—	—		

表 15-3　增值税纳税申报表附列资料（表二）

（本期进项税额明细）

税款所属时间：2009-08-01 至 2009-08-31

纳税人名称：（公章）深尔有限公司　　填表日期：2009 年 09 月 13 日　（金额单位：元至角分）

一、申报抵扣的进项税额

项　　目	栏次	份数	金额	税额
（一）认证相符的防伪税控增值税专用发票	1	32	673 251.24	91 177.26
其中：本期认证相符且本期申报抵扣	2	32	673 251.24	91 177.26
前期认证相符且本期申报抵扣	3			
（二）非防伪税控增值税专用发票及其他扣税凭证	4			
其中：17%税率	5			
13%税率或扣除率	6			
10%扣除率	7			
7%扣除率	8			
6%征收率	9			
4%征收率	10			
（三）期初已征税款	11	—	—	
当期申报抵扣进项税额合计	12	32	673 251.24	91 177.26

二、进项税额转出额

项　　目	栏次	税额
本期进项税额转出额	13	689.37
其中：免税货物用	14	
非应税项目、集体福利、个人消费用	15	
非正常损失	16	689.37
按简易征收办法征税货物用	17	
免、抵、退税办法出口货物不得抵扣进项税额	18	
纳税检查调减进项税额	19	
未经认证已抵扣的进项税额	20	
	21	

三、待抵扣进项税额

项　　目	栏次	份数	金额	税额
（一）认证相符的防伪税控增值税专用发票	22	—	—	—
期初已认证相符但未申报抵扣	23			

（续）

三、待抵扣进项税额				
项　目	栏次	份数	金额	税额
本期已认证相符且本期未申报抵扣	24			
期末已认证相符但未申报抵扣	25			
其中：按照税法规定不允许抵扣	26			
（二）非防伪税控增值税专用发票及其他扣税凭证	27			
其中：17%税率	28			
13%税率及扣除率	29			
10%扣除率	30			
7%扣除率	31			
6%征收率	32			
4%征收率	33			
	34			
四、其他				
项　目	栏次	份数	金额	税额
本期认证相符的全部防伪税控增值税专用发票	35	32	673 251.24	91 177.26
期初已征税款挂账额	36	—	—	
期初已征税款余额	37	—	—	
代扣代缴税额	38	—	—	

注：第1栏=第2栏+第3栏=第23栏+第35栏-第25栏；第2栏=第35栏-第24栏；第3栏=第23栏+第24栏-第25栏；第4栏等于第5栏~第10栏之和；第12栏=第1栏+第4栏+第11栏；第13栏等于第14栏~第21栏之和；第27栏等于第28栏~第34栏之和。

（2）《增值税纳税申报表附列资料（表二）》的具体填列。

1）“税款所属时间”“填表日期”“纳税人名称”等参照前述内容填写。

2）第1栏“（一）认证相符的防伪税控增值税专用发票”。填写本期申报抵扣的认证相符的防伪增值税专用发票情况。

增值税防伪专用发票自开具之日起180日内需到税务机关认证，并应在认证的当月按增值税有关规定核算当期进项税额和申报抵扣。

其中，份数=认证相符（本申报期内及前期认证）的蓝字发票份数+认证相符（本申报期内及前期认证）的红字发票份数。

金额=认证相符（本申报期内及前期认证）的蓝字发票金额+认证相符（本申报期内及前期认证）的红字发票金额。

第1栏=第2栏+第3栏。

3）第2栏“其中：本期认证相符且本期申报抵扣”。填写本期认证相符本期申报抵扣的防伪税控增值税专用发票情况。

第2栏＝第35栏“本期认证相符的全部防伪税控增值税专用发票”－第24栏“本期已认证相符且本期未申报抵扣”数据。

4）第3栏“前期认证相符且本期申报抵扣”。填写纳税人以前申报期认证相符本期申报抵扣的防伪税控增值税专用发票情况。

第3栏＝第23栏“期初已认证相符但未申报抵扣”＋第24栏“本期已认证相符且本期未申报抵扣”－第25栏“期末已认证相符但未申报抵扣”数据。

5）第4栏“（二）非防伪税控增值税专用发票及其他扣税凭证”。填写纳税人本期申报抵扣的非防伪税控增值税专用发票及其他扣税凭证情况。

第4栏＝第5栏＋第6栏＋第7栏＋第8栏＋第9栏＋第10栏。

6）第5栏～第10栏，分别按各自项目所属的发票类别填写。

7）第11栏“期初已征税款”。填写按照规定比例在本期申报抵扣的期初存货挂账税额。

8）第12栏“当期申报抵扣进项税额合计”＝第1栏＋第4栏＋第11栏。

9）第13栏“本期进项税额转出额”＝第14栏～第21栏之和＝纳税申报表主表第14栏“进项税额转出”一般货物及劳务“本月数”＋主表第14栏“进项税额转出”即征即退货物及劳务“本月数”之和。

10）第14栏“免税货物用”。填写纳税人用于按税法规定免征增值税的购进货物或应税劳务不得从销项中抵扣的进项税额，不包括免、抵、退税办法出口货物不得抵扣的进项税额，其中无法准确划分的，可按照销售额的比例来计算确定。

11）第15栏“非应税项目、集体福利、个人消费用”。

第15栏＝提供非应税劳务用应转出进项税额＋转让无形资产用应转出进项税额＋销售不动产用应转出进项税额＋新建、改建、扩建、修缮、装饰建筑物及其他固定资产在建工程应转出的进项税额＋纳税人用于集体福利和个人消费等项目应转出的进项税额。

12）第16栏“非正常损失”。

第16栏＝非正常损失购进货物＋非正常损失在产品所耗用的购进货

物或应税劳务的不得抵扣的进项税额 + 非正常损失产成品所耗用的购进货物或应税劳务的不得抵扣的进项税额。

13）第 17 栏“按简易征收办法征税货物用”。填写按简易办法计算增值税货物的进项税额。

14）第 18 栏“免、抵、退税办法出口货物不得抵扣进项税额”。

第 18 栏 = 当期《生产企业出口货物免、抵、退税申报汇总表》11a 栏“免、抵、退税不得免征和抵扣税额” + 11c 栏差额数。

15）第 19 栏“纳税检查调减进项税额”。填写税务、审计、财政等部门纳税检查发现的纳税人多抵扣的进项税额。

16）第 23 栏“期初已认证相符但未申报抵扣”。填写以前申报期认证相符，但按照税法规定，暂不予抵扣，结存至本期的防伪税控增值税专用发票。

第 23 栏 = 上期第 25 栏“期末已认证相符但未申报抵扣”数。

17）第 24 栏“本期已认证相符且本期未申报抵扣”。填写本期认证相符，但按照税法规定暂不予抵扣及按照税法规定不允许抵扣，而未申报抵扣的防伪税控增值税专用发票。包括商业企业购进货物未付款、工业企业购进货物未入库、购进个人用消费型固定资产、外贸企业购进供出口的货物以及因退货将抵扣联退还销售方等。

18）第 25 栏“期末已认证相符但未申报抵扣”。填写截至本期期末，按照税法规定暂不予抵扣及按照税法规定不允许抵扣且认证相符的防伪税控增值税专用发票情况。

19）第 26 栏“其中：按照税法规定不允许抵扣”。填写期末已认证相符但未申报抵扣的防伪税控增值税发票中，按照税法规定不允许抵扣，而只能作为出口退税凭证或应列入成本、资产等项目的防伪税控增值税专用发票。包括外贸出口企业用于出口而采购货物的防伪税控增值税专用发票、纳税人购买不可抵扣进项的消费型固定资产及因退货将抵扣联退还给销售方的防伪税控增值税专用发票等。

20）第 35 栏“本期认证相符的全部防伪税控增值税专用发票” = 本期纳税人“认证结果通知书”上注明的有关情况 = 第 2 栏“本期认证相符且本期申报抵扣” + 第 24 栏“本期已认证相符且本期未申报抵扣”数据。

4. 增值税纳税申报表附表三

《增值税纳税申报表附列资料（表三）》（以下简称《附表三》）是填写纳税人本期申报抵扣的防伪税控增值税专用发票抵扣联明细情况的列表，包括认证相符的红字防伪税控增值税专用发票。其具体格式如表15-4所示。

表15-4　增值税纳税申报表附列资料（表三）

（防伪税控增值税专用发票申报抵扣明细）

申报抵扣所属期：2009年08月

纳税人识别号：441900517981320

纳税人名称：（公章）深尔有限公司　　填表日期：2009年09月13日　（金额单位：元至角分）

类别	序号	发票代码	发票号码	开票日期	金额	税额	销货方纳税人识别号	认证日期	备注
本期认证相符且本期申报抵扣	1	4400012345	01234567	2009-6-17	58 140.09	9 883.82	441900123456789	2009-8-25	
	2	4400012346	01234566	2009-7-5	26 852.30	4 564.89	441900123456729	2009-8-25	
	3	4400012347	01234565	2009-7-11	85 224.79	14 488.21	441900123456739	2009-8-25	
		……	……	……	……	……	……	……	……
	小计	—	—	—	673 251.24	91 177.26	—	—	—
前期认证相符且本期申报抵扣									
	小计	—	—	—			—	—	—
	合计	—	—	—	673 251.24	91 177.26	—	—	—

注：1. 本表“金额”“合计”栏数据应与《附列资料（表二）》第1栏中“金额”项数据相等。

2. 本表“税额”“合计”栏数据应与《附列资料（表二）》第1栏中“税额”项数据相等。

《附表三》的“金额”“合计”栏数据应与《附表二》第1栏中的

“金额”项数据相等，其“税额”“合计”栏数据应与《附表二》第 1 栏中的“税额”项数据相等。

5. 增值税纳税申报表附表四

《增值税纳税申报表附列资料（表四)》（以下简称《附表四》）是填写本期纳税人开具的防伪税控增值税专用发票存根联明细情况的列表，包括了作废和红字（负数）防伪税控增值税专用发票。《附表四》的具体格式如表 15-5 所示。

表 15-5 增值税纳税申报表附列资料（表四）

（防伪税控增值税专用发票存根联明细）

申报所属期：2009 年 08 月

纳税人识别号：441900517981320　　填表日期：2009 年 09 月 13 日

纳税人名称：（公章）深尔有限公司　　（金额单位：元至角分）

序号	发票代码	发票号码	开票日期	购货方纳税人识别号	金额	税额	作废标志
1	4400012323	1234567	2009-8-5	330281720123456	82 174. 38	13 969. 64	
2	4400012321	1234565	2009-8-11	330281720123457	92 770. 24	15 770. 94	
3	4400012322	1234566	2009-8-25	330281720123458	18 515. 38	3 147. 61	
	……	……	……	……	……	……	
合计	—	—	—	—	1 369 797. 39	232 865. 56	—

注：1. 本表“金额”“合计”栏数据应等于《附表一》第 1、8、15 栏“小计”“销售额”项数据之和。

2. 本表“税额”“合计”栏数据应等于《附表一》第 1 栏“小计”“销项税额”、第 8 栏“小计”“应纳税额”、第 15 栏“小计”“税额”数据之和。

《附表四》中“作废标志”栏填写纳税人当期作废的防伪税控增值税专用发票情况，以“ * ”作标记，纳税人正常开具的防伪税控增值税专用发票，以空栏予以区别。

《附表四》中“金额”“合计”栏数据（不含作废发票金额）应等于《附表一》第1、8、15栏“小计”“销售额”的各数据之和，《附表四》中“税额”“合计”应等于《附表一》第1栏“小计”“销项税额”、第8栏“小计”“应纳税额”、第15栏“小计”“税额”数据之和。

15.3.5　纳税申报的方法

纳税申报的方法主要有以下几种：

（1）上门申报。纳税人、扣缴义务人、代征人应当在纳税申报期限内到主管国家税务机关办理纳税申报、代扣代缴、代收代缴税款或委托代征税款报告。

（2）邮寄申报。纳税人到主管国家税务机关办理纳税申报有困难的，经主管国家税务机关批准，也可以采取邮寄申报，将纳税申报表及有关纳税资料以邮寄的方式送达税务机关。以邮出地的邮戳日期为实际申报日期。纳税人采取邮寄方式办理纳税申报的，应当使用统一的纳税申报专用信封，并以邮政部门收据作为申报凭据。

（3）网上申报。实行自核自缴，且有网上申报条件的纳税人，经主管国家税务机关批准，可以采取网上申报。将纳税申报表及其有关资料所列的信息通过计算机网络传送给税务机关。

（4）现场申报。对临时取得应税收入以及在市场内从事经营的纳税个人，经主管国家税务机关批准，可以在经营现场口头向主管国家税务机关（人员）申报。

目前使用较多的是网上申报和上门申报的方法。财务决算以及“增值税一般纳税人纳税申报电子信息采集系统”的各项工作做完后，网上报税的，将计算机连接到互联网，进行数据传输，待主管税务局计算机系统处理完毕后即可。上门申报的，带齐相关资料到主管税务局报税窗口进行纳税申报。

15.3.6　缴交税款

税款缴纳，是指纳税人、扣缴义务人依照国家法律、行政法规的规定实现的税款依法通过不同方式缴纳入库的过程。目前很多地方的税款缴交已实现了网上自动划扣，即税务与商业银行等部门利用信息网络技术，实现电子网络互联，通过电子方式，使税款实时直接缴入国库的信息系统管理模式。

实行 ETS（电子缴税入库系统）网上电子报税的企业应办理相关税款电子划扣的审批手续，其步骤如下：

（1）纳税人前往主管税务机关办理审批手续，填写“邮寄（或电子）申报申请审批表”，领取已经盖有税务机关公章和带有“网上报税”标志的“委托银行代划缴税、费协议书”（以下简称协议书）。

（2）纳税人持协议书前往任何一家已加入 ETS 的商业银行办理缴税账户事宜，与之签订委托扣款协议，同意开户银行根据税务机关指令从其指定的缴税账户中扣缴税款。

（3）纳税人回到税务机关，递交盖有银行印章的协议书，待审批通过后，与税务机关签订“网上报税委托划款协议书”，并领取填有“批准文号”的“核准申报纳税方式通知书”。

（4）纳税人在办理完审批手续 2 个工作日后，即可接入互联网，登录到主管税务部门网站，把报税软件及用户手册下载到计算机硬盘上。

（5）纳税人即可用此报税软件按期进行申报。

各地税务机关要求不同，会计人员可根据实际情况办理。

会计人员在完成纳税申报业务后，网上申报的，直接进入到主管税务机关纳税申报的相关界面单击“扣缴税款”按钮即可实时完成税款的缴交；上门申报的，税务人员会进行相关操作，进行税款的扣缴。因此，会计人员在进行纳税申报前应与部门主管及相关人员及时沟通，确保银行扣缴账户中有足够的存款可用以支持企业进行税款的缴纳。

15.3.7 网上申报的具体操作

目前已有很多地区采用了互联网进行申报纳税，减少了纳税人往返于税务部门与企业之间的时间，大大地方便了纳税申报的操作。下面将对网上申报的操作方法进行描述。

符合网上申报条件的纳税人，在进行网上办税注册成功后即可以进行网上报税工作，网上报税目前存在“网络上传纳税申报表进行申报征收”以及“网上录入申报表进行申报征收”两种方式。

1. “网络上传纳税申报表进行申报征收”报税操作流程

第一步：登录纳税人所属税务机关的网站，如图 15-13 所示。

图 15-13　登录税务网站

第二步：输入用户名和密码，进入纳税申报界面，选择所要申报征收的项目，如图 15-14 所示。

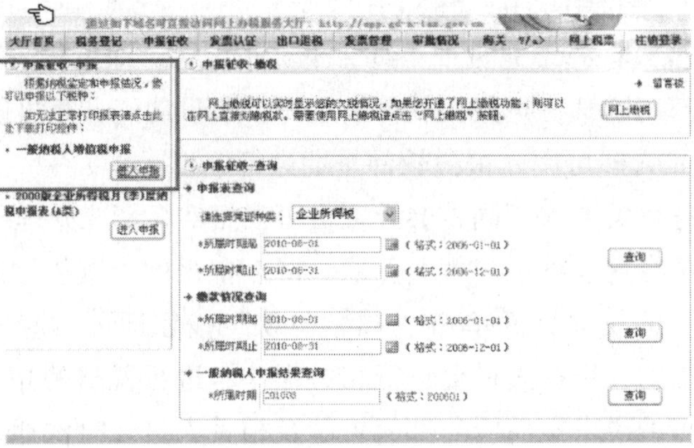

图 15-14　进入纳税申报界面

第三步：根据窗口提示上传申报文件，如图 15-15 所示。

一般纳税人增值税申报征收采取上传申报文件的方式，所上传的文件就是从“企业电子报税系统软件”里生成并审核保存之后的“生成申报文件”。

第四步：核对上传文件信息是否正确，如图 15-16 所示。

第五步：上传申报文件成功，如图 15-17 所示。

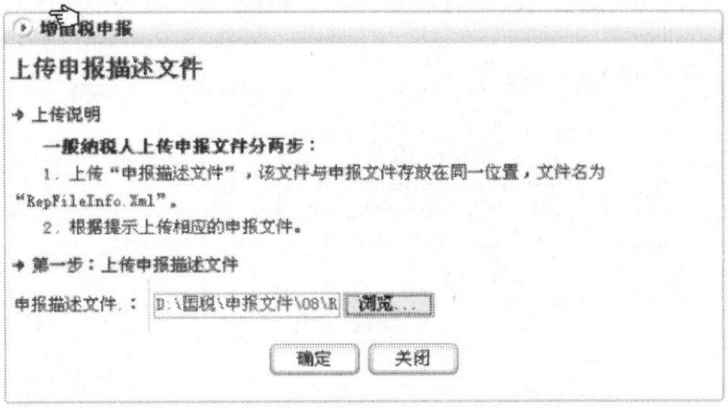

图 15-15 上传申报文件

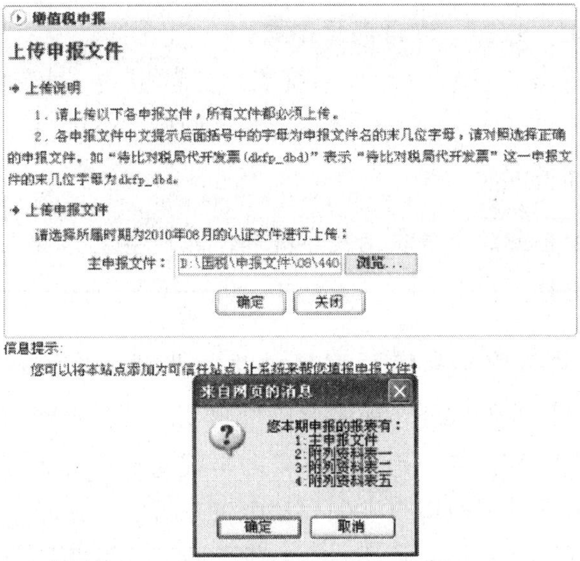

图 15-16 核对上传文件信息

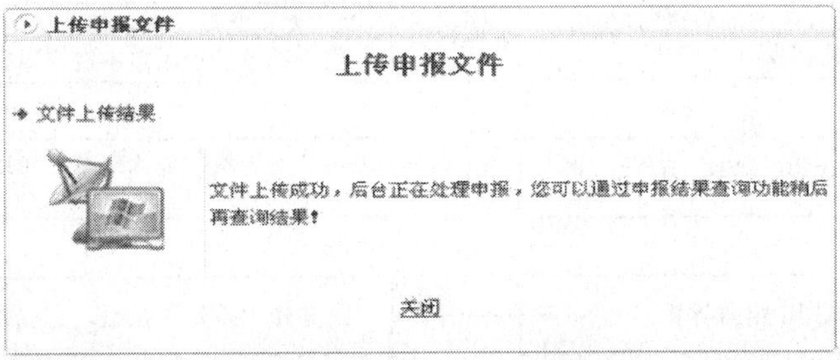

图 15-17 上传申报文件成功

第六步：查询申报结果，确定缴税，如图 15-18 所示。

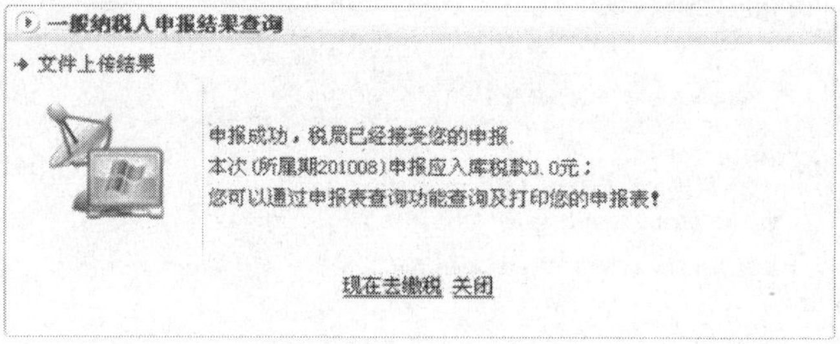

图 15-18 查询申报结果

第七步：单击“现在去缴税”，根据系统弹出的提示询问是否确定继续，单击“确定”按钮，进行银行扣款。

第八步：单击“确定”后，系统提示扣款成功，表示本次已全额扣税，纳税人则完成了本次网上申报纳税缴税操作，可单击“注销登录”按钮，退出网上办税大厅。

说明：一般企业的增值税纳税申报和个人所得税纳税申报采取上传申报文件的方式进行。

2. “网上录入申报表进行申报征收”报税操作流程

纳税人除申报增值税外，还需要进行企业所得税、城市维护建设税等税种的申报，这些税种有的是采取在税务申报网上办税大厅直接录入所需申报税种的内容来进行纳税申报的，其申报及缴款流程如图 15-19 所示。

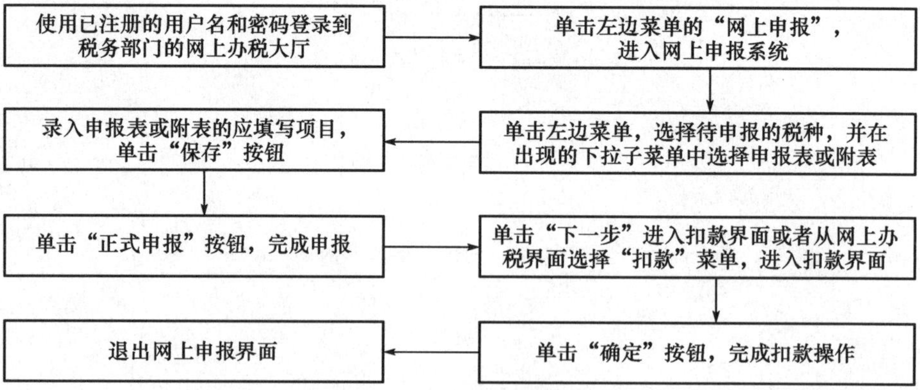

图 15-19 网上录入申报表报税流程图

15.4 其他涉税事项

会计人员在日常工作中往往会面临除纳税申报以外的其他涉税事项，如办理纳税担保、税务代理、纳税争议、工商年检、减免税以及退税等，为了更好地完成会计工作任务，会计人员要熟悉和了解这些事项。

15.4.1 纳税担保的办理

纳税担保，是指经税务机关同意或确认，纳税人或其他自然人、法人、经济组织以保证、抵押、质押的方式，为纳税人应当缴纳的税款及滞纳金提供担保的行为。为他人提供纳税担保的方式有三种，分别是纳税保证、纳税抵押和纳税质押。

（1）纳税保证，是指纳税保证人向税务机关保证，当纳税人未按照税收法律、行政法规规定或者税务机关确定的期限缴清税款、滞纳金时，由纳税保证人按照约定履行缴纳税款及滞纳金的行为。税务机关认可的，保证成立；税务机关不认可的，保证不成立。

（2）纳税抵押，是指纳税人或纳税担保人不转移对所拥有的未作抵押的动产和不动产的占有，将该财产作为税款及滞纳金的担保。纳税人逾期未缴清税款及滞纳金的，税务机关有权依法处置该财产以抵缴税款及滞纳金。

（3）纳税质押，是指经税务机关同意，纳税人或纳税担保人将其动产或权利凭证移交税务机关占有，将该动产或权利凭证作为税款及滞纳金的担保。纳税人逾期未缴清税款及滞纳金的，税务机关有权依法处置该动产或权利凭证以抵缴税款及滞纳金。纳税质押分为动产质押和权利质押。

纳税担保人，是指在中国境内具有纳税担保能力的公民、法人或其他经济组织，国家机关不得作为纳税担保人。法律、行政法规规定的没有担保资格的单位和个人，也不得作为纳税担保人。纳税担保人同意为纳税人提供纳税担保时，应填写《纳税担保书》《纳税担保财产清单》以及有关部门出具的抵押登记的证明及其复印件，写明担保对象、担保范围、担保期限、担保财产的价值和担保责任以及其他有关事项。将上述资料递交当地主管税务部门受理审批。纳税担保清单须经纳税人、纳税担保人和主管税务机关签字盖章后方为有效。

15.4.2 纳税争议的处理

纳税争议，是指纳税人、扣缴义务人、纳税担保人对税务机关、海关等部门确定纳税主体、征税对象、征税范围、减税、免税及退税、适用税率、计税依据、纳税环节、纳税期限、纳税地点以及税款征收方式等具体行政行为有异议而发生的争议。

发生纳税争议时，纳税人、扣缴义务人和纳税担保人必须先依照税务机关的纳税决定缴纳税款及滞纳金，或者提供相应的担保，然后通过法律救济途径解决，主要有税务行政复议和税务行政诉讼。

税务行政复议是我国行政复议制度的一个重要组成部分。它是指当事人（纳税人、扣缴义务人、纳税担保人及其他当事人）不服税务机关或海关等部门的具体行政行为，依法向上一级税务行政复议机关提出要求对原税务机关具体行政行为依法作出维持、变更、撤销等决定的活动。税务行政复议机关应根据申请人的申请，对原处理决定进行重新审定，并依法根据不同的情况作出维持、变更或撤销原决定的法律制度。

税务行政诉讼，是指公民、法人和其他组织认为税务机关及其工作人员的税务具体行政行为侵犯了其合法权益，依法向人民法院提起行政诉讼，由人民法院对税务具体行政行为的合法性和适当性进行审理并作出裁判的司法活动。目的是保证人民法院正确、及时地审理税务行政案件，保护纳税人、扣缴义务人等当事人的合法权益，维护和监督税务机关依法行使行政职权。

纳税人、扣缴义务人和纳税担保人应先就纳税争议申请行政复议，对行政复议决定不服的，才可以依法向人民法院起诉。

15.4.3 税务代理的具体操作

税务代理，是指代理人接受纳税主体的委托，在法定的代理范围内依法代其办理相关税务事宜的行为。税务代理的各项行为包括：①办理税务登记、变更税务登记和注销税务登记；②办理发票准购手续；③办理纳税申报或扣缴税款报告；④申请减税、免税、退税、补税和延期缴税；⑤制作涉税文书；⑥审查纳税情况；⑦建账建制、办理账务；⑧开展税务咨询、税务业务培训；⑨受聘税务顾问；⑩申请税务行政复议或税务行政诉讼，以及税务机关规定的其他业务。

在日常工作中常见的税务代理有各种中介服务机构，如会计师事务所、税务师事务所等，在税务代理时必须严格遵循依法代理、客观公正、自愿有偿等原则。纳税人、扣缴义务人可以根据需要委托税务代理人进行全面代理、单项代理或临时代理、常年代理等。

税务代理可以分为以下三个阶段：

（1）准备阶段：纳税人、扣缴义务人向税务代理机构提出税务代理时，税务代理机构对要求代理的企业或单位的有关情况进行调查，以此确定是否接受该项代理业务。双方在协商一致后应签订委托代理协议书，约定代理内容、代理权限和代理期限。税务代理机构在受理某项代理业务后，应确定税务代理风险，编制税务代理计划、安排实施代理工作。

（2）实施阶段：税务代理机构按照代理计划，根据委托代理协议书约定的代理事项、权限和期限开展日常工作，是税务代理全过程的中心环节。

（3）代理完成阶段：代理业务结束，税务代理机构应整理代理业务工作底稿，编制有关表格，并将有关资料存档备查。

15.4.4 工商年检的步骤

工商年检，是指工商行政管理机关依法按年度对企业进行检查，确认企业继续经营资格的法定制度。根据国家工商行政管理总局《关于加强和改进企业年度检验工作的通知》（工商企字〔2007〕33 号）及《外国企业常驻代表机构登记管理条例》《个体工商户条例》和《个体工商户验照办法》有关规定，内资企业及外资代表处、个体工商户均参加年度工商年检审核。

目前，大部分地区工商年检采用网上年检的方法。网上年检，是指登记机关和企业之间利用工商局网络平台的“网上年检”功能，在线完成企业年检材料填报、审查办理的年检方式。

工商年检的时间一般为每年的3～6月，年检步骤如下：

第一步：填写“工商企业企业数字证书申请表”，前往工商局申领企业数字证书。

第二步：登录各所在地主管工商局电子网站。

第三步：进行网上注册：进入网上办事→进入网上年检→进入年检申请→进行企业注册（数字证书登录）→进入到年检系统页面。

第四步：年检资料录入，办事人员应根据界面提示，对各种报表进行数据填列，填写完整并检查无误后确认提交。

第五步：查看预受理信息，在进行资料提交后，企业应注意上网登录查看，预受理成功的即可以打印年检表格，企业盖章并由相关办事人员签字。

第六步：递交书面年检材料。根据各地工商局年检的要求，到指定地点递交书面年检材料，办理年检手续。所有资料经核对无误后，工商人员应当场予以通过，加盖年检戳记，完成年检。

各地工商局要求提供的资料和年检的步骤略有不同，企业应根据具体情况按要求进行。

15.4.5　减免税及出口退税的办理

1. 减免税的办理

减免税政策是为了解决按税制规定的税率征税时所不能解决的具体问题而采取的一种措施，是国家对符合条件的企业、单位和个人实施的一项税收优惠政策。符合条件能够享受减免税的纳税人应该根据国家的税收法规，在规定的时间内，向主管税务机关提出申请，办理减免税。

减免税办理程序如下：

（1）纳税人准备相关资料，前往主管税务部门进行申请。

纳税人应准备的资料有：①税务登记证副本原件及复印件；②目前的生产经营状况说明；③申请减免税的报告（列明申请的理由）；④提供与减免税条件相符的情况和数据；⑤申请减免税的税种、起止时间及减免的数额。

（2）纳税人携带上述资料到主管税务机关领取“减免税申请表”一式三份，按规定真实填写完整后，连同有关证明资料一起递交至税务受理窗口。

（3）主管税务机关对纳税人的“减免税申请表”及有关证明、资料进行调查核实，提出初审意见，并根据局长或主管副局长审批意见，属审批权限范围内的，无论同意与否均拟文答复纳税人。属权限范围外的，应填写“减免税呈批表”报市级税务局审批。经市级税务局审批同意减免税的，由征收机关将“减免税申请表”和同意减免税的批复文件送纳税人一份。经同意减免税的企业，在减免税期间也应向主管征收机关办理纳税申报。其内容应包括应纳税额、减免税额、实际应缴税额及经营收入等情况。

各地的税务机关对减免税申报的程序和所要求提供的资料有所不同，会计人员应以当地主管税务机关的要求为准。

2. 出口退税的办理

纳税人在出现以下情况时可以向主管税务机关申请退税：

（1）再投资退税，是指对特定投资者的再投资所得给予部分或全部退还的一种税收优惠，一般适用于企业所得税。这是针对外商投资企业的外国投资者来说的，如果投资者将其所在企业取得的利润在提取前直接用于增加注册资本，或者在提取后直接用于投资开办其他外商投资企业，则可申请再投资退税。

（2）汇算清缴退税，纳税人缴纳的企业所得税，按年汇总计算，分季度进行预缴，在次年年初进行上年度年终汇算清缴，针对多缴的税款应申请退税。

（3）误征退税，是指纳税人自结算缴纳税款之日起 3 年内发现有多缴税款的，可以申请退税。

办理退税的手续如下：

（1）再投资退税。外国投资者应自其再投资资金实际投入之日起 1 年内申请退税。

第一步：纳税人领取并填写“退税（抵税）申请审批表”，连同以下资料递交至主管税务部门：①外商投资者确认其用于再投资利润所属年度的证明（不能提供的，由当地税务机关采用合理的方法推算确定）；②载明外国投资者投资金额、投资期限的增资或出资证明；③外国投资者在我国境内直接再投资举办、扩建产品出口企业或者先进技术企业的，应提供相关审核确认部门出具的确认举办、扩建的企业为产品出口或先进技术企业的证明；④已缴纳税款的凭证原件和复印件。

第二步：主管税务机关收取纳税人提供的所有资料，并与纳税人的已缴税款记录等审核无误后予以受理，填写受理回执后，留取已加盖“经审核与原件无误”的各资料复印件后，按税务机关的审批流程进行审批。经审批同意退还（抵）税的，主管税务机关将批复文件传递给纳税人。

（2）汇算清缴退税。

第一步：纳税人向主管税务机关递交会计决算报表、所得税预缴申报表和年终申报表等相关资料申请退税。

第二步：主管税务机关的相关部门就纳税人的企业所得税缴纳情况进行审核，汇算清退，对情况无误的交由相关部门或领导核准。

（3）误征退税。

第一步：纳税人提交以下资料至主管税务局申请退税：①误征税款所属期纳税申报资料和完税证明；②误征税款所属期企业财务资料；③误征退税申报；④税务机关要求提供的其他有关资料。

第二步：当地税务机关核准。

15.4.6 企业往年补亏退税的处理

企业弥补亏损的方式有以下三种：

（1）企业发生亏损，可以用次年度的税前利润弥补，次年度利润不足弥补的，可以在5年内延续弥补。

（2）企业发生的亏损，5年内的税前利润不足弥补时，用税后利润弥补。

（3）企业发生的亏损，可以用盈余公积金弥补。

纳税人弥补以前年度亏损的，可在纳税申报时（包括预缴申报和年度申报）自行计算并弥补以前年度符合条件亏损。以税前利润或税后利润弥补亏损，均不需要进行专门的账务处理。在企业亏损弥补年限内，如果企业由于自身的原因，造成未用某一年度的应纳税所得弥补以前年度亏损，造成多缴税款的，可申请退税或者在下一年度内抵缴。实际操作中，多缴税款往往是按预缴款作为下一年度的税款抵扣，而不做退税，会计人员应根据当地主管税务部门的具体情况按要求进行操作。

15.5 常见问题点拨

报税及纳税工作是税务会计人员每月必须进行的工作，在税务会计处理及申报纳税的过程中经常会遇到很多问题，本节将对日常报税工作中部分常见问题简要叙述，希望对读者有所帮助。

常见涉税问题及解答如下：

（1）问：如何确定固定资产的折旧年限？

答：根据我国《企业所得税法实施条例》第六十条的规定，除国务院财政、税务主管部门另有规定外，固定资产计算折旧的最低年限如下：①房屋、建筑物，为 20 年；②火车、轮船、机器、飞机、机械和其他生产设备，为 10 年；③与生产经营活动有关的器具、工具、家具等，为 5 年；④飞机、火车、轮船以外的运输工具，为 4 年；⑤电子设备，为 3 年。

（2）问：业务招待费的开支限额是多少？

答：我国《企业所得税法》第八条规定，企业实际发生的与取得收入有关的、合理的支出，包括成本、费用、税金、损失和其他支出，准予在计算应纳税所得额时扣除。我国《企业所得税法实施条例》第四十三条规定，企业发生的与生产经营活动有关的业务招待费支出，按照发生额的 60% 扣除，但最高不得超过当年销售（营业）收入的 5‰。即业务招待费的税前扣除应同时满足以上规定。

另根据《国家税务总局关于〈中华人民共和国企业所得税年度纳税申报表〉的补充通知》（国税函〔2008〕1081 号）附件中附表一（1）《收入明细表》填报说明的规定，“销售（营业）收入合计”填报纳税人根据国家统一会计制度确认的主营业务收入、其他业务收入，以及根据税收规定确认的视同销售收入，该行数据作为计算业务招待费、广告费和业务宣传费支出扣除限额的计算基数。因此，业务招待费税前扣除限额的计算基数，应以税法口径下的收入为准，包括主营业务收入、其他业务收入以及根据税收规定确认的视同销售收入，但不包括营业外收入。

（3）问：企业人员出国出差，在国外支付的费用无法取得国内发票的，是否可以作为所得税税前扣除？

答：企业实际发生的与取得收入有关的、合理的支出，包括成本、费用、税金、损失和其他支出，准予在计算应纳税所得额时扣除。对于单位和个人从中华人民共和国境外取得的与纳税有关的收付款凭证，可以税前扣除。但若税务机关在纳税审查时有疑义的，可以要求其提供境外公证机构或者注册会计师的确认证明，经税务机关审核认可后，作为税前扣除的凭证。

（4）问：申请一般纳税人应符合什么条件？

答：我国《增值税暂行条例》第十三条规定：“小规模纳税人会计核算健全，能够提供准确税务资料的，可以向主管税务机关申请资格认定，不作为小规模纳税人，依照本条例有关规定计算应纳税额。”

《增值税一般纳税人资格认定管理办法》（国家税务总局令第22号）第三至五条规定如下：

1）对于年应税销售额超过财政部、国家税务总局规定的小规模纳税人标准的增值税纳税人，除本办法第五条规定外，应当向主管税务机关申请一般纳税人资格认定。年应税销售额，是指纳税人在连续不超过12个月的经营期内累计应征增值税销售额，包括免税销售额。

2）对于年应税销售额未超过财政部、国家税务总局规定的小规模纳税人标准以及新开业的纳税人，可以向主管税务机关申请一般纳税人资格认定。对提出申请并且同时符合下列条件的纳税人，主管税务机关应当为其办理一般纳税人资格认定：①有固定的生产经营场所；②能够按照国家统一的会计制度规定设置账簿，根据合法、有效凭证核算，能够提供准确税务资料。

3）下列纳税人不办理一般纳税人资格认定：①个体工商户以外的其他个人；②选择按照小规模纳税人纳税的非企业性单位；③选择按照小规模纳税人纳税的不经常发生应税行为的企业。

（5）问：纳税人当期没有发生应税行为，是否要进行纳税申报？

答：我国《税收征收管理法》中规定，纳税人必须依照法律、行政法规规定或者税务机关依照法律、行政法规的规定确定的申报期限、申报内容如实办理纳税申报，报送纳税申报表、会计报表以及税务机关根据实际需要要求纳税人报送的其他纳税资料。因此，纳税人在纳税期限内，无论有没有应税收入和所得，均应按照税务机关规定的期限进行申报纳税，也就是所谓的“零申报”。

（6）问：纳税人购入的轿车、小汽车等是否可以抵扣进项税？

答：目前，购进应征消费税的小汽车自用的，一律不得抵扣进项税。2009 年开始实施的《增值税暂行条例实施细则》第二十五条明确，纳税人自用的应征消费税的摩托车、汽车、游艇，其进项税额不得从销项税额中抵扣。

（7）问：企业视同销售的行为有哪些？

答：根据我国《增值税暂行条例实施细则》第四条的规定，单位或者个体工商户的下列行为，视同销售货物：①将货物交付其他单位或者个人代销；②销售代销货物；③设有两个以上机构并实行统一核算的纳税人，将货物从一个机构移送其他机构用于销售，但相关机构设在同一县（市）的除外；④将自产或者委托加工的货物用于非增值税应税项目；⑤将自产、委托加工的货物用于集体福利或者个人消费；⑥将自产、委托加工或者购进的货物作为投资，提供给其他单位或者个体工商户；⑦将自产、委托加工或者购进的货物分配给股东或者投资者；⑧将自产、委托加工或者购进的货物无偿赠送其他单位或者个人。

（8）问：企业生产经营中，有哪些进项税额不得抵扣？

答：根据我国《增值税暂行条例》第十条的规定，下列项目的进项税额不得从销项税额中抵扣：①用于非增值税应税项目、免征增值税项目、集体福利或者个人消费的购进货物或者应税劳务；②非正常损失的购进货物及相关的应税劳务；③非正常损失的在产品、产成品所耗用的购进货物或者应税劳务；④国务院财政、税务主管部门规定的纳税人自用消费品。

（9）问：什么情况下，企业可以申请延期缴纳税款？

答：《税收征收管理法》第三十一条规定，纳税人、扣缴义务人按照法律、行政法规规定或者税务机关依照法律、行政法规的规定确定的期限，缴纳或者解缴税款。

纳税人因有特殊困难，不能按期缴纳税款的，经省、自治区、直辖市国家税务局、地方税务局批准，可以延期缴纳税款，但是最长不得超过 3 个月。

根据我国《税收征收管理法实施细则》第四十一条规定，纳税人有下列情形之一的，属于《税收征收管理法》第三十一条所称特殊困难：①因不可抗力，导致纳税人发生较大损失，正常生产经营活动受到较大影响的；②当期货币资金在扣除应付职工工资、社会保险费后，不足以缴纳税款的。

（10）问：运输发票抵扣联是否要盖发票章？

答：根据《国家税务总局关于使用新版公路、内河货物运输业统一发票有关问题的通知》（国税发〔2006〕67号），为了加强公路、内河货物运输行业的税收管理，适应使用税控器具开具发票的需要，国家税务总局决定从2006年8月1日起，统一使用新版《公路、内河货物运输业统一发票》。该文件第五条开具《货运发票》的要求规定：开具《货运发票》时应在发票联左下角加盖财务印章或发票专用章或代开发票专用章，抵扣联一律不加盖印章。

第 16 章 会计电算化

会计电算化是以电子计算机为主体的信息技术在会计工作中的应用，简单地说，就是用计算机代替手工核算。它实现了数据处理的自动化，使传统的手工会计信息系统发展演变为电算化会计信息系统。随着各种财务软件的应运而生，以及 ERP（企业资源计划）在各大型企业的应用，电子信息化带来的不仅仅是核算速度的提高和数据的精准，更多的是推动企业在信息化的平台上进行数字化的科学管理，将财务从原来的以核算为主推进到以管理为中心的层面。

16.1 会计电算化基本知识

16.1.1 会计电算化的概念

狭义的会计电算化，是指以电子计算机为主体的电子信息技术在会计工作中的应用，包括利用计算机完成记账、算账和报账，以及对会计信息的分析、预测和决策。但是随着会计电算化的普遍运用，我们应该从更广义的层面理解这一概念，也就是会计电算化是指与现实会计工作电算化有关的所有工作，包括会计电算化软件的开发和应用、会计电算化人才的培训、会计电算化的宏观规划、会计电算化制度的建设，以及会计电算化软件市场的培育和发展等。

会计电算化的内容包括会计核算电算化和会计管理电算化两个方面。

会计核算电算化，主要是运用计算机代替手工记账、算账、报账这一过程，是会计电算化的初级阶段。这一阶段的主要工作内容包括：设置会计科目、填制会计凭证、登记会计账簿、成本核算、编制会计报表的电算化等。

会计管理电算化，是指在会计核算电算化的基础上，利用会计核算提供的数据和其他有关信息，借助计算机会计管理软件提供的功能和信息，帮助财务人员合理地筹措和运用资金、节约生产成本和经费开支、提高经济效益的过程。其主要任务是进行会计预测、编制财务计划、进行财务控制和开展会计分析。会计管理电算化的内容分为：资金管理电算化、成本管理电算化和收入与利润分配管理电算化。

16.1.2 会计电算化和管理信息化的发展

会计电算化的发展经历了一个从简单到复杂、从局部到全面的过程。了解会计电算化的发展过程，有助于让大家更深刻地理解会计电算化是如何与现代企业会计的发展紧密相随的，以及作为一名现代的会计人员又应如何利用会计电算化，充分运用自己的财务知识和理念。

下面以发展简表的方式，讲述我国会计电算化和管理信息化的发展历程，如表 16-1 所示。

表 16-1 会计电算化和管理信息化的发展简表

时 间	主要阶段	阶段特征
1988 ~ 1994 年	会计核算信息化阶段	计算机代替手工记账、算账的任务，提高工作效率。主要应用的项目有：账务处理、报表、工资核算和固定资产核算等
1995 ~ 1998 年	财务管理信息化阶段	利用现有计算机化的数据，实现财务分析、应收应付账款管理、成本管理、预算管理等工作，完成计算复杂或速度慢的工作
1999 年开始	一体化企业管理信息化阶段	对企业的资金流、物流和信息流进行一体化、集成化管理，软件功能上包括财务管理、固定资产管理、采购管理、销售管理、存货管理，还包括了对成本的控制及对人力资源的管理

（续）

时　间	主要阶段	阶段特征
2002 年开始	全面企业管理信息化（ERP）阶段	企业内部管理全面采用信息化的手段，采用整合应用的方法，在财务管理、销售管理、采购管理、库存管理、生产管理、人力资源管理等方面应用 ERP 软件，实现企业各个部门的信息资源共享，最大限度地降低单个企业的经营成本，提高管理效率
2006 年开始	企业间管理信息化阶段	这个阶段的主要特点就是企业供应链的信息化，实现企业上下游的紧密配合，可以更明显地提高经营管理的水平，降低交易成本
2008 年开始	社会信息化阶段	社会信息化是电子商务和电子政务的普遍应用阶段，其特点是建立在互联网的基础上，通过互联网将各个 ERP 和其他企业管理系统有机地联系起来，全面完成企业间的商务工作

16.1.3　会计电算化的管理体制

会计电算化的普遍应用，给会计的数据处理带来了巨大的变革，同时也对传统的财务会计的管理工作提出了新的要求。要使会计电算化工作走上科学化、规范化的轨道，就必须从宏观和微观两个方面对其进行科学的管理。总体来说，会计电算化工作的管理包括国家的宏观管理和企事业单位计算机系统的微观管理两个方面。

会计电算化工作的宏观管理，就是各级财政部门和各级业务主管部门对全国和本地区会计电算化工作实行的综合管理。宏观管理的基本任务有：

（1）制定会计电算化发展规划并组织实施。

（2）加强会计软件电算化管理制度建设，对会计核算软件及生成的会计资料是否符合国家统一的会计制度情况进行监督。

（3）加强会计软件电算化管理制度建设。

（4）加强会计电算化的组织和领导，引导基层单位逐步实现会计电算化，提高会计工作水平。

（5）组织和管理电算化人才培训工作。这里需要大家注意的是，会计电算化考试是取得会计从业资格证的必考科目。

会计电算化微观管理，就是企业内部开展会计电算化的主要工作内容。主要包括：会计电算化岗位责任制、会计电算化操作管理制度、计算机软硬件和数据管理制度、会计电算化会计档案管理制度等。

16.2 会计电算化岗位职责

实行会计电算化后，会计人员的分工和职能有所变化，正确组织会计电算化工作，对于完成会计任务、发挥会计在企业管理中的作用，具有重要的意义。《会计电算化工作规范》中提出了建立会计电算化岗位责任制的原则："实行会计电算化的单位，要建立会计电算化岗位责任制，要明确每个工作岗位的职责范围，切实做到事事有人管，人人有专责，办事有要求，工作有检查。"需要明确的是，电算化总的职能未变，计算机来完成会计数据处理工作，收集会计信息，参与经营管理与经营决策成为会计的主要工作。

16.2.1 会计电算化工作组织的要求

电算化会计系统是一个人机系统，在建设会计电算化工作组织时应满足如下要求：

（1）结合企业自身特点。会计电算化对财务流程的要求提高了，如果企业的财务流程不够清晰、简洁，会计人员在收集会计信息时就会滞后，影响工作效率。因此，企业要结合本单位的业务特点和规模大小等情况，制定适合自己的电算化模式。

（2）会计机构的设置、人员的配备，力求精简、合理、节约人力、降低费用。

（3）会计业务人员和会计电算化人员的配备要合理，分工也要明确、合理，以起到办公最优化的效果。

16.2.2 会计电算化后会计部门的组织形式

企业应根据自身实际情况来组织和设置会计电算化部门。大中型企事业单位一般都有信息中心或网络中心，因此在进行会计电算化工作的组织时要统一考虑。在组织过程中，应注意两个问题：一是如何处理会计部门与信息中心的关系；二是怎样处理会计部门内部的关系。

一般情况下，根据企业的不同情况，有四种组织形式可供选择：

1. 信息中心与会计部门并列的组织形式

这种组织形式下，信息中心与会计部门都是独立的部门，行政上是同级别的，会计电算化工作仅是单位计算机应用的一项重要内容。这种形式适合大型企业，业务量大，信息处理复杂。具体结构如图 16-1 所示。

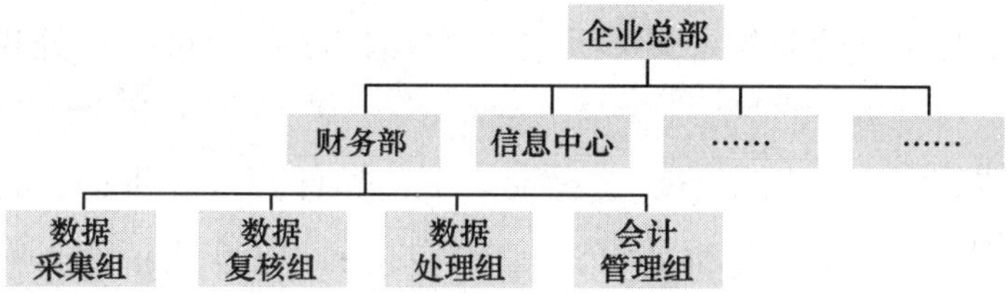

图 16-1　信息中心与会计部门并列的组织形式

（1）各部门的主要职能和特点。信息中心主要负责电算化会计系统的开发与维护，当然也负责公司其他信息系统的开发和维护；会计部门一般设有终端，负责电算化会计系统软件的使用及简单的日常维护。如果会计部门的核算工作基本上由计算机来处理，可以将财务部的内部组织形式进行调整，设置数据采集组、数据复核组、数据处理组、会计管理组等。

（2）该组织形式的优点。有利于单位计算机应用统一规划和管理。这种组织形式下，信息中心作为专门的机构负责计算机的应用工作，可按单位的总体要求组织计算机的应用工作，企业内部信息资源得以共享，有利于信息的充分利用，消除信息孤岛。

（3）该组织形式的缺点及应注意的问题。两个部门负责电算化工作，工作协调有时会比较困难，这就需要管理者明确各部门的责任，尽量避免人为造成的摩擦，提高工作效率。

2. 信息中心直属会计部门的组织形式

这种形式下，信息中心设在会计部门，由会计部门统一领导，相当于下设一个组，但信息中心也要完成本单位的其他一些相关工作。这种形式适用于单位较小，或没有必要建立信息中心的情况。具体结构如图 16-2 所示。

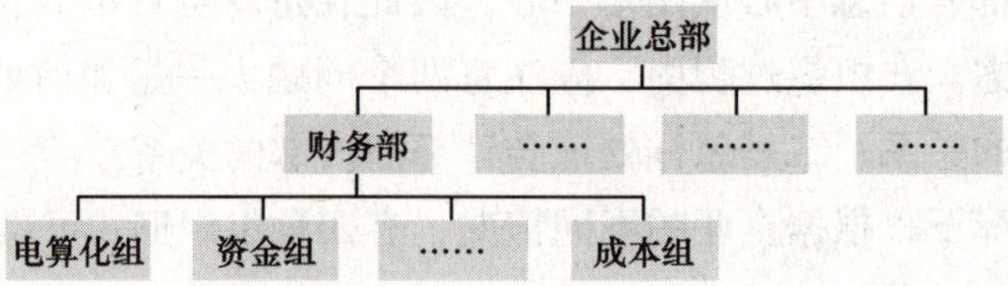

图 16-2 信息中心直属会计部门的组织形式

（1）各部门的主要职能和特点。这种形式下，会计电算化就是信息中心的主要工作，软件开发、维护人员根据会计部门的需要开发项目。同时，信息中心以系统开发小组的形式出现，与其他的业务组平级，这个小组负责会计电算化的规划、开发工作，数据的准备、录入、处理由其他业务组负责。

（2）该组织形式的优点。这种形式下，软件开发和维护人员与会计人员在同一个部门，便于互相学习，共同搞好会计电算化工作。有利于会计电算化工作的组织协调；按照会计部门的需要开发项目，开发的软件实用性强，投资少、见效快；能调动会计部门的积极性。

（3）该组织形式的缺点及应注意的问题。因为这种形式下，信息中心的人直属会计部门，所以不便于信息中心与其他部门的沟通，不能满足单位的总体信息要求，不利于整个单位的计算机的应用和充分发挥计算机的优势。需要财务管理人员有统筹的大局观，要明白整个信息系统的整合利用，有利于财务数据的收集和财务流程的完善，这种方式一般在初期以会计电算化作为信息化的试点时才采用。

3. 信息中心和会计部门电算化组同时存在的形式

这种组织形式下，单位设有独立的信息中心，在会计部门也设有会计电算化组。由会计电算化组长期从事会计软件的二次开发并与其他系统协调。这也可以说是第二种形式的一个发展。

（1）各部门的主要职能和特点。这种形式下，信息中心根据会计部门的工作需要开展工作，软件开发期间，信息中心的人在电算化组长的带领下，集中开发适合自己的应用模块，系统开发完成并正常运行后，主要就是日常的维护，这时信息中心的人员就可以承接本单位的其他项目了，也就是完成集中性的开发和其他系统的协调工作。

（2）该组织形式的优点。这种形式下，会计电算化组在会计部门，长期从事这项工作，能成为既懂计算机又懂会计的复合型人才。会计软件实用性强，投资少见效快。同时，信息中心参加了会计电算化的工作，能从总体上考虑好与公司其他系统的关系，在代码、接口和应用规范上实施统一的标准，避免了系统协调性差的缺点，可大大提高效率，降低成本。另外，信息中心的人员可根据公司发展需要和会计电算化开发程度，进行灵活调配，大大地节约了公司的人力成本。该形式综合了两方面的优点，使本单位人、财、物都得到充分利用，是一种较理想的形式，凡大中型企事业单位和有条件的单位都应过渡到这种形式。

4. 没有独立的信息中心的组织形式

这种形式主要在一些小型企业采用，单位没有独立的信息中心，主要是外购会计软件，然后聘请开发单位的人员帮助建立和维护电算化系统。

这种形式的优缺点一目了然，一方面采用这种方式，可以轻松、容易地解决会计工作的难点，但是另一方面也很难有企业自身的特点。

以上四种形式，仅供参考，各公司要根据自己的特点和实际情况，采用灵活的方式，目的都是一致的，就是在节约成本的前提下实现效益的最大化。

16.2.3 会计电算化人员的管理

随着会计电算化后组织结构的变化，单位对会计电算化人员的管理也变得日益重要。明确会计电算化各岗位的职责，使各工作岗位既分工合作又相互监督，这样会计电算化才能有效地发挥作用。

会计电算化岗位的设置除了要考虑会计人员的工作规则外，还要受单位电算化系统模式、规模的制约。企业应根据自己的规模大小和实际情况设置具体的岗位，具体来说，比较完善的会计电算化系统常设岗位有以下几种：

（1）系统管理员。系统管理员一般由具备条件的会计部门的负责人担任，也可指定专人担任，他必须精通本单位的财务和会计业务，应有一定的计算机知识，并熟悉本单位系统的使用与维护。系统管理员的主要工作职责有：①负责整个系统的运行；②协调系统各类人员之间的工作关系；

③负责规定各使用人员的权限等级等。系统管理员可由会计主管兼任。采用中小型计算机和计算机网络会计软件的单位，须设立此岗位。

（2）业务操作员。业务操作员须由熟悉会计和计算机两类业务的人员担任，能熟悉单位系统的使用，并能熟练地录入所需数据。该岗位的主要工作职责有：①负责本职业务的录入、处理与输出，当日数据当日登录并打印当日账表；②月底汇总系统所有明细分类账、总分类账和会计报表，并自动转账等。

（3）数据复核员。数据复核员主要对录入数据和输出数据的正确性进行审核。一般由符合条件的会计人员担任即可。该岗位的主要工作职责有：①对不真实、不合法、不完整、不规范的凭证进行审核后，退还有关人员进行更正、补齐后再审核；②对不符合要求的凭证和不正确的输出账表不予签章确认等。

（4）系统维护员。系统维护员负责系统运行的管理与维护，能熟练地编制程序，了解所用软件的结构，并有一定的会计知识。该岗位的主要工作职责有：①系统的安装和调试；②定期检查和维护软、硬件设备的运行情况；③消除系统运行过程中的故障等。

（5）档案管理员。档案管理员主要负责各类数据的保管，一般由具有计算机常识的人担任即可。该岗位的主要工作职责有：①保管好各类开发文档、数据软盘、系统软盘等电子文件，以及各类账表、凭证、资料的电子备份和存档；②保管好上述各类电子文档的纸质档案等。

（6）财务分析管理员。财务分析管理员主要是利用计算机系统提供的各类会计信息，对企业的经营状况进行分析，为领导提供各类决策信息和参考方案等。该岗位的主要工作职责有：①定期按照企业领导的要求编制需要的各类报表；②通过风险分析等方法，提出改进或建设性的建议等。

16.3 会计软件

会计软件以会计理论和方法为核心，以会计制度为依据，以计算机和通信技术为基础，以会计数据为处理对象，以提供会计信息为目标。会计软件是电算化会计信息系统的核心，也就是通常所说的财务软件。

16.3.1　会计软件的分类

发展至今，会计软件的种类和数量非常之多，根据不同的标准可以对会计软件进行分类。

（1）按照会计软件的适用范围，可分为通用会计软件和专用会计软件。

通用会计软件，顾名思义就是能被广泛应用的会计软件，是指由专业软件公司开发研制且在市场上公开销售，能适应不同行业、不同企业会计核算与管理基本需要的会计软件。其特点是其中会计核算规则与管理方法设计较少，因此企业在开始使用时，初始化的工作量较大。目前市场上的商品化软件一般为通用会计软件。

专用会计软件，也称为定点开发会计软件，通常由企业针对自身的会计核算和管理特点而自行开发或委托他人开发研制，仅适用于个别单位使用的会计软件。

（2）按照提供信息的层次，可分为核算型会计软件和管理型会计软件。

核算型会计软件，是指专门用于完成会计核算工作的会计软件，这类软件主要侧重会计数据的处理，一般会包括总账及往来核算、工资、固定资产、报表处理等模块，但模块之间比较独立。一般适用于中小型企业。

管理型会计软件，主要是利用会计核算业务提供的信息以及其他生产经营活动的资料，采用各种管理模型、方法，对经营状况进行分析和评价。它不仅使用财务会计的核算方法和原理，而且运用了管理会计的方法和原理，在技术架构、开发平台等多方面与核算型会计软件大不相同。

（3）按照信息系统的共享方式，划分为单机结构会计软件和网络结构会计软件。

单机结构会计软件，就是将所有会计软件中的运行程序和数据库共存在一台计算机里面，只能一台机器使用，数据不能共享，但其使用简便、系统的操作和维护简单，一般规模小、数据量小的小型企业会采用。

网络结构会计软件，就是将所有的会计信息数据和运行程序存放在服务器的数据库中，借助网络将各个终端连接在一起，多个计算机终端之间可以实现数据的共享，但是其系统维护复杂，成本相对较高，一般是规模大、数据量大的大中型企业采用。

16.3.2　不同行业会计软件的模块构成

会计软件通常包含多种功能模块，但并不是每个模块都能使用到。不同行业的企业，因为经济业务的不同，所用的会计软件的模块构成也就不尽相同。目前常见的企业按行业不同分为四类：工业企业、商业企业、服务性企业和行政事业单位。下面结合各类单位不同的特点，逐一介绍一下会计软件的模块构成。

1. 工业企业

生产类的工业企业，会计核算一般比较复杂，需要核算、反映和控制工业企业的采购、生产和销售过程，因不同企业的管理模式存在差异，所以软件系统的设置也不尽相同，但一般应包括的子系统有：财务处理、工资核算、固定资产核算、商品进销存、应收账款、应付账款、通用报表等功能模块。

2. 商业企业

商业企业主要从事商品的销售活动，因此商品的进、销、存核算和管理模块用得比较多，相对工业企业来说，固定资产、存货、成本核算比较简单，但是也是必不可少的模块，所以，商业企业会计核算软件包括的模块与工业企业的差不多。

3. 服务性企业

服务性企业一般包括交通运输、信息咨询、培训服务、科技服务等向社会提供服务的企业，会计主要核算各项服务或劳务收取的费用，对固定资产、成本核算等问题涉及得较少，因此，服务性企业的会计核算软件一般包括财务处理、工资核算、应收账款、应付账款、通用报表等模块。

4. 行政事业单位

行政事业单位，主要包括政府部门、学校、科研单位等非营利性单位，这些单位一般不核算成本，也不存在原材料管理等问题，工作的重心主要是核算国家财政拨款或其他收入的支出。这些单位对专项资金，是专款专用的原则，所以对专项资金管理有很高的要求，因此会计电算化模块一般包括财务处理、工资核算、预算核算、通用报表等。

对于现在大部分企业使用的商业会计软件来说，模块的划分不仅与企业的类型相关，还与各个软件公司对于会计方法的认识、理解和设计风格相关，所以，不同的公司一定要结合自己的特点选择使用会计软件。

16.3.3　会计核算软件各功能模块之间的联系

一个完整的会计软件由若干个子系统即功能模块构成，各模块之间在控制联系和数据传递上存在着相互作用、相互依赖的关系，正是这种相互独立又相互联系的关系，构成一个严密的核算系统。

会计核算软件中各模块之间的关系如图 16-3 所示。

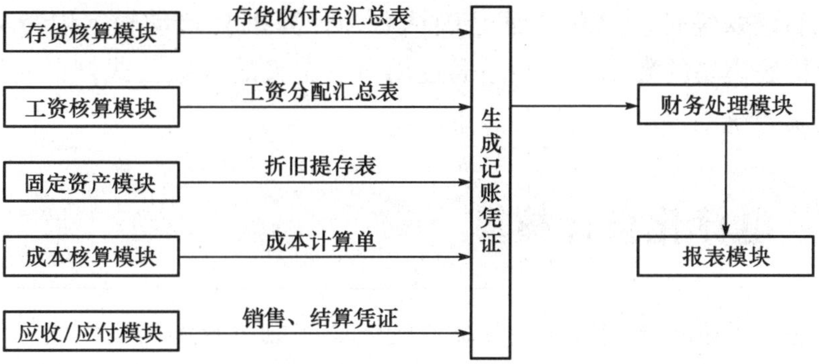

图 16-3　会计核算软件中各模块之间的关系

从图 16-3 可以清楚地看到会计核算软件各模块之间的关系。其中财务处理模块是会计软件的核心模块，该模块以记账凭证为接口与其他功能模块连接在一起，构成完整的会计核算系统，如图 16-4 所示。

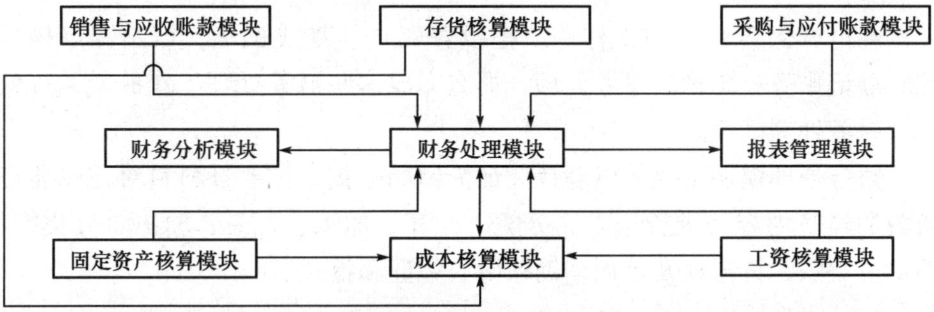

图 16-4　财务处理模块与其他模块的关系

从图16-4中可以看出，财务处理模块是电算化会计核算软件系统的核心部分，因此它与其他模块间的联系也主要表现为凭证数据的传递。工资、固定资产、存货、成本、应收/应付核算模块均实现了相应的各项会计业务的明细分类核算。存货模块可以产生材料收付存汇总表、产成品收发存汇总表等盘存表，并通过这些盘存表作出有关的记账凭证，这些凭证一般由计算机自动编制，经确认后的这些机制凭证自动输入账务处理模块。同样，工资模块可以产生工资分配汇总表，并制作有关工资分配的机制记账凭证；固定资产模块产生固定资产折旧提存表，并制作有关折旧的机制记账凭证；成本核算模块产生成本计算单，并制作有关成本结转的机制记账凭证；应收/应付模块可根据相关的销售和结算原始凭证，制作相应的机制记账凭证。这些凭证经确认后，计算机会自动输入财务处理模块。而报表模块的数据，一般是通过用户自定义的取数公式，自动从财务处理模块系统中提取生成。

16.4 电算化会计核算

上一节了解了不同行业会计软件的模块构成以及各功能模块之间的关系，本节主要学习电算化会计核算中主要模块的工作原理。以帮助读者在宏观上把握会计软件运行的方式和操作过程。

16.4.1 财务处理模块的基本原理

1. 财务处理模块的任务

在电算化会计管理工作中，把设置账户、复式记账、填制和审核凭证、登记账簿等统称为财务处理，那么完成这些财务处理工作的子系统就称为财务处理模块。

财务处理模块主要是以会计凭证为原始数据，按会计科目对记账凭证所载的经济内容，进行记录、分类、计算、加工、汇总，输出总分类账、明细分类账、日记账及其他辅助账簿、凭证和报表。

2. 财务处理模块与其他模块的数据联系

财务处理模块是会计信息系统中的一个基本模块，也是核心模块，它与其他模块的数据联系在上节已经提到，关系图如 16-4 所示。

3. 数据处理流程

财务处理模块的基本数据处理流程如图 16-5 所示。

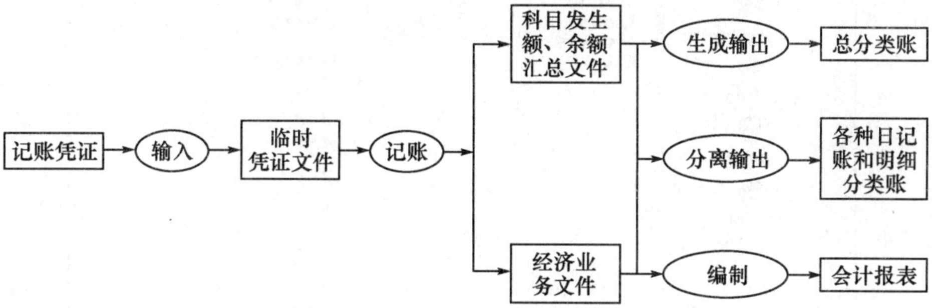

图 16-5　财务处理模块的基本数据处理流程

4. 基本功能结构

从财务处理模块的数据处理流程，可以看到它的基本功能模块如图 16-6 所示。

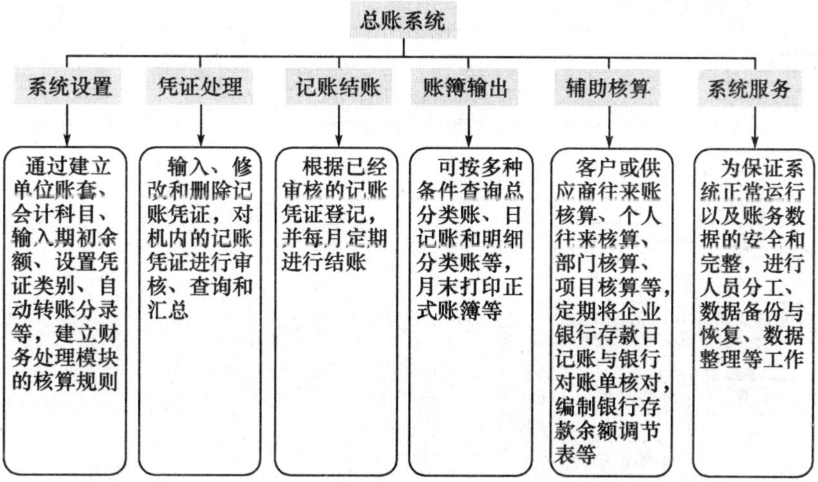

图 16-6　财务处理模块的基本功能

需要注意的是，目前各种通用的财务处理系统软件模块结构各有差异，但基本上是对以上模块结构重新进行了组合，其基本功能大致相同。

5. 基本操作过程

财务处理模块的操作过程，可以先借助某软件的一个操作界面认识一下，某财务软件的初始数据设置界面如图 16-7 所示。

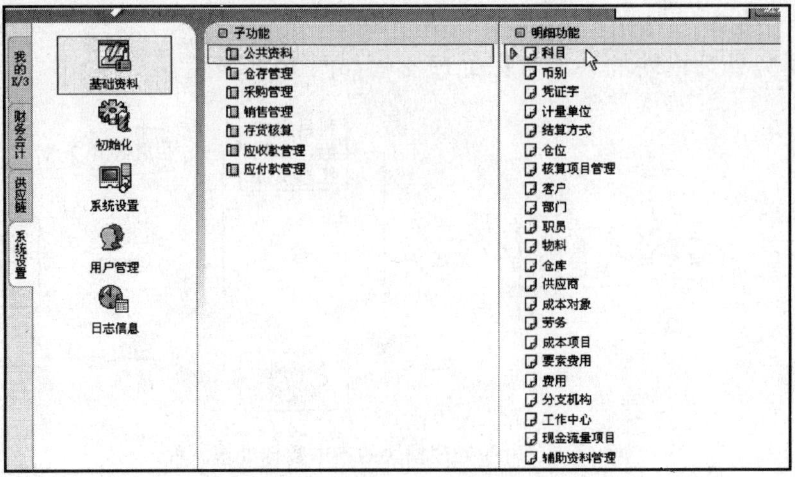

图 16-7　某财务软件的初始数据设置界面

财务处理模块的一般操作流程如图 16-8 所示，如果会计核算业务比较复杂，可以使用财务处理模块的各种辅助核算功能进行管理，如部门核算、个人往来核算等，以提高工作效率。

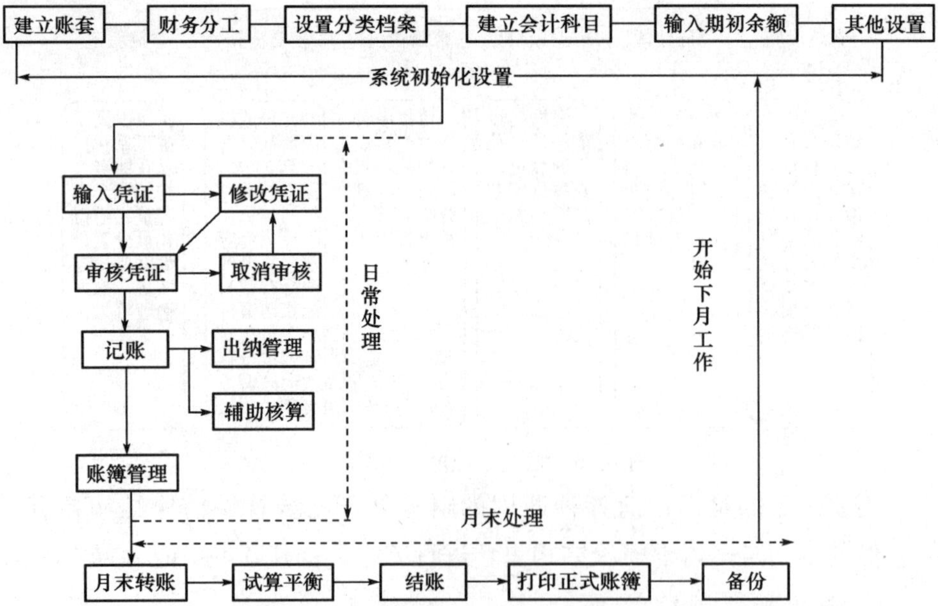

图 16-8　财务处理模块的一般操作流程

16.4.2 往来账款核算软件的基本原理

1. 往来账款核算的任务

往来账簿，用以记录采购与销售以及其他业务形成的往来款项，所以它的任务就是正确地反映企业往来账的形成、收回或偿还情况。往来账款模块的任务如图 16-9 所示。

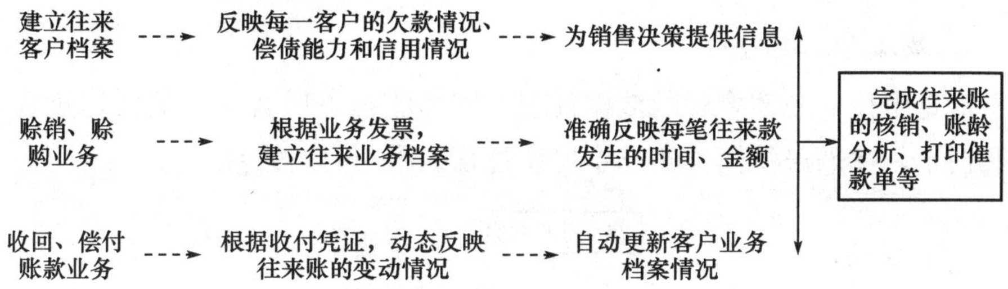

图 16-9 往来账款模块的任务

2. 往来账款模块的核算方式

在计算机核算方式下，往来账款的处理和手工记账方式不同，它采用单独处理往来账款的方式，如往来管理等，以便于进行往来账款的核对、清理及统计分析。

一般的核算方式有两种：一种是在财务处理模块中输入往来业务数据；另一种是在往来账款模块中输入往来业务数据。

3. 往来账款模块的数据处理流程

因为往来账款模块的核算方式不同，所以在数据处理的流程上也分为两种情况：

（1）如果企业使用了财务处理系统，则在财务处理系统中输入记账凭证的同时，输入相应的往来业务数据，记账时形成往来业务数据库，之后在往来账款系统中输出往来账、进行核销、账龄分析、生成催款单等。其数据处理流程如图 16-10 所示。

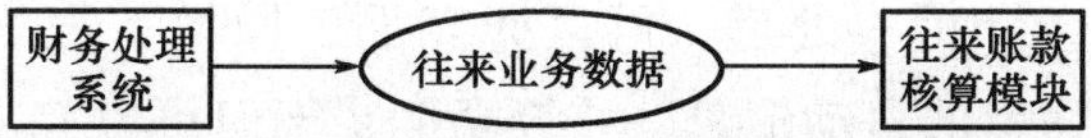

图 16-10 在财务处理系统中输入往来数据

（2）如果企业使用往来账款系统，则在往来账款系统中输入发票和收付款结算单据，在该系统中直接输出往来账、进行核销、账龄分析、生成催款单等，系统会自动填制记账凭证，然后将记账凭证传递到财务处理系统中。其数据处理流程如图 16-11 所示。

图 16-11　在往来账款系统中输入往来数据

4. 基本操作过程

清楚了往来账款模块的数据处理方式和流程，那么基本的操作过程也就明白了，往来账款模块的基本操作过程如图 16-12 所示。

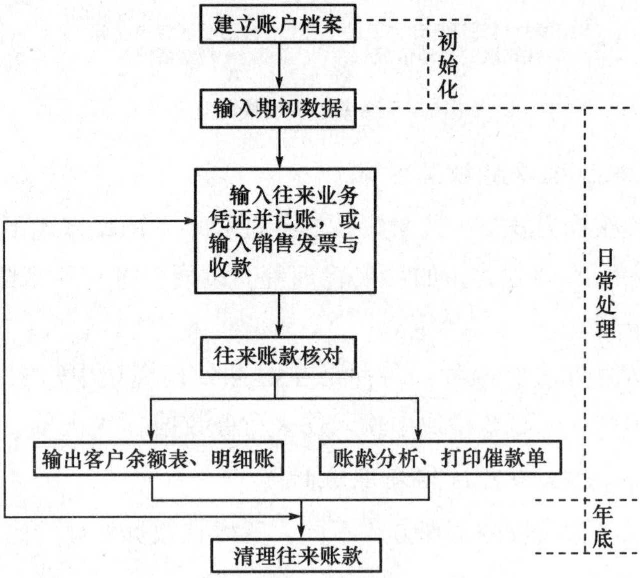

图 16-12　往来账款模块的基本操作过程

16.4.3　报表处理软件的基本原理

1. 报表处理系统的任务

计算机下的会计报表处理，可以摒弃手工操作下报表的反复核对工作，借助计算机强大的自动汇总、核算功能，不但可以完成常规对外报表的编制，还可以编制各种内部报表。

因此，会计报表模块的主要任务就是设计报表格式和定义报表公式，按照国家统一的会计制度规定，根据从财务处理模块或其他业务模块中取得的有关信息自动编制各种会计报表，并对该报表进行审核、汇总，生成各种分析图，并按预定格式输出各种会计报表。

2. 报表模块与其他模块的数据联系

既然电算化会计中，会计报表是自动生成的，那么它与其他模块的数据必定有紧密的联系，下面以图示的方式解释这个问题。会计报表模块与其他模块之间的数据传递关系如图 16-13 所示。

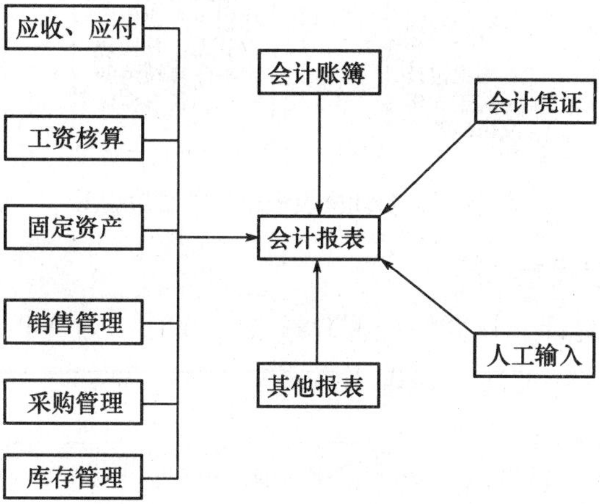

图 16-13　会计报表模块与其他模块之间的数据传递关系

3. 数据处理流程

会计报表模块的数据处理流程是利用事前定义的报表公式从账簿、凭证和其他报表文件中采集数据，经过分析、计算，填列在设定好的表格中，生成报表数据输出，如图 16-14 所示。

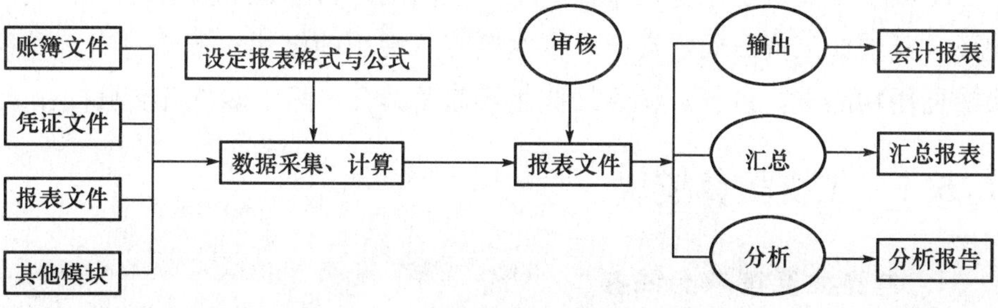

图 16-14　会计报表模块的数据处理流程

4. 基本功能结构

会计报表模块也是由一系列基本功能模块构成的，为了方便了解，下面以图示的方式列示。会计报表模块的主要功能图如图 16-15 所示。

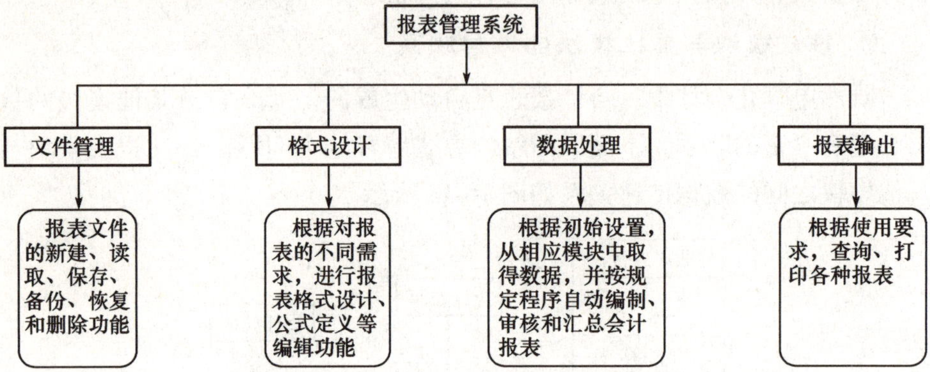

图 16-15　会计报表模块的主要功能图

5. 基本操作过程

采用电算化会计，只要按照操作步骤来操作，就可以轻松地得到各类报表，一般需要 5 个步骤，如图 16-16 所示。

图 16-16　会计报表模块的基本操作过程

16.5　常用模块的操作

上一节主要讲了电算化会计下主要模块的运行原理和操作过程，实践中还有其他如工资、固定资产、成本核算等常用的模块，本节将对这些模块的通用功能进行讲解。具体的应用还需要结合实际，多进行实战操作。

16.5.1　工资核算模块

1. 工资核算模块的任务

工资核算模块的任务有：①以员工个人的工资原始数据为基础，计算应发工资、扣款小计、实发工资等；②按机构层次和人员类别进行汇总；③打印工资发放表、各种汇总表及个人工资条，提供多种方式的查询，并实现自动转账处理。

通用的工资核算模块适用于各类企业，它不仅能提供简便的工资核算、工资发放、工资费用分摊、工资统计功能，而且还提供了强大的工资分析和管理功能，以及诸如部门工资构成分析、工资增长情况分析等分析功能，另外，一般还可以进行个人所得税的扣缴、银行代发工资等功能。

2. 工资核算模块与其他模块的关系

根据工资核算模块的数据处理过程，它与其他模块的数据关系如图 16-17 所示。

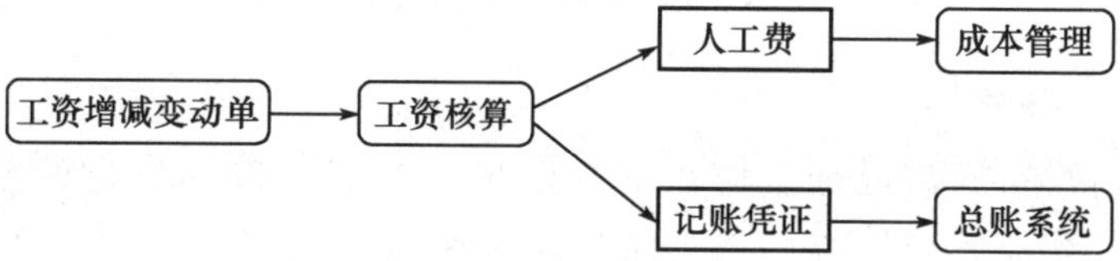

图 16-17　工资核算模块与其他模块的关系

3. 工资核算模块的初始设置

在工资核算系统启用之初，需要设置账套的基本信息，初始设置完成后，每月只需对有变动的数据进行修改，系统会自动计算、汇总，生成各种报表。主要设置内容如图 16-18 所示。

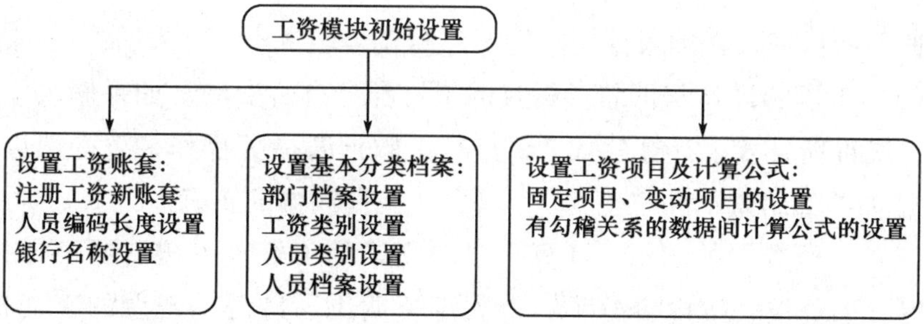

图 16-18　工资核算模块的初始设置

实际的操作中，根据不同软件的界面提示和设置说明进行操作，图 16-19 为某财务软件的工资核算界面。

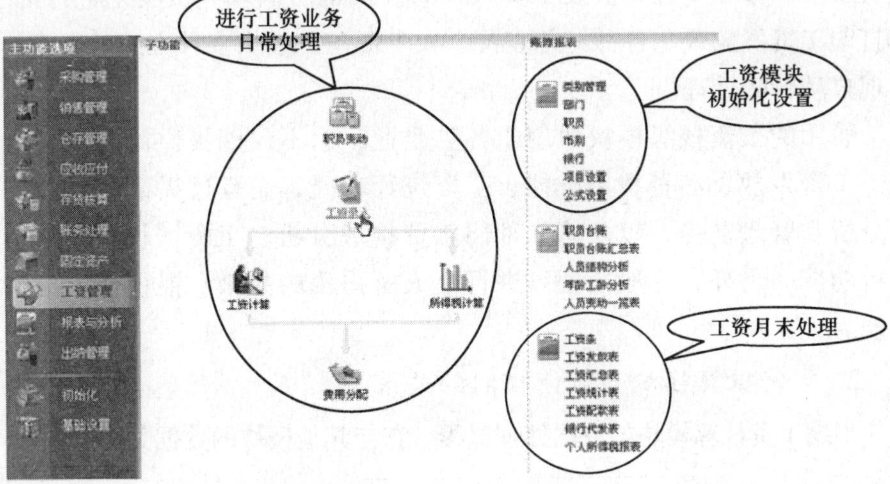

图 16-19　某财务软件的工资核算模块界面

4. 工资业务的日常处理

工资业务的日常处理工作，主要是对个人工资数据进行调整，如职工工资变动、个别数据修改、个人所得税的报税处理等工作。实际操作过程中，各类软件都有相应的操作提示。

（1）工资固定数据的编辑。职工的工资构成中，如基本工资、政策性津贴等，这些数据在一定时期内基本不变，可以说是工资核算模块中基本的原始数据，初次使用时，先将这部分基本固定的数据输入计算机，日后有改动时，也只需对个别工资数据进行调整就可以了。

（2）工资变动数据的编辑。职工的工资构成中，如考勤扣款、奖金等，这些项目每月必须根据实际情况进行调整输入。

（3）工资的计算与汇总。每月的工资都会有所变动，如果修改了某些数据，或重新设置了计算公式，或进行了数据替换等操作，也必须进行工资数据的“重计算” 和 “汇总”，以保证工资数据的正确。

（4）工资数据的输出。计算、汇总完毕的工资，可按需要进行打印、存盘等。工资报表按内容分为：个人工资明细、按部门汇总的工资报表、按人员类别汇总的工资报表。

5. 工资的月末处理

每个月末，工资核算模块要对当月发生的工资费用总额进行计算、分配及各种经费的计提，并编制转账凭证，向财务处理模块提供当月所有的工资数据，进行工资核算模块的月末结账工作。一般财务软件设计中有专业的报表功能。

（1）设置应分配工资总额和计提比例。企业在月内发生的全部工资，不论是否在当月领取，都应按照工资的用途进行分配并以此为基数进行工会经费、职工教育经费以及其他费用的计提。

（2）工资转账。财务软件根据工资数据，可进行转账凭证的自动生成，生成后的转账凭证不但可以在本模块中进行查询，还可以在财务处理模块中调入、审核、记账。

（3）月末结账。每月工资数据处理完毕后需进行月末结转。结账后，本月工资明细表为不可修改状态，同时自动生成下月工资明细账。新增或删除人员将不会对本月数据产生影响。

16.5.2 固定资产核算模块

固定资产核算模块，是每个企业都必须要用的模块，因为每个企业都面临固定资产管理的问题，这个模块的最大特点就是数据量大、数据变动最少。固定资产核算模块主要用于固定资产明细核算及管理。

1. 固定资产核算模块的任务

固定资产核算模块的任务有：①反映和监督固定资产的增加、减少、变动及清理报废等情况；②正确计算固定资产折旧；③分析固定资产利用效果，从而保证固定资产的安全和高效使用，提高经济效益。

2. 固定资产核算模块与其他模块的数据联系

固定资产核算模块与其他模块的数据联系如图 16-20 所示。

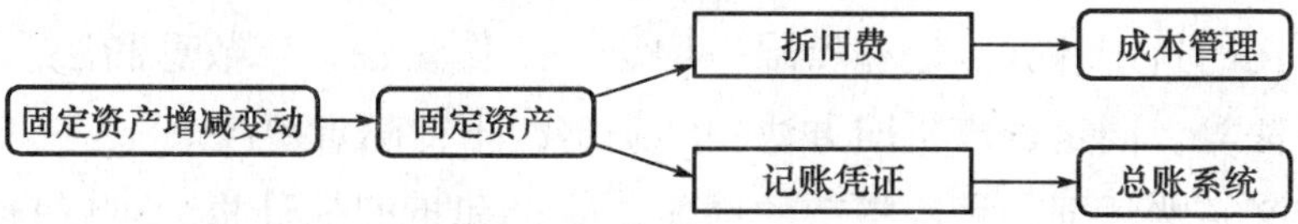

图 16-20 固定资产核算模块与其他模块的数据联系

3. 固定资产核算模块的初始设置

固定资产进行初始数据的设置后，为日常的核算建立基本的核算模型。

会计软件中一般有进行账套设置的专门区域，如图 16-21 所示。

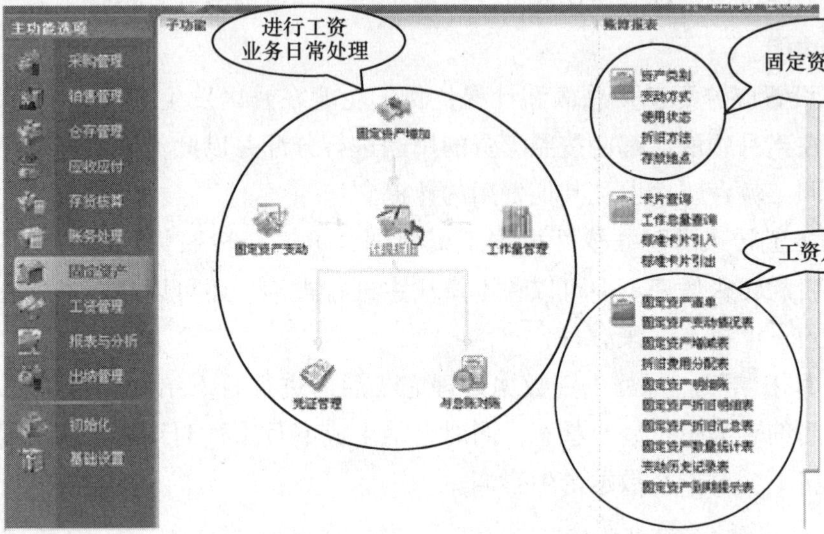

图 16-21　某会计软件固定资产核算模块的操作界面

（1）设置固定资产账套。建立固定资产账套，首先要设置基本信息和核算的基本原则，包括设置系统的启用时间、计提折旧的方法和固定资产的分类编码方式等。

（2）设置固定资产的使用部门和类别。固定资产的折旧费最终要按部门分配到各部门的费用项目中，因此固定资产系统也要对部门进行设置。固定资产的类别是依据国家标准及企业内部核算和管理的需要而定。

（3）定义卡片结构与折旧计算方法。固定资产卡片的结构就是指与固定资产记录相关的项目的设置，如原值、名称、使用年限、折旧方法等，这些可以利用财务软件里的默认项目，也可根据各企业的需要自行定义设置。

常用的折旧计算方法有年限平均法、工作量法、年数总和法、双倍余额递减法等，固定资产折旧方法一经确定，不得随意更改。

定义转账凭证，固定资产的增加、减少和折旧的计提，可以自动生成各种记账凭证。

输入原始卡片数据，将现有固定资产的数据录入账簿中，财务软件对已提折旧月份、累计折旧额、月折旧额等数据，会自动计算。

4. 固定资产的日常处理

由于财务软件强大的自动计算功能，所以固定资产的日常工作就是对固定资产的增加、减少和变动情况进行记录和反映，这些情况一般包括原值变动、部门转移、使用状况变化、使用年限调整、折旧方法调整、净残值调整、资产类别调整等。按照财务软件日常操作的提示，进行变更登记。

5. 固定资产核算模块的月末处理

固定资产核算模块的月末工作主要是月末的转账、结账工作，月末的转账主要是将当月增加、减少和变动的固定资产，及当月计提的折旧分别生成凭证，并把数据传输到财务处理模块，作为记账的依据。这些数据在财务处理模块中经过审核、记账后，当月的固定资产核算模块即可开始月末结账了。

16.5.3 销售核算模块

销售是企业经营活动的中心，通过对销售业务的全程管理，对销售合同、发货情况实施有效的监控，可以提高合同的执行力、加强对存货情况的监控。

1. 销售核算模块的任务

销售核算模块的主要任务就是编制并审核销售订单、发货单、销售发票等单据，根据审核的发货单自动生成销售出库单，并冲减商品库存量，进行销售出库单的记账与制单，完成销售成本的核算，根据销售发票完成销售收入和税金的核算，以销售发票为依据，记录应收账款的形成情况。

2. 销售核算模块与其他模块的数据联系

从销售核算模块的任务，能知道和其相关联的模块是哪几个，以及数据关系是怎样的，具体流程如图 16-22 所示。

3. 销售业务的处理过程

销售业务根据不同的销售模式、方式各不相同，有先发货后开票业务、开票直接发货业务、现收业务、退货业务、委托代售业务、委托代销退货业务、批发业务等。下面主要讲述常用的先发货后开票业务的处理方法，如图 16-23 所示。

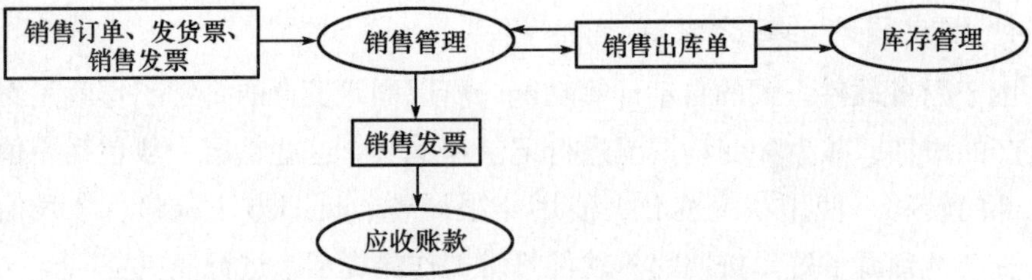

图 16-22　销售核算模块与其他模块的数据联系

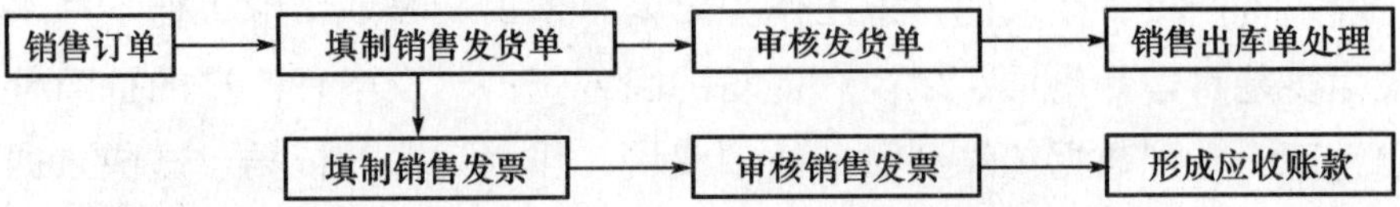

图 16-23　先发货后开票业务的处理方法

4. 销售核算模块的初始设置

（1）销售核算模块业务参数的设置。首先是基本信息的设置，如启用日期、存货有无辅计量单位、是否允许零出库、有无外币业务等，这些参数将直接影响以后的使用。其次是业务范围的设定，如是否采用先发货后开票模式，有无委托代销业务、是否控制超现存量发货、销售报价是否含税、客户有无信用额度的控制、有无最低售价控制等。

（2）设置基础档案信息。这些设置主要包括存货分类、存货档案、仓库档案、收发类别、销售类型、付款条件、发运方式及开户银行等。

5. 销售业务处理

某财务软件销售核算模块的操作界面如图 16-24 所示。

（1）输入销售订单。一般情况下，销售业务的进行，须经过客户询价、销售部报价、双方签订合同的过程，订单作为合同或协议的载体而存在，成为销售发货的日期、货物明细、价格、数量等事项的依据。企业根据销售订单组织货源，并对订单的执行进行管理、控制和追踪。销售订单的格式如图 16-25 所示。

（2）销售出库单与制单。根据销售订单，可以直接生成销售出库单，销售出库单是销售发货业务的执行载体，经过审核后的销售出库单才能进行单据记账。记账后的销售出库单要生成有关销售出库的凭证，并传递给财务处理系统进行审核和记账。销售出库单的格式如图 16-26 所示。

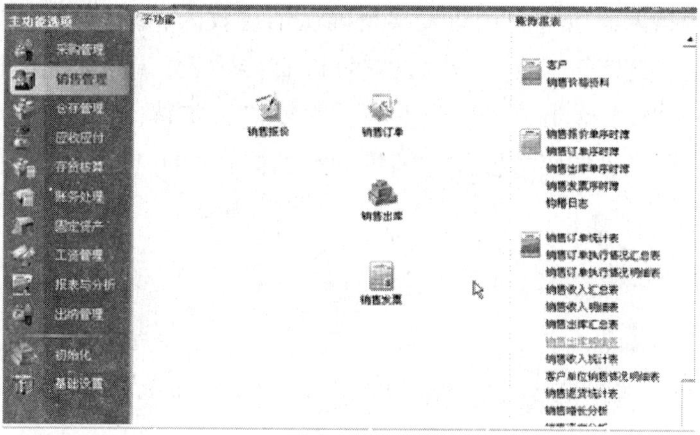

图 16-24　某财务软件销售核算模块的操作界面

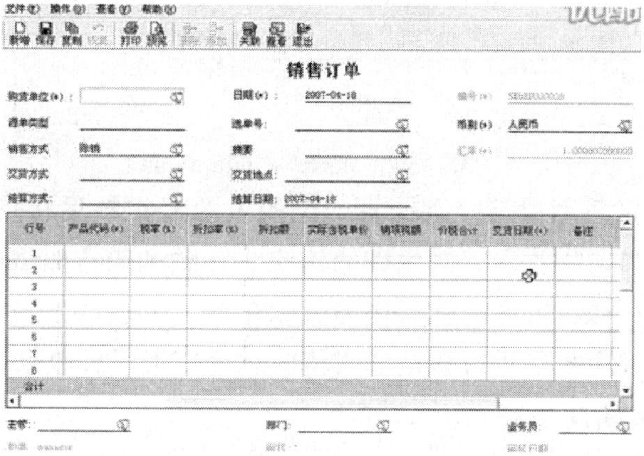

图 16-25　销售订单的格式

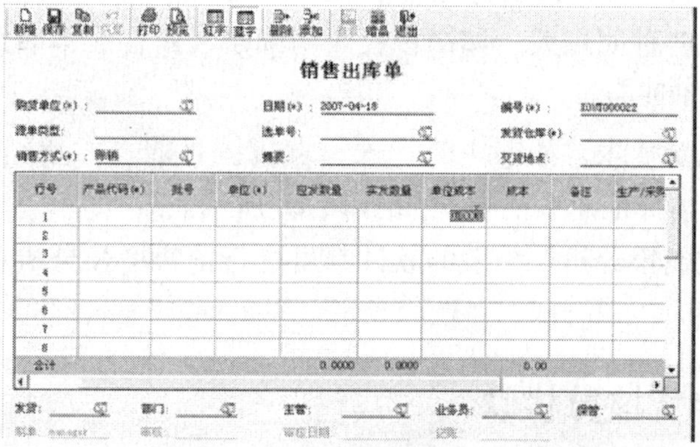

图 16-26　销售出库单的格式

（3）销售发票管理。销售发票是确认销售收入、核算销售成本、确认应收账款、应交销售税金的依据，它可以直接输入，也可以根据销售订单的数据引入生成。填制好的销售发票，需要进行审核，一经审核将不允许进行修改、删除、作废等操作。销售发票的格式如图 16-27 所示。

图 16-27　销售发票的格式

（4）销售发票制单与收款结算。销售发票经审核后将形成应收账款，确认应收账款和销售收入，并生成确认应收账款和销售收入的凭证。当收回应收账款时，将已收到的款项作为收款单输入到应收账款模块，由该模块对销售发票或应收单进行核销，或将收款金额形成预收款。

6. 销售账表及统计分析

销售核算模块里面，根据日常业务单据的数据，可以自动生成各类账表，并根据账表出具各类销售分析报告。

（1）生成各种明细表，如销售收入明细账、销售成本明细账、发货明细账、销售明细账等。

（2）生成统计表，如销售统计表、发货统计表、发货销售统计表等。销售订单执行情况汇总表的格式如图 16-28 所示。

（3）生成销售分析。一般的软件都可进行销售增长分析和销售结构分析等。

16.5.4　存货核算模块

存货包括商品、产成品、半成品、在产品以及各种材料、燃料、包装

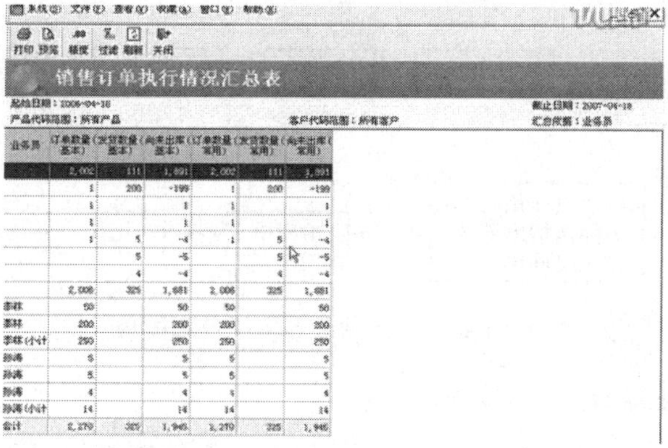

图 16-28　销售订单执行情况汇总表的格式

物、低值易耗品等，是企业重要的流动资产。因此存货核算模块是财务软件中很重要的一个模块。

1. 存货核算模块的任务

存货核算模块的主要任务是对存货的增加、减少与结存的核算，计算存货成本，利用计算机技术提高核算的精度和速度，从而提高对存货的管理。

2. 存货核算模块与其他模块的数据联系

通过上述几个模块可以看出，财务软件中每个模块都不是孤立存在的，存货核算模块同样与其他模块之间存在密切的联系。其数据联系如图 16-29 所示。

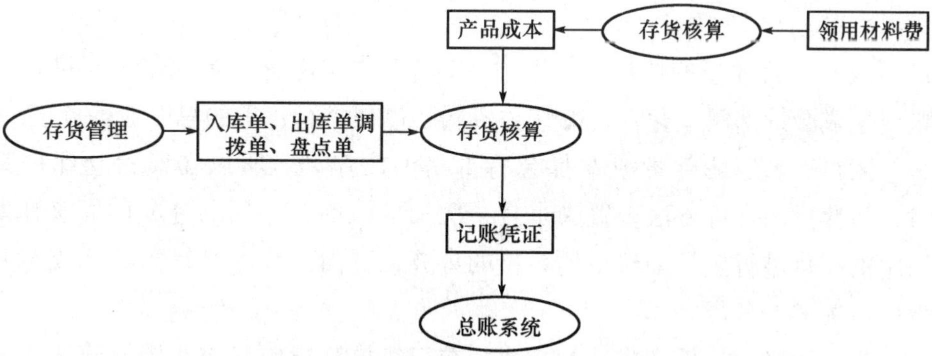

图 16-29　存货核算模块与其他模块的数据联系

3. 存货核算业务的处理流程

存货核算业务的处理流程并不复杂，如图 16-30 所示。

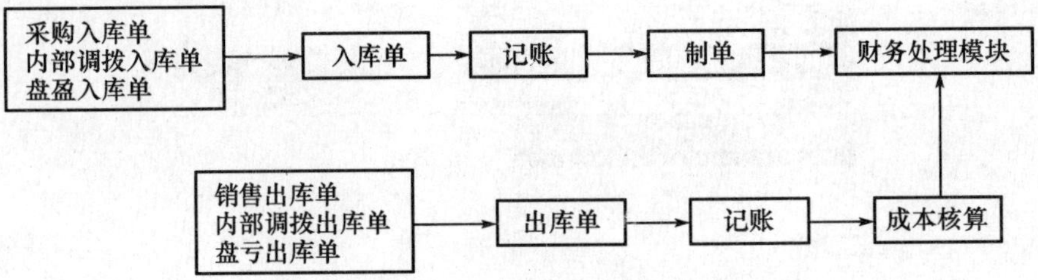

图 16-30 存货核算业务的处理流程

4. 存货核算模块的初始设置

（1）业务参数的设置。主要是对存货批次的管理设置、有无保质期限的管理设置、最高最低库存报警的设置等。

（2）期初数据的录入。录入的内容包括存货的编码和名称、计量单位、数量、单价、入库日期、供货单位等内容，初次使用时，应先输入全部存货的期初余额，如果是上年结转的数据，系统会自动结转到本年。

（3）期初记账。当以上有关的期初数据录入完毕后，必须进行期初记账，将录入的各存货的期初数据计入库存台账、批次台账等账簿中，只有在期初数据记账后才能开始处理日常业务。

5. 存货的业务处理

（1）填制出入库存单。根据采购、内部调拨、盘盈等情况产生单据，填制存货入库单；根据销售、内部调出、盘亏等情况产生的单据，填制存货出库单。

（2）存货业务的核算。根据“入库单”“出库单”等原始单据进行记账，生成会计部门库存存货的账务资料，以便进行正确的总账业务处理。

因每次入库的存货成本都会有价格上的浮动，所以在设置仓库档案时，将存货的计价方法设置为全月一次加权平均法，月末时对存货核算模块中的存货进行全月加权平均单价的计算，进而计算出存货的实际成本并生成有关的账务资料。

为了正确地计算产成品的成本，在存货核算模块与成本核算模块集成使用的情况下，进一步计算产成品的单位成本，可以由系统直接计算有关产成品出库成本并进行相应的账务处理。

当存货核算模块将采购核算模块及销售核算模块中传递过来的有关存

货增加或减少的信息进行记账后，便可自动生成记账凭证并传递到总账模块，从而完成存货增加及减少的账务处理。

6. 月末结账

进行完上述的全部经济业务，系统会自动检查，如果未发现问题，则系统会自动进行月末结账。当年末结账后，可将上年度各存货的期末结存转入本年度账簿中，作为本年度存货的年初结存。

16.5.5 成本核算模块

成本核算是企业会计核算的重要内容，同样，成本核算模块在财务软件中也有着非常重要的地位。成本核算模块是核算程序中相对比较复杂的一个模块，但是只要能理清思路，操作起来也并不复杂。

1. 成本核算模块的任务

成本核算模块的任务是将各项已经发生和需要预提的费用进行归集和汇总，再将这些汇集的费用在各种完工产品和在产品之间进行分配，并进行产品销售成本结转、销售税金的提取等。同时在完成每一步骤时，将记账凭证传到财务处理模块中。

2. 成本核算模块与其他模块的数据联系

成本核算模块涉及的关联模块比较多，下面以简图的方式来展示，方便读者操作，如图 16-31 所示。

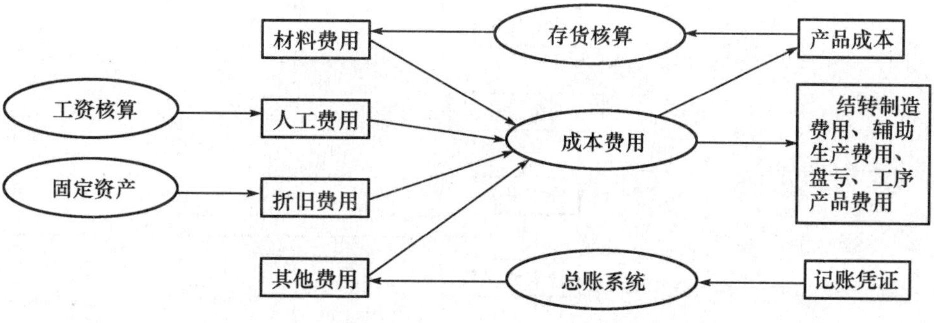

图 16-31 成本核算模块与其他模块的数据联系

说明：图 16-31 中成本核算模块与存货核算模块之间的数据并不是一个循环计算，成本核算模块从存货核算模块中取得直接材料的领用成本，进行成本核算，得出产品的单位成本，又向存货核算模块提供产品的单位成本，经产成品成本分配后，填写未记账的产成品入库单中的单价和金额。

3. 成本核算的业务操作流程

成本核算模块要进行成本计算和成本核算，基本的操作步骤如图 16-32 所示。

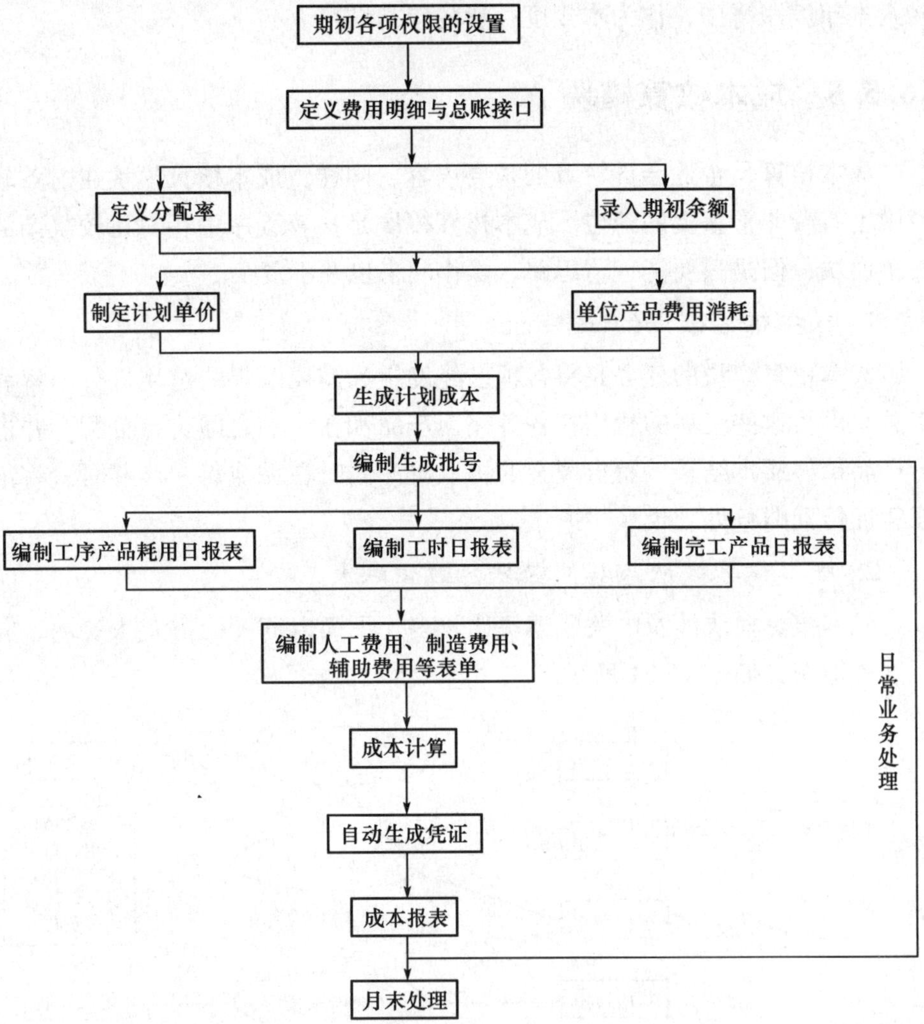

图 16-32　成本核算模块的业务操作流程

4. 成本核算模块的初始设置

成本核算模块与其他模块一样，也要完成各项数据和项目的初始设置，在这里有些基础项目的设置，如部门设置、名称设置、产品类别设置等，在此不再赘述。下面重点强调一下一些特殊的设置。

（1）设置费用明细账与总账的接口，便于系统自动进行费用的归集，确定费用的具体内容及相应的部门，对每一个内容逐一定义其与财务处理系统的接口方式。

（2）定额管理，如果成本核算中，材料费用分配率使用了按定额工时、按材料定额的方法，则要定义产品的定额工时和定额材料。定义的内容包括定额工时和定额材料。

（3）定义分配率，企业要根据实际情况选择符合本单位的分配率，这些分配率包括：共用材料费用、直接人工费用、制造费用、在产品成本、辅助费用、辅助部门内部分配率。

5. 成本核算模块的日常业务处理

日常业务处理包括：

（1）输入成本资料，这些资料包括生产批号、工序产品耗用情况、人工费用、制造费用等。

（2）成本计算，成本资料录入完毕后，便可进入成本计算功能，系统将自动根据选择的计算方法和各个费用的分配方法，进行计算，并按部门进行分配。

（3）编制成本报表。执行完成本计算后，便可根据自定义的形式生成所需的各式报表。

（4）凭证处理。在有效数据进行成本核算后，由系统根据定义自动生成凭证，并向财务处理模块传递。

6. 成本核算的期末处理

月末结账前，要定义与总账对账的科目，系统将自动进行对账，并显示对账结果。月末结账后，便不允许再做有关本月的业务处理工作了。

第 17 章 会计实务中的常见错误及核查方法

在会计工作实务中，查错和改错是一项重要的工作技能。在会计核算中，由于涉及大量的资料及数据，出错的概率是比较大的。会计实务中常见的错误分为四大类，分别是：原始凭证的错误；记账凭证的错误；账簿的错误；会计报表的错误。下面分别介绍这些错误的具体情况及核查方法。

17.1 原始凭证常见错误及核查

原始凭证，是在经济业务发生或完成时取得或填制的，用以记录或证明经济业务的发生或完成情况的文字凭据，也是进行会计核算工作的原始资料和重要依据。会计凭证应该客观真实、合理合法，因为它直接关系到企业会计信息是否真实、可靠，也关系到企业会计人员工作的质量。因而原始凭证是会计人员在做会计检查的时候应检查的第一个内容。

原始凭证的差错是导致会计核算中许多差错的源头。原始凭证一旦出现错漏却又没能及时查找并修正，就会导致其后续会计核算步骤中的一系列错误，进而影响到企业正确地计量和分析经营状况。原始凭证的查错补漏是会计核算中最常见的也是最重要的日常工作之一。

17.1.1 原始凭证的常见错误

原始凭证常见的错误，主要是凭证中相关信息的错误。原始凭证的基本内容一般包括：凭证名称、接受凭证单位或个人的名称、发生经济业务的内容、计量数量、单位、单价、金额、凭证填制的日期、经手人的签章、凭证编号、凭证联次和其他凭证应具有的附件等。这些信息中，每一项都可能出现各种各样的错误，在审核原始凭证时应格外注意以下几个方面：

1. 原始凭证的抬头

原始凭证的抬头，是原始凭证中接受凭证的单位名称。原始凭证的接受单位应属于本单位，其单位名称在填写时，应与本单位的企业名称全称相同。在原始凭证填写时，应当要求对方填写本单位的全称，从而避免原始凭证的抬头错误。

发票是最常见的原始凭证之一，发票的抬头示例如图 17-1 所示。

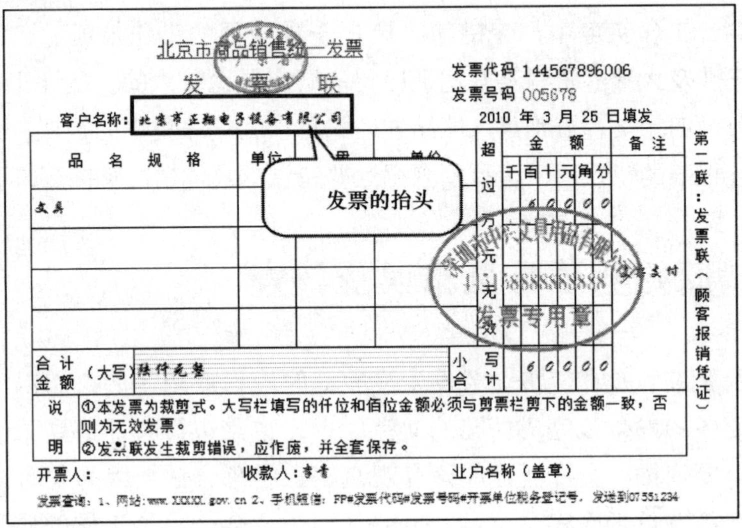

图 17-1　发票的抬头示例

原始凭证的抬头错误，主要包括以下几种情况：

- ❑ 张冠李戴
- ❑ 为个人开具的发票计入集体账目
- ❑ 为其他单位开具的原始凭证计入自己单位

如果原始凭证的抬头出现错误，那么根据客观性原则，该原始凭证就不能算做是本企业的原始凭证，其记载的业务信息也不能计入本企业的会计核算中。除非有足够的证据，证实该原始凭证属于企业并且是可以入账的。

2. 原始凭证的日期

原始凭证的日期应当与报账或会计处理的日期相距不大，如当月或 3 个月以内都是可以认同的情况。如果是已开具了很久的原始凭证，则原因一般可能是由于人为调整企业损益，或是记账发生了错误，是不得入账的。

3. 原始凭证的数量或金额错误

原始凭证中相关业务的数量、单价、金额等是最重要的数据，是绝不允许出现差错的。在实际工作中，数量、单价写错，造成原始凭证数据不实的情况是比较常见的，而相应金额的计算错误也是非常常见的。

原始凭证的数量或金额错误，或金额大写与小写不一致，会使企业的会计核算账实不符。进行清查时也比较不容易查清。

4. 原始凭证的书写错误

原始凭证的书写错误是所有原始凭证错误中最常见的。由于会计核算中对数据的严格要求，原始凭证的相关内容都有相应的书写要求，对出现笔误后的修正也有严格的规定。

常见的书写错误有以下几类：

- ❑ 原始凭证中的大小写金额不相符
- ❑ 对重要凭证要素的不合规涂改，如对原始凭证中的金额、摘要、单位价格等采用挖、补、刮、擦等方法进行改错
- ❑ 重要信息不清楚，如凭证中的书写字迹不清、数目不详、内容不明等

在取得凭证的当场发现书写错误时，必须当场要求重新开具；如果是已取回的原始凭证，则该原始凭证也不得入账。

5. 原始凭证的印章错误

原始凭证上一般都会有一些加盖的印章，如发票上应有税务专用章及财务专用章，支票等票据上应有专用的公章、财务专用章及个人印鉴等。这些印章是绝不能出错的，如果有错，则可能造成该原始凭证的无效，从而给企业带来损失。

原始凭证中的印章错误，经常表现为应用发票专用章或财务专用章的，使用了其他印章或是没有盖印章。同时，原始凭证中的相关责任人应当签名以示负责。

符合印章规定的发票如图 17-2 所示。

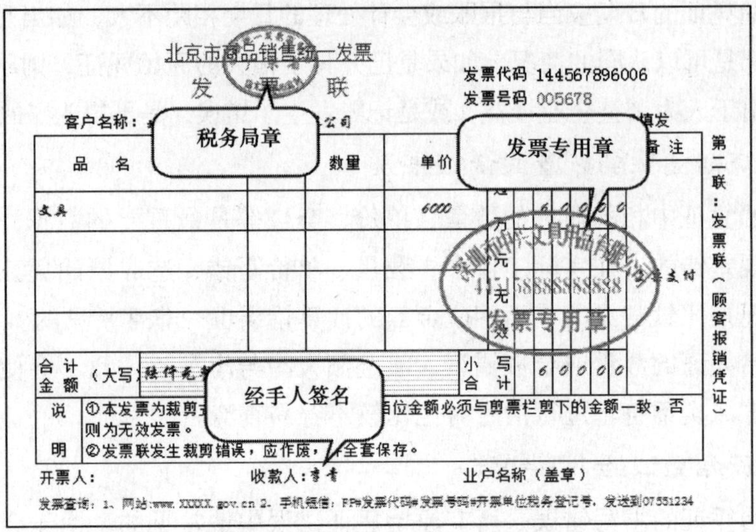

图 17-2　符合印章规定的发票

17.1.2　原始凭证差错的查找

对原始凭证检查的主要目的是查错防漏，防止由于原始凭证的问题导致整个系统的错误，也可以用抽查的方法来证实会计报表和账簿检查中发生的疑点。对原始凭证的检查可以采用顺查法的检查模式，也可以采用逆查法的形式。对原始凭证的内容进行常规检查，检查的主要内容如下：

1. 对原始凭证的外观因素进行审核

主要利用简单方法，查看原始凭证是否合规合法、有无伪造、弄虚作假。主要的审核内容有：

- 原始凭证所必须具备的要素是否齐备
- 原始凭证所填写的文字、数字是否清楚完整
- 原始凭证如有更正，则其更正方法是否符合规定，有无涂改、人为变造
- 原始凭证上的相应签章是否具备，如经手人签名、相应的必需印章是否加盖等
- 自制原始凭证（包括证、券、单、表）是否连续编号，其存根与

所开具的凭证是否一致

- 外来原始凭证是否属于符合国家法律规定的许可票证等

2. 对原始凭证的信息内容进行审核

对原始凭证所反映的经济业务进行实质性检查，其内容主要包括：

- 经济业务的摘要是否与原始凭证所反映的业务内容相符
- 业务中的经手人是否签章，如收款人、付款人、财务审核等相关人员
- 对应的相关文件是否已为附件，如相关入库、出库及有关明细的其他凭证等
- 有无人为利用原始凭证进行舞弊的行为

17.2 记账凭证常见错误及核查

记账凭证即日常会计人员所称的会计传票，它可以将经济业务从原始状态过渡至会计账簿之中，起到了桥梁和传递作用。会计专业人员将审核整理之后的原始凭证制作成为记账凭证。而记账凭证就是会计在记账时所使用的凭据。记账凭证的主要职能是反映经济业务活动在会计处理上所实行的方法（及会计分录），明确会计处理责任。

记账凭证在会计实务中多为手工填写，所以出现错漏也在所难免。记账凭证的错误会造成账簿的错误，最终造成报表的数据失真。

17.2.1 记账凭证容易出现的错误

记账凭证的错误，容易出现在两个方面：

第一，错误可能来源于原始凭证，是原始凭证错误的继续。

说明：如会计人员取得伪造的原始凭证，而对其真伪未能鉴别，将其填制记账凭证、登记入账。

第二，也可能是填制记账凭证时操作的误差，与原始凭证的正确性无关。

说明：如凭证制作人员基本素质较差，出现一些填写时的笔误，或做错会计分录等。

记账凭证常见的错误主要有：

1. 摘要记录错误

记账凭证的摘要，填写时一般要求言简意赅，字数不宜多也不宜太少。这方面比较常见的错误如下：

- 摘要过于简单，不能最低限度地说明经济业务活动的情况
- 记录反映的内容和形式不规范
- 用语不准确，容易造成误解
- 文字说明词不达意，与实际情况相距甚远
- 摘要空缺不写，给舞弊者造成可趁之机

2. 科目运用错误

在填写会计凭证之前，会先将相应的会计业务写成会计分录，以便记账时能够正确地将该业务金额划归到相应账户中。常见的科目错误如下：

- 科目应用错误

说明：如将应收与应付、预收与预付、应收账款与其他应收款、应付账款与其他应付款、虚账户与实账户、固定资产与低值易耗品混淆。

- 内容错误

说明：如混淆了银行支票、汇票和本票的区别，将银行汇票、本票列入银行存款之中，将销售费用列入财务费用或管理费用之中等。

- 对应关系错误

说明：如将科目借方与贷方关系列错，出现多借多贷或者其他对应关系不明的现象等。

3. 凭证使用错误

收款凭证、付款凭证和转账凭证的选用发生错误。比较常见的错误是收入凭证、支出凭证和转账凭证的用途不明。

说明：许多人认为转账凭证反映的是银行转账业务的一种，这是错误的理解。另外，还有对从银行提取现金或向银行存入现金，未按规定编制付款凭证，而是分别编制收款和付款凭证，出现重复记账。

4. 记账凭证无编号或者编号错误

记账凭证的编号，是记账凭证装订和保管的主要依据，一旦编号就不得轻易更改，所以记账凭证无编号是不能记入账簿的。记账凭证经常涉及两份及以上的原始凭证，此时应对原始凭证进行编号，用序号区分表示所附的不同的原始凭证；对于同一份原始凭证需要编制多张记账凭证的也要按规定进行编号。

5. 附件数量和金额错误

记账凭证所附的原始凭证张数和内容与记账凭证不符，或者各张原始凭证所记金额的合计数与记账凭证记录金额不符。记账凭证所附原始凭证，其张数应记入记账凭证的相应位置；记账凭证附件所涉金额，也需要汇总后编入记账凭证中。

6. 印鉴错误

印鉴错误主要包括以下几种：

- 对已入账记账凭证未加盖有关印章，或者加盖不全，使已入账凭证与未入账凭证难以区分
- 有效的记账凭证与出错作废的凭证难以区分
- 记账凭证中没有记账、审核等人员的签章等

17.2.2　记账凭证的常规核查

记账凭证的基本内容在前面已经谈到，在检查记账凭证可能出现的问题时，首先应当依据记账凭证的要素进行相应内容的核查。

（1）记账凭证的基本要素是否完整，有无缺少或空白，主要包括以下内容：

- 填制日期、编号、业务内容摘要
- 附原始凭证张数
- 会计科目及其借贷方向
- 填制、出纳、复核、会计主管人员的签章等是否清晰、准确等

（2）检查会计科目的运用，即：

- 是否符合经济业务的性质和内容

❑ 是否符合有关财务制度和会计制度的规定

❑ 借贷方向与金额是否正确

(3) 检查记账凭证签章栏，各级负责人和有关经办人的签章是否齐备。

(4) 复核记账凭证的各明细科目金额、合计金额是否正确，多计、少计和误计都不允许出现。

(5) 核对记账凭证与对应的账簿记录是否一致，有无出入和账证不符的情况。

(6) 与所附的原始凭证核对，看其数量、金额、摘要等是否一致，有无证证不符的现象。

17.3 会计账簿常见错误及核查

17.3.1 会计账簿常见错误及解决方法

会计账簿，是记录和反映经济业务信息的主要载体，是会计凭证和会计报表之间的桥梁。其质量水平取决于凭证的质量，又决定了报表的质量。对会计账簿进行分析检查是保证会计核算的质量、分析被查单位会计工作水平的重要方面。

账簿中的错漏虽然存在于账簿之中，但引发的原因分布于会计核算的各个阶段。常见的容易造成账簿差错的原因如下：

❑ 会计凭证错弊

❑ 实物盘点错弊

❑ 财务人员之间交接错误

❑ 会计工作操作错误和作假等

掌握账簿分析的常见错弊旨在提示查账人员在查账时注意这些错误的类型，掌握其在账簿中的表现规律，提高发现错弊的敏锐性、及时性和准确性。常见的会计账簿的错误有：

1. 账户设置错误

在建账时，账户设置不合理，从而造成后期会计业务归类困难；或者在进行账户的增删调整时，对一些账户的操作有误，也易引发账户方面的错误。

这类错误只能从根源上杜绝出错的可能性，即在建账时尽量考虑周全，实在不行就按标准的会计账户建账；账户调整时，可根据企业的情况确定采用标准的账户名称等，以免出错。

2. 记账依据错误

记账依据错误，从而造成账簿出错，这种情况一般发生在以下几方面：

- 使用未经过审核的记账凭证从事记账业务
- 有关记账凭证不合乎会计制度的要求
- 有关内部制度处于失控状态

要防止这样的情况发生，需严格执行企业的财务工作制度，对记账依据应当层层审核，相关人员应通力协作，逐次审定并签名。

3. 账簿使用形式错误

这类错误一般是由于对会计工作的不重视所致，其表现形式为：

- 不使用正式规范的账簿登记业务
- 以表代账
- 以单代账
- 用其他簿籍代账
- 记账工具及其记录字体、数据不规范

要避免类似的错误发生，其方法是严格会计规范，认真对待会计核算。

4. 账簿启用、交接错误

账簿的启用和交接，都应有严格和必要的相应手续，以便将前后责任划分清楚。常见的此类错误如下：

- 在账簿扉页上没有注明启用日期、有关人员姓名、账簿页数、使用期限等
- 记账人员交接时无相应记录，造成记账工作不衔接

为了不出现这种错误，应当建立账簿启用和交接程序规范，并严格监督其执行。

5. 记账错误

记账方面的错误，主要指以下几种错误：

- ❑ 错记，即将有关记账要素，如数目、摘要等记录反映错误，有关账户借贷方向颠倒，数字的位数倒错，小数点错误，计算错误等
- ❑ 重记，即重复记账，一账两记或多记
- ❑ 漏记，即将业务记录遗漏未记
- ❑ 有关总账和明细账登记顺序和对应关系错误等

6. 更正方法错误

会计账簿的更正方法，我国的会计相关法律法规有着严格而明确的规定，对于哪些错误可以更正，哪些错误完全不得出现涂改的情况，都有严格的规定。所以在对账簿进行更正时，需要对相关的规定有明确的认知。

这类错误是指对发现的错误未按规范的更正方法进行改正，而是采用非法形式，如涂、挖、刮、补、化学药剂褪色等方法。为了防止在更正账簿时产生的错误，可以采取尽量不做修正的方式，最大限度地从源头上杜绝错误产生的原因。

7. 过账错误

过账错误是指账簿的承转错误，即：

- ❑ 各类账簿启用转记错误
- ❑ 新页与旧页接转错误
- ❑ 承上页、接下页等页次关系不明确

这类错误的预防，最好的办法就是明确过账规则，同时在记账时认真细致。

8. 结账错误

结账是账簿操作中非常重要的一环，是报表数据的直接来源。也就是说，只有结账后，才能将数据截止在结账点，从而生成报表。

结账错误主要表现在以下几个方面：

- ❑ 结账截止时间错误，提前或者推迟结账
- ❑ 各账簿未将本期发生的所有业务登记入账
- ❑ 有关收益、费用和应摊销或预提的费用未按权责发生制原则按期计提或摊销后登记入账
- ❑ 各种收入、成本、费用账户未按规定在结转本年利润后登记入账

为了避免结账错误，需要注意对结账时间的把握，并对结账的意义和方法有清楚的认识。

9. 有关账簿平衡关系破坏

由于会计作账按复式记账法的原理，所以账簿之间的数据会依照平衡公式达到平衡。破坏账簿平衡关系的错误主要是指：

- 账证不符
- 账账不符
- 账表不符
- 账实不符
- 账簿与其他有关资料记录不符

为了避免破坏账簿的平衡关系，需要从会计分录起就严格按平衡公式进行账务处理，在记账时严格按复式记账法的规则记录。

10. 账簿保管错误

现行的会计法规对账簿的保管有明确的规定。在进行保管和管理时，应按照《会计档案管理办法》进行。常见的账簿保管错误如下：

- 账簿保管不当
- 会计档案未建即有散失
- 现存账簿查找困难
- 造成损坏、残缺、腐烂或丢失

账簿的保管错误，一般出现在会计部门管理缺失的时候，所以加强会计部门的内部管理就是应对此类错误的良策。

17.3.2　账簿检查的内容

对账簿的检查，主要是针对上述容易出现的错误，对相应的位置进行细致的检查。其主要内容如下：

（1）复核、验证有关账簿所记载的收、付、存的数额及其小计、合计数的正确性。

（2）审查账簿的入账登记、过账、改账、结账等操作业务的规范性和合规性，检查其账户对应关系的清晰性。

（3）对有关总账和明细账进行核对分析，保证账账相符。

（4）对账簿中记录业务发生的异常点进行重点检查，并根据异常情况和重要错误的线索，进一步检查相应的会计凭证和实物，查明问题的原因所在。

（5）将账簿检查过程中发现的问题进行归纳分类，收集有关证据数据，可根据不同的性质，将账簿中发现的错误归为一类，将账簿中发现的舞弊归为另一类，列出其造成的危害和影响，并将有关证据材料附于其后。

17.3.3 账簿检查的基本方法

账簿的检查处于会计资料审查分析的中间环节，可以作为报表分析审查的深入和继续，也可以作为凭证检查的延伸和补充。

会计人员在对会计账簿进行检查时，可以采用的方法是多种多样的，检查的形式也是多种多样的。其常用的方法有：

1. 复核法

复核法，又称复算法，这是最传统的账簿检查方法，就是采用原始的、机械的方法将账簿中的历史数据重新核算一遍，其合计、小计、差额、积数等也重新进行验算，以确保有关金额或数据会计记录的正确性和准确性。

复核法要求查账人员的核算是正确无误的，该方法工作量比较大，相应地耗时也久。其优点是只要演算正确，其复核结果的正确性毋庸置疑。

复核法的适用范围仅限于账簿中已经发生的有关数据资料。

2. 审阅法

审阅法，是以《会计法》及《企业会计准则》的要求作为判断是非的准绳，通过审查来检查分析有关账簿资料的真实性、合法性和合规性，视其有无差错、疑点或弊端。运用审查法对账簿的分析，主要内容包括以下各个方面：

- 审阅账簿记录的有关经济业务是否符合会计核算的基本要求
- 记账内容是否合规
- 其记账金额是否与记账凭证相符

- ❑ 内容记载是否齐全
- ❑ 账页是否连号
- ❑ 记账是否符合会计制度和记账规则
- ❑ 有无违反《会计法》的现象
- ❑ 有无涂改或其他异常迹象

对明细分类账的记账内容要认真审阅，应对各科目所列内容进行审查，检查是否有以下现象出现：

- ❑ 违反国家有关法令、规定
- ❑ 违反财务会计制度
- ❑ 乱列名目擅自支用等

审阅法对查账人员的要求很高，要求其自身具有一定的执法能力、观察能力、分析能力和判断能力。审阅的成功与否，取决于查账人员自身的素质和经验水平。

审阅法的适用性较广，在查账工作中经常运用。

3. 核对法

核对法就是对存在于凭证、账簿等两个以上会计记录中同时登记的内容的有关数据进行互相对照，用以查明：

- ❑ 账账、账证、账实、账表是否相符
- ❑ 账簿记录是否正确
- ❑ 有无错账、漏账

通常情况下，核对法在分析检查账簿时，关注的内容主要有：

（1）记录之间的对比。核对凭证与账簿记录、账簿与账簿记录（总账与明细账）、账簿与报表记录、账与卡、账与实之间的数额是否相符。

（2）账账之间的对比。核对总分类账借方余额账户的合计数同贷方余额账户的合计数是否相符。

（3）账与账单的核对。如银行打印的对账单、客户认可的往来清单及函证等，同本单位有关账目的数据是否相符。

（4）与其他业务部门的原始记录之间的核对。核对生产记录、发货托运记录、原材料消耗记录、产成品入库记录、废次品记录、考勤记录等同相应的账簿记录所反映的内容、数额是否相符；核对销售合同、外加工合同、联营合同等所记载的内容与金额同有关账簿记录所反映的内容、金额是否相符。

核对法在查账工作中运用也十分广泛，查账人员常常用来发现疑点，取得证据，为进一步审查查证提供线索。核对法可由两人合作进行，也可由一人单独进行。

4. 核实法

核实法，是指将账簿资料与实际情况进行对照，用以验证账实是否相符并取得书面证据的一种方法。通常情况下，核实法主要通过对实物进行盘点来取得书面证据。其核实的重点是各盘存类账户和结算类账户。盘存类账户主要是指：

- 现金
- 原材料
- 燃料
- 产成品
- 银行存款
- 其他货币资金等

结算类账户主要是指：应收、应付、预收、预付等。

核实法只适用于可以账实对照的账簿，是核对法的一个特例情况。核实法的误差主要取决于实物盘点的精细程度，所以对实物数据的要求较高，因而对实物盘点的准确度要求更高。

5. 调节法

调节法，是采用合理合法的手段和方法，将一些不太具有可比性的数据进行调整，从而使其可以进行相关的比较，以验证其是否正确的方法。

由于记录业务的角度和方式不同，账簿与账簿之间、业务与业务之间可能存在着差异，而本单位与业务单位的作账时点也不相同，这些原因都会造成相应的数据无法进行合理比对。因此需要采用调节法对此进行处理，以使其对口且具有可比性。

需要采用调节法进行调节的有：

- 对银行存款未达账的调节，是银行存款日记账余额与银行提供的对账单余额核对

- ❑ 对半成品不同的完工程度的调节，是进行有关半成品账实核对的基础

6. 各种查账分析方法

账户分析法、比较分析法、比率分析法、相关分析法、平衡分析法、分组分析法、因素分析法、推理分析法、图表分析法、差额分析法、量本利分析法、价值分析法、预测分析法等也可以用来检查账簿差错。

17.4　会计报表常见错误及核查

会计报表对数据的精确度要求很高，因为它是企业重要的会计资料，是企业财务成果的报告书。由于会计报表是合法的对外发布报表，因此其编制人员对报表数据的正确性具有一定的法律责任，这使得会计人员在进行会计报表的相关操作时应格外的小心谨慎。

可即使是这样，对会计报表的审查中还是会频频发现问题。这些问题有些是因为操作性错误造成的，还有一些则是各种各样的人为原因造成的。操作性错误可以很容易地通过核对数据来查证，可是人为错误却由于原因复杂，常常难以发现。

人为的会计报表错误，实际上就是各种会计报表舞弊，是为了欺骗报告使用者而对财务报告中列示的数字或会计报表附注进行有意识的错报或忽略。打着为企业避税等旗号进行会计舞弊，实际上危害极大。当这些舞弊不仅是面对国家税务机关，同时还面对企业管理层时，其危害更大。

所以本节主要讲述会计报表的人为错误及其核查方法。

17.4.1　常见的会计报表错误

会计报表的错误，其形成的原因是多种多样的，同时其表现形式也不尽相同。通常情况下，会计报表的错误表现为以下几种：

1. 表表不符

各会计报表的相关报表项目，存在一定的内在关联。主要表现在：

- ❑ 资产负债表中的期末未分配利润应等于利润表中的净利润（本年累计数）加上期初未分配利润

- 资产负债表中的期末货币资金应等于现金流量表中的期末现金及现金等价物余额

而会计报表的表表不符，就是指这些存在内在关联的报表项目的数据存在误差，从而造成表表不符。

2. 虚报盈亏

一些单位或个人为了达到不法目的，在进行会计报表编制时，对其中的数据进行随意调整，想盈利就盈利，想亏损就亏损。

虚报盈亏的主要手段有：

- 人为地加大资产调整利润
- 为了逃税、避免检查而加大成本费用、减少利润等

3. 表账不符

会计报表的数据全部来源于会计账簿，因此正确的会计报表是可以做到表账相符的。但是有时出于某些目的，在对会计报表的相关项目进行填列时，会对一些数据进行调整，从而造成了报表数据与账簿数据不符。

4. 报表附注不真实

会计报表附注是会计报表的补充，主要是对会计报表不能包括的内容或者披露不详尽的内容作进一步的解释、说明，包括：

- 基本会计假设发生变化
- 会计报表各项目的增减变动
- 某项或资产负债表日后事项中的不可调整事项的说明
- 关联方关系及交易的说明等

报表附注的不真实，虽然并不直接影响报表金额，但是对报表使用者的分析和判断却有相当大的影响。

会计报表检查的重点，是指为实现报表检查的目标，有针对性地确定检查的重点及其主要内容。对会计报表的检查重点主要有两个方面：一方面是会计报表的内在质量的检查，侧重于其合法性和真实性；另一方面是分析和评价性检查，侧重于其财务状况和经营成果的评价。

17.4.2 会计报表错误的查找

会计报表是对企业当期财务状况的集中报道。会计报表的错误，会影

响管理层对企业的财务状况进行正确有效的分析。

对会计报表的内在质量检查是会计报表检查的一个重要方面，侧重于对报表合法性和真实性的检查。在会计工作实务中，对会计报表的内在质量检查，主要通过以下三个方面的检查来实现：

1. 对会计报表进行常规性审查

对会计报表进行常规性审查，其内容主要包括：

- ❑ 报表编制是否符合规定的手续和程序
- ❑ 各种报表如资产负债表、利润表、附注等的编制是否齐全
- ❑ 报表的截止日期是否适当，资料来源是否可靠
- ❑ 报表内容是否完整
- ❑ 各项目数据如年初数和期末数及小计、合计、总计是否正确等
- ❑ 对主要报表应逐一核对，其他报表一般可先核对总数，发现差错和可疑问题再进行具体核对，对发现的差错和不平衡现象必须查明原因，找出源头

2. 对报表勾稽关系的审查

勾稽关系，是指相互间存在一种可检查验证的关系。各报表之间存在着一定的勾稽关系，这些关系是报表分析的前提。对报表的内在关系进行审查可以进一步验证报表的正确性，同时还可以研究企业资金运动的联系和趋势。

报表之间的勾稽关系主要表现在以下几个方面：

- ❑ 前期报表与本期报表的关系

说明：本期报表中有关项目的期初数等于上期报表的期末数，如资产负债表的期初数等于上年度资产负债表的期末数；利润表的本期报表中的累计数是上期报表的累计数加本期发生数。

- ❑ 本期报表内部各项目之间的勾稽关系

说明：资产负债表中“资产＝负债＋所有者权益”的平衡关系式；利润表（也叫做损益表）中各利润关系是按照报表所列示的加减关系得出的结果。

❑ 各类报表之间的勾稽关系

说明：在利润未作分配之前或非年末的资产负债表中“未分配利润”的期末数与期初数之差等于利润表（损益表）的“净利润”。

3. 对报表中有关内容的检查

对报表中有关内容的检查，就是对报表中相关数据的审查和分析，这是报表检查的核心。对报表内容的检查，可以验证报表中的数据是否真实正确地反映了企业的财务状况、经营成果和现金流量，并进一步观察企业经营活动的合规性、合法性和有效性。

由于各种会计报表的性质不同，反映的内容也各不相同，其检查的内容和方法也就不尽相同。常见会计报表的检查内容及方法如下：

（1）资产负债表。资产负债表，是静态报表，其反映企业在某一时点上的财务状况。资产负债表的数据，主要来源于资产、负债和所有者权益等账户。这类账户一般都与实物相对应，所以在检查时方法比较多，同时也比较有效。既有余额可供核算，又有实物可供盘点，还可以经过调查取证以及平衡分析、结构分析等，以证实报表数据的真实性。

（2）利润表。利润表，是动态报表，其反映的是某一时期经营的过程和结果。利润表的数据，主要来源于收入、成本、费用等账户。这些账户在月底时会统一划转到利润账户中，所以一般无余额，也无实物可供盘点。往往需要通过计算、摊销、分配才能得出利润表的报表项目数。所以对利润表数据的核查，应当采用适宜其数据特点的方法，这样才能得到检查的证据，取得检查成果。

17.4.3 报表检查的常见方法

会计报表，是会计人员根据会计数据的内在关系编制而成的。会计报表的查错方法有很多，归根结底是根据平衡公式来核查。只是在具体做法上有点不同。

会计报表在编制时若出现错误或勾稽关系不对应，可以采用以下方法进行检查：

1. 审阅检查

审阅检查，也称为顺查法，是报表查错时最常用的方法。其具体做法是，按会计报表的编制顺序再一次仔细阅读和审视，看其是否存在如下问题：

- 各项目是否齐全
- 其内容是否充分反映
- 各项目数据是否按要求填列
- 文字说明是否准确等

如发现异常，则应进一步审查其他有关资料。

2. 计算复核

计算复核，就是将报表中的相关数据重新计算检验，特别是对报表中的小计、合计和总计进行复核，对其应有的平衡关系进行复核，看其是否存在错、漏、重问题。例如，资产负债表中各备抵调整账户，加计为报表数据时应为其被调整账户与备抵调整账户之差。

3. 相关数据核对

通过对相关数据的核对，确定数据是否正确，具体的做法是核对下列数据是否相符：

- 报表与账簿有关数据
- 报表之间的有关数据等

如经核对不符，则说明存在问题，应进一步查明原因。

4. 分析法

分析法，是指会计人员对报表的相关资料和数据，进行专业的整理和归纳，对其中异常的数据进行相应的分析，从而发现出现问题的环节。在判断出问题后，可以继续圈定相应的环节，对其进行重点的检查。

附录

附录 A

会计基础工作规范

第一章　总　　则

第一条　为了加强会计基础工作，建立规范的会计工作秩序，提高会计工作水平，根据《中华人民共和国会计法》的有关规定，制定本规范。

第二条　国家机关、社会团体、企业、事业单位、个体工商户和其他组织的会计基础工作，应当符合本规范的规定。

第三条　各单位应当依据有关法律、法规和本规范的规定，加强会计基础工作，严格执行会计法规制度，保证会计工作依法有序地进行。

第四条　单位领导人对本单位的会计基础工作负有领导责任。

第五条　各省、自治区、直辖市财政厅（局）要加强对会计基础工作的管理和指导，通过政策引导、经验交流、监督检查等措施，促进基层单位加强会计基础工作，不断提高会计工作水平。

国务院各业务主管部门根据职责权限管理本部门的会计基础工作。

第二章　会计机构和会计人员

第一节　会计机构设置和会计人员配备

第六条　各单位应当根据会计业务的需要设置会计机构；不具备单独

设置会计机构条件的，应当在有关机构中配备专职会计人员。

事业行政单位会计机构的设置和会计人员的配备，应当符合国家统一事业行政单位会计制度的规定。

设置会计机构，应当配备会计机构负责人；在有关机构中配备专职会计人员，应当在专职会计人员中指定会计主管人员。

会计机构负责人、会计主管人员的任免，应当符合《中华人民共和国会计法》和有关法律的规定。

第七条　会计机构负责人、会计主管人员应当具备下列基本条件：

（一）坚持原则，廉洁奉公；

（二）具有会计专业技术资格；

（三）主管一个单位或者单位内一个重要方面的财务会计工作时间不少于2年；

（四）熟悉国家财经法律、法规、规章和方针、政策，掌握本行业业务管理的有关知识；

（五）有较强的组织能力；

（六）身体状况能够适应本职工作的要求。

第八条　没有设置会计机构和配备会计人员的单位，应当根据《代理记账管理暂行办法》委托会计师事务所或者持有代理记账许可证书的其他代理记账机构进行代理记账。

第九条　大、中型企业、事业单位、业务主管部门应当根据法律和国家有关规定设置总会计师。总会计师由具有会计师以上专业技术资格的人员担任。

总会计师行使《总会计师条例》规定的职责、权限。

总会计师的任命（聘任）、免职（解聘）依照《总会计师条例》和有关法律的规定办理。

第十条　各单位应当根据会计业务需要配备持有会计证的会计人员。未取得会计证的人员，不得从事会计工作。

第十一条　各单位应当根据会计业务需要设置会计工作岗位。

会计工作岗位一般可分为：会计机构负责人或者会计主管人员、出纳、财产物资核算、工资核算、成本费用核算、财务成果核算、资金核算、往来结算、总账报表、稽核、档案管理等。开展会计电算化和管理会计的单位，可以根据需要设置相应工作岗位，也可以与其他工作岗位相结合。

第十二条 会计工作岗位，可以一人一岗、一人多岗或者一岗多人。但出纳人员不得兼管稽核、会计档案保管和收入、费用、债权债务账目的登记工作。

第十三条 会计人员的工作岗位应当有计划地进行轮换。

第十四条 会计人员应当具备必要的专业知识和专业技能，熟悉国家有关法律、法规、规章和国家统一会计制度，遵守职业道德。

会计人员应当按照国家有关规定参加会计业务的培训。各单位应当合理安排会计人员的培训，保证会计人员每年有一定时间用于学习和参加培训。

第十五条 各单位领导人应当支持会计机构、会计人员依法行使职权；对忠于职守，坚持原则，做出显著成绩的会计机构、会计人员，应当给予精神的和物质的奖励。

第十六条 国家机关、国有企业、事业单位任用会计人员应当实行回避制度。

单位领导人的直系亲属不得担任本单位的会计机构负责人、会计主管人员。会计机构负责人、会计主管人员的直系亲属不得在本单位会计机构中担任出纳工作。

需要回避的直系亲属为：夫妻关系、直系血亲关系、三代以内旁系血亲以及配偶亲关系。

第二节 会计人员职业道德

第十七条 会计人员在会计工作中应当遵守职业道德，树立良好的职业品质、严谨的工作作风，严守工作纪律，努力提高工作效率和工作质量。

第十八条 会计人员应当热爱本职工作，努力钻研业务，使自己的知识和技能适应所从事工作的要求。

第十九条 会计人员应当熟悉财经法律、法规、规章和国家统一会计制度，并结合会计工作进行广泛宣传。

第二十条 会计人员应当按照会计法律、法规和国家统一会计制度规定的程序和要求进行会计工作，保证所提供的会计信息合法、真实、准确、及时、完整。

第二十一条　会计人员办理会计事务应当实事求是、客观公正。

第二十二条　会计人员应当熟悉本单位的生产经营和业务管理情况，运用掌握的会计信息和会计方法，为改善单位内部管理、提高经济效益服务。

第二十三条　会计人员应当保守本单位的商业秘密。除法律规定和单位领导人同意外，不能私自向外界提供或者泄露单位的会计信息。

第二十四条　财政部门、业务主管部门和各单位应当定期检查会计人员遵守职业道德的情况，并作为会计人员晋升、晋级、聘任专业职务、表彰奖励的重要考核依据。

会计人员违反职业道德的，由所在单位进行处罚；情节严重的，由会计证发证机关吊销其会计证。

第三节　会计工作交接

第二十五条　会计人员工作调动或者因故离职，必须将本人所经管的会计工作全部移交给接替人员。没有办清交接手续的，不得调动或者离职。

第二十六条　接替人员应当认真接管移交工作，并继续办理移交的未了事项。

第二十七条　会计人员办理移交手续前，必须及时做好以下工作：

（一）已经受理的经济业务尚未填制会计凭证的，应当填制完毕。

（二）尚未登记的账目，应当登记完毕，并在最后一笔余额后加盖经办人员印章。

（三）整理应该移交的各项资料，对未了事项写出书面材料。

（四）编制移交清册，列明应当移交的会计凭证、会计账簿、会计报表、印章、现金、有价证券、支票簿、发票、文件、其他会计资料和物品等内容；实行会计电算化的单位，从事该项工作的移交人员还应当在移交清册中列明会计软件及密码、会计软件数据磁盘（磁带等）及有关资料、实物等内容。

第二十八条　会计人员办理交接手续，必须有监交人负责监交。一般会计人员交接，由单位会计机构负责人、会计主管人员负责监交；会计机构负责人、会计主管人员交接，由单位领导人负责监交，必要时可由上级主管部门派人会同监交。

第二十九条　移交人员在办理移交时，要按移交清册逐项移交；接替人员要逐项核对点收。

（一）现金、有价证券要根据会计账簿有关记录进行点交。库存现金、有价证券必须与会计账簿记录保持一致。不一致时，移交人员必须限期查清。

（二）会计凭证、会计账簿、会计报表和其他会计资料必须完整无缺。如有短缺，必须查清原因，并在移交清册中注明，由移交人员负责。

（三）银行存款账户余额要与银行对账单核对，如不一致，应当编制银行存款余额调节表调节相符，各种财产物资和债权债务的明细账户余额要与总账有关账户余额核对相符；必要时，要抽查个别账户的余额，与实物核对相符，或者与往来单位、个人核对清楚。

（四）移交人员经管的票据、印章和其他实物等，必须交接清楚；移交人员从事会计电算化工作的，要对有关电子数据在实际操作状态下进行交接。

第三十条　会计机构负责人、会计主管人员移交时，还必须将全部财务会计工作、重大财务收支和会计人员的情况等，向接替人员详细介绍。对需要移交的遗留问题，应当写出书面材料。

第三十一条　交接完毕后，交接双方和监交人员要在移交清册上签名或者盖章，并应在移交清册上注明：单位名称，交接日期，交接双方和监交人员的职务、姓名，移交清册页数以及需要说明的问题和意见等。

移交清册一般应当填制一式三份，交接双方各执一份，存档一份。

第三十二条　接替人员应当继续使用移交的会计账簿，不得自行另立新账，以保持会计记录的连续性。

第三十三条　会计人员临时离职或者因病不能工作且需要接替或者代理的，会计机构负责人、会计主管人员或者单位领导人必须指定有关人员接替或者代理，并办理交接手续。

临时离职或者因病不能工作的会计人员恢复工作的，应当与接替或者代理人员办理交接手续。

移交人员因病或者其他特殊原因不能亲自办理移交的，经单位领导人批准，可由移交人员委托他人代办移交，但委托人应当承担本规范第三十五条规定的责任。

第三十四条　单位撤销时，必须留有必要的会计人员，会同有关人员办理清理工作，编制决算。未移交前，不得离职。接收单位和移交日期由主管部门确定。

单位合并、分立的，其会计工作交接手续比照上述有关规定办理。

第三十五条　移交人员对所移交的会计凭证、会计账簿、会计报表和其他有关资料的合法性、真实性承担法律责任。

第三章　会 计 核 算

第一节　会计核算一般要求

第三十六条　各单位应当按照《中华人民共和国会计法》和国家统一会计制度的规定建立会计账册，进行会计核算，及时提供合法、真实、准确、完整的会计信息。

第三十七条　各单位发生的下列事项，应当及时办理会计手续、进行会计核算：

（一）款项和有价证券的收付；

（二）财物的收发、增减和使用；

（三）债权债务的发生和结算；

（四）资本、基金的增减；

（五）收入、支出、费用、成本的计算；

（六）财务成果的计算和处理；

（七）其他需要办理会计手续、进行会计核算的事项。

第三十八条　各单位的会计核算应当以实际发生的经济业务为依据，按照规定的会计处理方法进行，保证会计指标的口径一致、相互可比和会计处理方法的前后各期相一致。

第三十九条　会计年度自公历 1 月 1 日起至 12 月 31 日止。

第四十条　会计核算以人民币为记账本位币。

收支业务以外国货币为主的单位，也可以选定某种外国货币作为记账本位市，但是编制的会计报表应当折算为人民币反映。

境外单位向国内有关部门编报的会计报表，应当折算为人民币反映。

第四十一条　各单位根据国家统一会计制度的要求，在不影响会计核算要求、会计报表指标汇总和对外统一会计报表的前提下，可以根据实际情况自行设置和使用会计科目。

事业行政单位会计科目的设置和使用，应当符合国家统一事业行政单位会计制度的规定。

第四十二条　会计凭证、会计账簿、会计报表和其他会计资料的内容和要求必须符合国家统一会计制度的规定，不得伪造、变造会计凭证和会计账簿，不得设置账外账，不得报送虚假会计报表。

第四十三条　各单位对外报送的会计报表格式由财政部统一规定。

第四十四条　实行会计电算化的单位，对使用的会计软件及其生成的会计凭证、会计账簿、会计报表和其他会计资料的要求，应当符合财政部关于会计电算化的有关规定。

第四十五条　各单位的会计凭证、会计账簿、会计报表和其他会计资料，应当建立档案，妥善保管。会计档案建档要求、保管期限、销毁办法等依据《会计档案管理办法》的规定进行。

实行会计电算化的单位，有关电子数据、会计软件资料等应当作为会计档案进行管理。

第四十六条　会计记录的文字应当使用中文，少数民族自治地区可以同时使用少数民族文字。中国境内的外商投资企业、外国企业和其他外国经济组织也可以同时使用某种外国文字。

第二节　填制会计凭证

第四十七条　各单位办理本规范第三十七条规定的事项，必须取得或者填制原始凭证，并及时送交会计机构。

第四十八条　原始凭证的基本要求是：

（一）原始凭证的内容必须具备：凭证的名称；填制凭证的日期；填制凭证单位名称或者填制人姓名；经办人员的签名或者盖章；接受凭证单位名称；经济业务内容；数量、单价和金额。

（二）从外单位取得的原始凭证，必须盖有填制单位的公章；从个人取得的原始凭证，必须有填制人员的签名或者盖章。自制原始凭证必须有经办单位领导人或者其指定的人员签名或者盖章。对外开出的原始凭证，必须加盖本单位公章。

（三）凡填有大写和小写金额的原始凭证，大写与小写金额必须相符。购买实物的原始凭证，必须有验收证明。支付款项的原始凭证，必须有收款单位和收款人的收款证明。

（四）一式几联的原始凭证，应当注明各联的用途，只能以一联作为报销凭证。

一式几联的发票和收据，必须用双面复写纸（发票和收据本身具备复写纸功能的除外）套写，并连续编号。作废时应当加盖“作废”戳记，连同存根一起保存，不得撕毁。

（五）发生销货退回的，除填制退货发票外，还必须有退货验收证明；退款时，必须取得对方的收款收据或者汇款银行的凭证，不得以退货发票代替收据。

（六）职工公出借款凭据，必须附在记账凭证之后。收回借款时，应当另开收据或者退还借据副本，不得退还原借款收据。

（七）经上级有关部门批准的经济业务，应当将批准文件作为原始凭证附件；如果批准文件需要单独归档的，应当在凭证上注明批准机关名称、日期和文件字号。

第四十九条　原始凭证不得涂改、挖补。发现原始凭证有错误的，应当由开出单位重开或者更正，更正处应当加盖开出单位的公章。

第五十条　会计机构、会计人员要根据审核无误的原始凭证填制记账凭证。记账凭证可以分为收款凭证、付款凭证和转账凭证，也可以使用通用记账凭证。

第五十一条　记账凭证的基本要求是：

（一）记账凭证的内容必须具备：填制凭证的日期；凭证编号；经济业务摘要；会计科目；金额；所附原始凭证张数；填制凭证人员、稽核人员、记账人员、会计机构负责人、会计主管人员签名或者盖章。收款和付款记账凭证还应当由出纳人员签名或者盖章。以自制的原始凭证或者原始凭证汇总表代替记账凭证的，也必须具备记账凭证应有的项目。

（二）填制记账凭证时，应当对记账凭证进行连续编号。一笔经济业务需要填制两张以上记账凭证的，可以采用分数编号法编号：

（三）记账凭证可以根据每一张原始凭证填制，或者根据若干张同类原始凭证汇总填制，也可以根据原始凭证汇总表填制。但不得将不同内容和类别的原始凭证汇总填制在一张记账凭证上。

（四）除结账和更正错误的记账凭证可以不附原始凭证外，其他记账凭证必须附有原始凭证。如果一张原始凭证涉及几张记账凭证，可以把原始凭证附在一张主要的记账凭证后面，并在其他记账凭证上注明附有该原始凭证的记账凭证的编号或者附原始凭证复印件。一张原始凭证所列支出需要几个单位共同负担的，应当将其他单位负担的部分，开给对方原始凭证分割单，进行结算。原始凭证分割单必须具备原始凭证的基本内容：凭证名称、填制凭证日期、填制凭证单位名称或者填制人姓名、经办人的签名或者盖章、接受凭证单位名称、经济业务内容、数量、单价、金额和费用分摊情况等。

（五）如果在填制记账凭证时发生错误，应当重新填制。已经登记入账的记账凭证，在当年内发现填写错误时，可以用红字填写一张与原内容相同的记账凭证，在摘要栏注明“注销某月某日某号凭证”字样，同时再用蓝字重新填制一张正确的记账凭证，注明“订正某月某日某号凭证”字样。如果会计科目没有错误，只是金额错误，也可以将正确数字与错误数字之间的差额，另编一张调整的记账凭证，调增金额用蓝字，调减金额用红字。发现以前年度记账凭证有错误的，应当用蓝字填制一张更正的记账凭证。

（六）记账凭证填制完经济业务事项后，如有空行，应当自金额栏最后一笔金额数字下的空行处至合计数上的空行处划线注销。

第五十二条　填制会计凭证，字迹必须清晰、工整，并符合下列要求：

（一）阿拉伯数字应当一个一个地写，不得连笔写。阿拉伯金额数字前面应当书写货币币种符号或者货币名称简写和币种符号。币种符号与阿拉伯金额数字之间不得留有空白。凡阿拉伯数字前写有币种符号的，数字后面不再写货币单位。

（二）所有以元为单位（其他货币种类为货币基本单位，下同）的阿拉伯数字，除表示单价等情况外，一律填写到角分；无角分的，角位和分位可写“00”，或者符号“-”；有角无分的，分位应当写“0”，不得用符号“-”代替。

（三）汉字大写数字金额如零、壹、贰、叁、肆、伍、陆、柒、捌、玖、拾、佰、仟、万、亿等，一律用正楷或者行书体书写，不得用0、一、二、三、四、五、六、七、八、九、十等简化字代替，不得任意自造简化字。大写金额数字到元或者角为止的，在“元”或者“角”字之后应当写“整”字或者“正”字；大写金额数字有分的，分字后面不写“整”或者“正”字。

（四）大写金额数字前未印有货币名称的，应当加填货币名称，货币名称与金额数字之间不得留有空白。

（五）阿拉伯金额数字中间有“0”时，汉字大写金额要写“零”字；阿拉伯数字金额中间连续有几个“0”时，汉字大写金额中可以只写一个“零”字；阿拉伯金额数字元位是“0”，或者数字中间连续有几个“0”、元位也是“0”但角位不是“0”时，汉字大写金额可以只写一个“零”字，也可以不写“零”字。

第五十三条　实行会计电算化的单位，对于机制记账凭证，要认真审核，做到会计科目使用正确，数字准确无误。打印出的机制记账凭证要加盖制单人员、审核人员、记账人员及会计机构负责人、会计主管人员印章或者签字。

第五十四条　各单位会计凭证的传递程序应当科学、合理，具体办法由各单位根据会计业务需要自行规定。

第五十五条　会计机构、会计人员要妥善保管会计凭证。

（一）会计凭证应当及时传递，不得积压。

（二）会计凭证登记完毕后，应当按照分类和编号顺序保管，不得散乱丢失。

（三）记账凭证应当连同所附的原始凭证或者原始凭证汇总表，按照编号顺序，折叠整齐，按期装订成册，并加具封面，注明单位名称、年度、月份和起讫日期、凭证种类、起讫号码，由装订人在装订线封签外签名或者盖章。对于数量过多的原始凭证，可以单独装订保管，在封面上注明记账凭证日期、编号、种类，同时在记账凭证上注明“附件另订”和原始凭证名称及编号。各种经济合同、存出保证金收据以及涉外文件等重要原始凭证，应当另编目录，单独登记保管，并在有关的记账凭证和原始凭证上相互注明日期和编号。

（四）原始凭证不得外借，其他单位如因特殊原因需要使用原始凭证时，经本单位会计机构负责人、会计主管人员批准，可以复制。向外单位提供的原始凭证复制件，应当在专设的登记簿上登记，并由提供人员和收取人员共同签名或者盖章。

（五）从外单位取得的原始凭证如有遗失，应当取得原开出单位盖有公章的证明，并注明原来凭证的号码、金额和内容等，由经办单位会计机构负责人、会计主管人员和单位领导人批准后，才能代作原始凭证。如果确实无法取得证明的，如火车、轮船、飞机票等凭证，由当事人写出详细情况，由经办单位会计机构负责人、会计主管人员和单位领导人批准后，代作原始凭证。

第三节　登记会计账簿

第五十六条　各单位应当按照国家统一会计制度的规定和会计业务的需要设置会计账簿。会计账簿包括总账、明细账、日记账和其他辅助性账簿。

第五十七条　现金日记账和银行存款日记账必须采用订本式账簿。不得用银行对账单或者其他方法代替日记账。

第五十八条　实行会计电算化的单位，用计算机打印的会计账簿必须连续编号，经审核无误后装订成册，并由记账人员和会计机构负责人、会计主管人员签字或者盖章。

第五十九条　启用会计账簿时，应当在账簿封面上写明单位名称和账簿名称。在账簿扉页上应当附启用表，内容包括：启用日期、账簿页数、记账人员和会计机构负责人、会计主管人员姓名，并加盖名章和单位公章。记账人员或者会计机构负责人、会计主管人员调动工作时，应当注明交接日期、接办人员或者监交人员姓名，并由交接双方人员签名或者盖章。启用订本式账簿，应当从第一页到最后一页顺序编定页数，不得跳页、缺号。使用活页式账页，应当按账户顺序编号，并须定期装订成册。装订后再按实际使用的账页顺序编定页码。另加目录，记明每个账户的名称和页次。

第六十条　会计人员应当根据审核无误的会计凭证登记会计账簿。登记账簿的基本要求是：

（一）登记会计账簿时，应当将会计凭证日期、编号、业务内容摘要、金额和其他有关资料逐项记入账内；做到数字准确、摘要清楚、登记及时、字迹工整。

（二）登记完毕后，要在记账凭证上签名或者盖章，并注明已经登账的符号，表示已经记账。

（三）账簿中书写的文字和数字上面要留有适当空格，不要写满格；一般应占格距的1/2。

（四）登记账簿要用蓝黑墨水或者碳素墨水书写，不得使用圆珠笔（银行的复写账簿除外）或者铅笔书写。

（五）下列情况，可以用红色墨水记账：

1. 按照红字冲账的记账凭证，冲销错误记录；

2. 在不设借贷等栏的多栏式账页中，登记减少数；

3. 在三栏式账户的余额栏前，如未印明余额方面的，在余额栏内登记负数余额；

4. 根据国家统一会计制度的规定可以用红字登记的其他会计记录。

（六）各种账簿按页次顺序连续登记，不得跳行、隔页。如果发生跳行、隔页，应当将空行、空页划线注销，或者注明“此行空白”、“此页空白”字样，并由记账人员签名或者盖章。

（七）凡需要结出余额的账户，结出余额后。应当在“借或贷”等栏内写明“借”或者“贷”等字样。没有余额的账户，应当在“借或贷”

等栏内写“平”字，并在余额栏内用“0”表示。现金日记账和银行存款日记账必须逐日结出余额。

（八）每一账页登记完毕结转下页时，应当结出本页合计数及余额，写在本页最后一行和下页第一行有关栏内，并在摘要栏内注明“过次页”和“承前页”字样；也可以将本页合计数及金额只写在下页第一行有关栏内，并在摘要栏内注明“承前页”字样。对需要结计本月发生额的账户，结计“过次页”的本页合计数应当为自本月初起至本页末止的发生额合计数；对需要结计本年累计发生额的账户，结计“过次页”的本页合计数应当为自年初起至本页末止的累计数；对既不需要结计本月发生额也不需要结计本年累计发生额的账户，可以只将每页末的余额结转次页。

第六十一条　实行会计电算化的单位，总账和明细账应当定期打印。发生收款和付款业务的，在输入收款凭证和付款凭证的当天必须打印出现金日记账和银行存款日记账，并与库存现金核对无误。

第六十二条　账簿记录发生错误，不准涂改、挖补、刮擦或者用药水消除字迹，不准重新抄写，必须按照下列方法进行更正：

（一）登记账簿时发生错误，应当将错误的文字或者数字划红线注销，但必须使原有字迹仍可辨认；然后在划线上方填写正确的文字或者数字，并由记账人员在更正处盖章。对于错误的数字，应当全部划红线更正，不得只更正其中的错误数字。对于文字错误，可只划去错误的部分。

（二）由于记账凭证错误而使账簿记录发生错误，应当按更正的记账凭证登记账簿。

第六十三条　各单位应当定期对会计账簿记录的有关数字与库存实物、货币资金、有价证券、往来单位或者个人等进行相互核对，保证账证相符、账账相符、账实相符。对账工作每年至少进行一次。

（一）账证核对。核对会计账簿记录与原始凭证、记账凭证的时间、凭证字号、内容、金额是否一致，记账方向是否相符。

（二）账账核对。核对不同会计账簿之间的账簿记录是否相符，包括：总账有关账户的余额核对，总账与明细账核对，总账与日记账核对，会计部门的财产物资明细账与财产物资保管和使用部门的有关明细账核对等。

（三）账实核对。核对会计账簿记录与财产等实有数额是否相符。包括：现金日记账账面余额与现金实际库存数相核对；银行存款日记账账面余额定期与银行对账单相核对；各种财物明细账账面余额与财物实存数额相核对；各种应收、应付款明细账账面余额与有关债务、债权单位或者个人核对等。

第六十四条　各单位应当按照规定定期结账。

（一）结账前，必须将本期内所发生的各项经济业务全部登记入账。

（二）结账时，应当结出每个账户的期末余额。需要结出当月发生额的，应当在摘要栏内注明“本月合计”字样，并在下面通栏划单红线。需要结出本年累计发生额的，应当在摘要栏内注明“本年累计”字样，并在下面通栏划单红线；12 月末的“本年累计”就是全年累计发生额。全年累计发生额下面应当通栏划双红线。年度终了结账时，所有总账账户都应当结出全年发生额和年末余额。

（三）年度终了，要把各账户的余额结转到下一会计年度，并在摘要栏注明“结转下年”字样；在下一会计年度新建有关会计账簿的第一行余额栏内填写上年结转的余额，并在摘要栏注明“上年结转”字样。

第四节　编制财务报告

第六十五条　各单位必须按照国家统一会计制度的规定，定期编制财务报告。

财务报告包括会计报表及其说明。会计报表包括会计报表主表、会计报表附表、会计报表附注。

第六十六条　各单位对外报送的财务报告应当根据国家统一会计制度规定的格式和要求编制。

单位内部使用的财务报告，其格式和要求由各单位自行规定。

第六十七条　会计报表应当根据登记完整、核对无误的会计账簿记录和其他有关资料编制，做到数字真实、计算准确、内容完整、说明清楚。

任何人不得篡改或者授意、指使、强令他人篡改会计报表的有关数字。

第六十八条　会计报表之间、会计报表各项目之间，凡有对应关系的数字，应当相互一致。本期会计报表与上期会计报表之间有关的数字应当相互衔接。如果不同会计年度会计报表中各项目的内容和核算方法有变更的，应当在年度会计报表中加以说明。

第六十九条　各单位应当按照国家统一会计制度的规定认真编写会计报表附注及其说明，做到项目齐全，内容完整。

第七十条　各单位应当按照国家规定的期限对外报送财务报告。

对外报送的财务报告，应当依次编写页码，加具封面，装订成册，加盖公章。封面上应当注明：单位名称，单位地址，财务报告所属年度、季度、月度，送出日期，并由单位领导人、总会计师、会计机构负责人、会计主管人员签名或者盖章。

单位领导人对财务报告的合法性、真实性负法律责任。

第七十一条　根据法律和国家有关规定应当对财务报告进行审计的，则务报告编制单位应当先行委托注册会计师进行审计，并将注册会计师出具的审计报告随同财务报告按照规定的期限报送有关部门。

第七十二条　如果发现对外报送的财务报告有错误，应当及时办理更正手续。除更正本单位留存的财务报告外，并应同时通知接受财务报告的单位更正。错误较多的，应当重新编报。

第四章　会计监督

第七十三条　各单位的会计机构、会计人员对本单位的经济活动进行会计监督。

第七十四条　会计机构、会计人员进行会计监督的依据是：

（一）财经法律、法规、规章；

（二）会计法律、法规和国家统一会计制度；

（三）各省、自治区、直辖市财政厅（局）和国务院业务主管部门根据《中华人民共和国会计法》和国家统一会计制度制定的具体实施办法或者补充规定；

（四）各单位根据《中华人民共和国会计法》和国家统一会计制度制定的单位内部会计管理制度；

（五）各单位内部的预算、财务计划、经济计划、业务计划等。

第七十五条　会计机构、会计人员应当对原始凭证进行审核和监督。

对不真实、不合法的原始凭证，不予受理。对弄虚作假、严重违法的原始凭证，在不予受理的同时，应当予以扣留，并及时向单位领导人报告，请求查明原因，追究当事人的责任。

对记载不准确、不完整的原始凭证，予以退回，要求经办人员更正、补充。

第七十六条　会计机构、会计人员对伪造、变造、故意毁灭会计账簿或者账外设账行为，应当制止和纠正；制止和纠正无效的，应当向上级主管单位报告，请求作出处理。

第七十七条　会计机构、会计人员应当对实物、款项进行监督，督促建立并严格执行财产清查制度。发现账簿记录与实物、款项不符时，应当按照国家有关规定进行处理。超出会计机构、会计人员职权范围的，应当立即向本单位领导报告，请求查明原因，作出处理。

第七十八条　会计机构、会计人员对指使、强令编造、篡改财务报告行为，应当制止和纠正；制止和纠正无效的，应当向上级主管单位报告，请求处理。

第七十九条　会计机构、会计人员应当对财务收支进行监督。

（一）对审批手续不全的财务收支，应当退回，要求补充、更正。

（二）对违反规定不纳入单位统一会计核算的财务收支，应当制止和纠正。

（三）对违反国家统一的财政、财务、会计制度规定的财务收支，不予办理。

（四）对认为是违反国家统一的财政、财务、会计制度规定的财务收支，应当制止和纠正；制止和纠正无效的，应当向单位领导人提出书面意见请求处理。

单位领导人应当在接到书面意见起 10 日内作出书面决定，并对决定承担责任。

（五）对违反国家统一的财政、财务、会计制度规定的财务收支，不予制止和纠正，又不向单位领导人提出书面意见的，也应当承担责任。

（六）对严重违反国家利益和社会公众利益的财务收支，应当向主管单位或者财政、审计、税务机关报告。

第八十条　会计机构、会计人员对违反单位内部会计管理制度的经济活动，应当制止和纠正；制止和纠正无效的，向单位领导人报告，请求处理。

第八十一条　会计机构、会计人员应当对单位制定的预算、财务计划、经济计划、业务计划的执行情况进行监督。

第八十二条　各单位必须依照法律和国家有关规定接受财政、审计、税务等机关的监督，如实提供会计凭证、会计账簿、会计报表和其他会计资料以及有关情况，不得拒绝、隐匿、谎报。

第八十三条　按照法律规定应当委托注册会计师进行审计的单位，应当委托注册会计师进行审计，并配合注册会计师的工作，如实提供会计凭证、会计账簿、会计报表和其他会计资料以及有关情况，不得拒绝、隐匿、谎报，不得示意注册会计师出具不当的审计报告。

第五章　内部会计管理制度

第八十四条　各单位应当根据《中华人民共和国会计法》和国家统一会计制度的规定，结合单位类型和内容管理的需要，建立健全相应的内部会计管理制度。

第八十五条　各单位制定内部会计管理制度应当遵循下列原则：

（一）应当执行法律、法规和国家统一的财务会计制度。

（二）应当体现本单位的生产经营、业务管理的特点和要求。

（三）应当全面规范本单位的各项会计工作，建立健全会计基础，保证会计工作的有序进行。

（四）应当科学、合理，便于操作和执行。

（五）应当定期检查执行情况。

（六）应当根据管理需要和执行中的问题不断完善。

第八十六条　各单位应当建立内部会计管理体系。主要内容包括：单位领导人、总会计师对会计工作的领导职责；会计部门及其会计机构负责人、会计主管人员的职责、权限；会计部门与其他职能部门的关系；会计核算的组织形式等。

第八十七条　各单位应当建立会计人员岗位责任制度。主要内容包括：会计人员的工作岗位设置；各会计工作岗位的职责和标准；各会计工作岗位的人员和具体分工；会计工作岗位轮换办法；对各会计工作岗位的考核办法。

第八十八条　各单位应当建立账务处理程序制度。主要内容包括：会计科目及其明细科目的设置和使用；会计凭证的格式、审核要求和传递程序；会计核算方法；会计账簿的设置；编制会计报表的种类和要求；单位会计指标体系。

第八十九条　各单位应当建立内部牵制制度。主要内容包括：内部牵制制度的原则；组织分工；出纳岗位的职责和限制条件；有关岗位的职责和权限。

第九十条　各单位应当建立稽核制度。主要内容包括：稽核工作的组织形式和具体分工；稽核工作的职责、权限；审核会计凭证和复核会计账簿、会计报表的方法。

第九十一条　各单位应当建立原始记录管理制度。主要内容包括：原始记录的内容和填制方法；原始记录的格式；原始记录的审核；原始记录填制人的责任；原始记录签署、传递、汇集要求。

第九十二条　各单位应当建立定额管理制度。主要内容包括：定额管理的范围；制定和修订定额的依据、程序和方法；定额的执行；定额考核和奖惩办法等。

第九十三条　各单位应当建立计量验收制度。主要内容包括：计量检测手段和方法；计量验收管理的要求；计量验收人员的责任和奖惩办法。

第九十四条　各单位应当建立财产清查制度。主要内容包括：财产清查的范围；财产清查的组织；财产清查的期限和方法；对财产清查中发现问题的处理办法；对财产管理人员的奖惩办法。

第九十五条　各单位应当建立财务收支审批制度。主要内容包括：财务收支审批人员和审批权限；财务收支审批程序；财务收支审批人员的责任。

第九十六条　实行成本核算的单位应当建立成本核算制度。主要内容包括：成本核算的对象；成本核算的方法和程序；成本分析等。

第九十七条　各单位应当建立财务会计分析制度。主要内容包括：财务会计分析的主要内容；财务会计分析的基本要求和组织程序；财务会计分析的具体方法；财务会计分析报告的编写要求等。

第六章　附　　则

第九十八条　本规范所称国家统一会计制度，是指由财政部制定、或者财政部与国务院有关部门联合制定、或者经财政部审核批准的在全国范围内统一执行的会计规章、准则、办法等规范性文件。

本规范所称会计主管人员，是指不设置会计机构、只在其他机构中设置专职会计人员的单位行使会计机构负责人职权的人员。

本规范第三章第二节和第三节关于填制会计凭证、登记会计账簿的规定，除特别指出外，一般适用于手工记账。实行会计电算化的单位，填制会计凭证和登记会计账簿的有关要求，应当符合财政部关于会计电算化的有关规定。

第九十九条　各省、自治区、直辖市财政厅（局）、国务院各业务主管部门可以根据本规范的原则，结合本地区、本部门的具体情况，制定具体实施办法，报财政部备案。

第一百条　本规范由财政部负责解释、修改。

第一百零一条　本规范自公布之日起实施。1984 年 4 月 24 日财政部发布的《会计人员工作规则》同时废止。

附录B
小企业会计准则

第一章　总　　则

第一条　为了规范小企业会计确认、计量和报告行为，促进小企业可持续发展，发挥小企业在国民经济和社会发展中的重要作用，根据《中华人民共和国会计法》及其他有关法律和法规，制定本准则。

第二条　本准则适用于在中华人民共和国境内依法设立的、符合《中小企业划型标准规定》所规定的小型企业标准的企业。

下列三类小企业除外：

（一）股票或债券在市场上公开交易的小企业。

（二）金融机构或其他具有金融性质的小企业。

（三）企业集团内的母公司和子公司。

前款所称企业集团、母公司和子公司的定义与《企业会计准则》的规定相同。

第三条　符合本准则第二条规定的小企业，可以执行本准则，也可以执行《企业会计准则》。

（一）执行本准则的小企业，发生的交易或者事项本准则未作规范的，可以参照《企业会计准则》中的相关规定进行处理。

（二）执行《企业会计准则》的小企业，不得在执行《企业会计准则》的同时，选择执行本准则的相关规定。

（三）执行本准则的小企业公开发行股票或债券的，应当转为执行《企业会计准则》；因经营规模或企业性质变化导致不符合本准则第二条规定而成为大中型企业或金融企业的，应当从次年1月1日起转为执行《企业会计准则》。

（四）已执行《企业会计准则》的上市公司、大中型企业和小企业，不得转为执行本准则。

第四条　执行本准则的小企业转为执行《企业会计准则》时，应当按照《企业会计准则第38号——首次执行企业会计准则》等相关规定进行会计处理。

第二章　资　　产

第五条　资产，是指小企业过去的交易或者事项形成的、由小企业拥有或者控制的、预期会给小企业带来经济利益的资源。

小企业的资产按照流动性，可分为流动资产和非流动资产。

第六条　小企业的资产应当按照成本计量，不计提资产减值准备。

第一节　流动资产

第七条　小企业的流动资产，是指预计在1年内（含1年，下同）或超过1年的一个正常营业周期内变现、出售或耗用的资产。

小企业的流动资产包括：货币资金、短期投资、应收及预付款项、存货等。

第八条　短期投资，是指小企业购入的能随时变现并且持有时间不准备超过1年（含1年，下同）的投资，如小企业以赚取差价为目的从二级市场购入的股票、债券、基金等。

短期投资应当按照以下规定进行会计处理：

（一）以支付现金取得的短期投资，应当按照购买价款和相关税费作为成本进行计量。

实际支付价款中包含的已宣告但尚未发放的现金股利或已到付息期但

尚未领取的债券利息，应当单独确认为应收股利或应收利息，不计入短期投资的成本。

（二）在短期投资持有期间，被投资单位宣告分派的现金股利或在债务人应付利息日按照分期付息、一次还本债券投资的票面利率计算的利息收入，应当计入投资收益。

（三）出售短期投资，出售价款扣除其账面余额、相关税费后的净额，应当计入投资收益。

第九条　应收及预付款项，是指小企业在日常生产经营活动中发生的各项债权。包括：应收票据、应收账款、应收股利、应收利息、其他应收款等应收款项和预付账款。

应收及预付款项应当按照发生额入账。

第十条　小企业应收及预付款项符合下列条件之一的，减除可收回的金额后确认的无法收回的应收及预付款项，作为坏账损失：

（一）债务人依法宣告破产、关闭、解散、被撤销，或者被依法注销、吊销营业执照，其清算财产不足清偿的。

（二）债务人死亡，或者依法被宣告失踪、死亡，其财产或者遗产不足清偿的。

（三）债务人逾期3年以上未清偿，且有确凿证据证明已无力清偿债务的。

（四）与债务人达成债务重组协议或法院批准破产重整计划后，无法追偿的。

（五）因自然灾害、战争等不可抗力导致无法收回的。

（六）国务院财政、税务主管部门规定的其他条件。

应收及预付款项的坏账损失应当于实际发生时计入营业外支出，同时冲减应收及预付款项。

第十一条　存货，是指小企业在日常生产经营过程中持有以备出售的产成品或商品、处在生产过程中的在产品、将在生产过程或提供劳务过程中耗用的材料和物料等，以及小企业（农、林、牧、渔业）为出售而持有的、或在将来收获为农产品的消耗性生物资产。

小企业的存货包括：原材料、在产品、半成品、产成品、商品、周转材料、委托加工物资、消耗性生物资产等。

（一）原材料，是指小企业在生产过程中经加工改变其形态或性质并构成产品主要实体的各种原料及主要材料、辅助材料、外购半成品（外购件）、修理用备件（备品备件）、包装材料、燃料等。

（二）在产品，是指小企业正在制造尚未完工的产品。包括：正在各个生产工序加工的产品，以及已加工完毕但尚未检验或已检验但尚未办理入库手续的产品。

（三）半成品，是指小企业经过一定生产过程并已检验合格交付半成品仓库保管，但尚未制造完工成为产成品，仍需进一步加工的中间产品。

（四）产成品，是指小企业已经完成全部生产过程并已验收入库，符合标准规格和技术条件，可以按照合同规定的条件送交订货单位，或者可以作为商品对外销售的产品。

（五）商品，是指小企业（批发业、零售业）外购或委托加工完成并已验收入库用于销售的各种商品。

（六）周转材料，是指小企业能够多次使用、逐渐转移其价值但仍保持原有形态且不确认为固定资产的材料。包括：包装物、低值易耗品、小企业（建筑业）的钢模板、木模板、脚手架等。

（七）委托加工物资，是指小企业委托外单位加工的各种材料、商品等物资。

（八）消耗性生物资产，是指小企业（农、林、牧、渔业）生长中的大田作物、蔬菜、用材林以及存栏待售的牲畜等。

第十二条　小企业取得的存货，应当按照成本进行计量。

（一）外购存货的成本包括：购买价款、相关税费、运输费、装卸费、保险费以及在外购存货过程发生的其他直接费用，但不含按照税法规定可以抵扣的增值税进项税额。

（二）通过进一步加工取得存货的成本包括：直接材料、直接人工以及按照一定方法分配的制造费用。

经过1年期以上的制造才能达到预定可销售状态的存货发生的借款费用，也计入存货的成本。

前款所称借款费用，是指小企业因借款而发生的利息及其他相关成本。包括：借款利息、辅助费用以及因外币借款而发生的汇兑差额等。

（三）投资者投入存货的成本，应当按照评估价值确定。

（四）提供劳务的成本包括：与劳务提供直接相关的人工费、材料费和应分摊的间接费用。

（五）自行栽培、营造、繁殖或养殖的消耗性生物资产的成本，应当按照下列规定确定：

1. 自行栽培的大田作物和蔬菜的成本包括：在收获前耗用的种子、肥料、农药等材料费、人工费和应分摊的间接费用。

2. 自行营造的林木类消耗性生物资产的成本包括：郁闭前发生的造林费、抚育费、营林设施费、良种试验费、调查设计费和应分摊的间接费用。

3. 自行繁殖的育肥畜的成本包括：出售前发生的饲料费、人工费和应分摊的间接费用。

4. 水产养殖的动物和植物的成本包括：在出售或入库前耗用的苗种、饲料、肥料等材料费、人工费和应分摊的间接费用。

（六）盘盈存货的成本，应当按照同类或类似存货的市场价格或评估价值确定。

第十三条　小企业应当采用先进先出法、加权平均法或者个别计价法确定发出存货的实际成本。计价方法一经选用，不得随意变更。

对于性质和用途相似的存货，应当采用相同的成本计算方法确定发出存货的成本。对于不能替代使用的存货、为特定项目专门购入或制造的存货以及提供的劳务，采用个别计价法确定发出存货的成本。

对于周转材料，采用一次转销法进行会计处理，在领用时按其成本计入生产成本或当期损益；金额较大的周转材料，也可以采用分次摊销法进行会计处理。出租或出借周转材料，不需要结转其成本，但应当进行备查登记。

对于已售存货，应当将其成本结转为营业成本。

第十四条　小企业应当根据生产特点和成本管理的要求，选择适合于本企业的成本核算对象、成本项目和成本计算方法。

小企业发生的各项生产费用，应当按照成本核算对象和成本项目分别归集。

（一）属于材料费、人工费等直接费用，直接计入基本生产成本和辅助生产成本。

（二）属于辅助生产车间为生产产品提供的动力等直接费用，可以先作为辅助生产成本进行归集，然后按照合理的方法分配计入基本生产成本；也可以直接计入所生产产品发生的生产成本。

（三）其他间接费用应当作为制造费用进行归集，月度终了，再按一定的分配标准，分配计入有关产品的成本。

第十五条　存货发生毁损，处置收入、可收回的责任人赔偿和保险赔款，扣除其成本、相关税费后的净额，应当计入营业外支出或营业外收入。

盘盈存货实现的收益应当计入营业外收入。

盘亏存货发生的损失应当计入营业外支出。

第二节　长期投资

第十六条　小企业的非流动资产，是指流动资产以外的资产。

小企业的非流动资产包括：长期债券投资、长期股权投资、固定资产、生产性生物资产、无形资产、长期待摊费用等。

第十七条　长期债券投资，是指小企业准备长期（在1年以上，下同）持有的债券投资。

第十八条　长期债券投资应当按照购买价款和相关税费作为成本进行计量。

实际支付价款中包含的已到付息期但尚未领取的债券利息，应当单独确认为应收利息，不计入长期债券投资的成本。

第十九条　长期债券投资在持有期间发生的应收利息应当确认为投资收益。

（一）分期付息、一次还本的长期债券投资，在债务人应付利息日按照票面利率计算的应收未收利息收入应当确认为应收利息，不增加长期债券投资的账面余额。

（二）一次还本付息的长期债券投资，在债务人应付利息日按照票面利率计算的应收未收利息收入应当增加长期债券投资的账面余额。

（三）债券的折价或者溢价在债券存续期间内于确认相关债券利息收入时采用直线法进行摊销。

第二十条　长期债券投资到期，小企业收回长期债券投资，应当冲减其账面余额。

处置长期债券投资，处置价款扣除其账面余额、相关税费后的净额，应当计入投资收益。

第二十一条　小企业长期债券投资符合本准则第十条所列条件之一的，减除可收回的金额后确认的无法收回的长期债券投资，作为长期债券投资损失。

长期债券投资损失应当于实际发生时计入营业外支出，同时冲减长期债券投资账面余额。

第二十二条　长期股权投资，是指小企业准备长期持有的权益性投资。

第二十三条　长期股权投资应当按照成本进行计量。

（一）以支付现金取得的长期股权投资，应当按照购买价款和相关税费作为成本进行计量。

实际支付价款中包含的已宣告但尚未发放的现金股利，应当单独确认为应收股利，不计入长期股权投资的成本。

（二）通过非货币性资产交换取得的长期股权投资，应当按照换出非货币性资产的评估价值和相关税费作为成本进行计量。

第二十四条　长期股权投资应当采用成本法进行会计处理。

在长期股权投资持有期间，被投资单位宣告分派的现金股利或利润，应当按照应分得的金额确认为投资收益。

第二十五条　处置长期股权投资，处置价款扣除其成本、相关税费后的净额，应当计入投资收益。

第二十六条　小企业长期股权投资符合下列条件之一的，减除可收回的金额后确认的无法收回的长期股权投资，作为长期股权投资损失：

（一）被投资单位依法宣告破产、关闭、解散、被撤销，或者被依法注销、吊销营业执照的。

（二）被投资单位财务状况严重恶化，累计发生巨额亏损，已连续停止经营3年以上，且无重新恢复经营改组计划的。

（三）对被投资单位不具有控制权，投资期限届满或者投资期限已超过10年，且被投资单位因连续3年经营亏损导致资不抵债的。

（四）被投资单位财务状况严重恶化，累计发生巨额亏损，已完成清算或清算期超过 3 年以上的。

（五）国务院财政、税务主管部门规定的其他条件。

长期股权投资损失应当于实际发生时计入营业外支出，同时冲减长期股权投资账面余额。

第三节　固定资产和生产性生物资产

第二十七条　固定资产，是指小企业为生产产品、提供劳务、出租或经营管理而持有的，使用寿命超过 1 年的有形资产。

小企业的固定资产包括：房屋、建筑物、机器、机械、运输工具、设备、器具、工具等。

第二十八条　固定资产应当按照成本进行计量。

（一）外购固定资产的成本包括：购买价款、相关税费、运输费、装卸费、保险费、安装费等，但不含按照税法规定可以抵扣的增值税进项税额。

以一笔款项购入多项没有单独标价的固定资产，应当按照各项固定资产或类似资产的市场价格或评估价值比例对总成本进行分配，分别确定各项固定资产的成本。

（二）自行建造固定资产的成本，由建造该项资产在竣工决算前发生的支出（含相关的借款费用）构成。

小企业在建工程在试运转过程中形成的产品、副产品或试车收入冲减在建工程成本。

（三）投资者投入固定资产的成本，应当按照评估价值和相关税费确定。

（四）融资租入的固定资产的成本，应当按照租赁合同约定的付款总额和在签订租赁合同过程中发生的相关税费等确定。

（五）盘盈固定资产的成本，应当按照同类或者类似固定资产的市场价格或评估价值，扣除按照该项固定资产新旧程度估计的折旧后的余额确定。

第二十九条　小企业应当对所有固定资产计提折旧，但已提足折旧仍继续使用的固定资产和单独计价入账的土地不得计提折旧。

固定资产的折旧费应当根据固定资产的受益对象计入相关资产成本或

者当期损益。

前款所称折旧，是指在固定资产使用寿命内，按照确定的方法对应计折旧额进行系统分摊。应计折旧额，是指应当计提折旧的固定资产的原价（成本）扣除其预计净残值后的金额。预计净残值，是指固定资产预计使用寿命已满，小企业从该项固定资产处置中获得的扣除预计处置费用后的净额。已提足折旧，是指已经提足该项固定资产的应计折旧额。

第三十条　小企业应当按照年限平均法（即直线法，下同）计提折旧。小企业的固定资产由于技术进步等原因，确需加速折旧的，可以采用双倍余额递减法和年数总和法。

小企业应当根据固定资产的性质和使用情况，并考虑税法的规定，合理确定固定资产的使用寿命和预计净残值。

固定资产的折旧方法、使用寿命、预计净残值一经确定，不得随意变更。

第三十一条　小企业应当按月计提折旧，当月增加的固定资产，当月不计提折旧，从下月起计提折旧；当月减少的固定资产，当月仍计提折旧，从下月起不计提折旧。

第三十二条　固定资产的日常修理费，应当在发生时根据固定资产的受益对象计入相关资产成本或者当期损益。

第三十三条　固定资产的改建支出，应当计入固定资产的成本，但已提足折旧的固定资产和经营租入的固定资产发生的改建支出应当计入长期待摊费用。

前款所称固定资产的改建支出，是指改变房屋或者建筑物结构、延长使用年限等发生的支出。

第三十四条　处置固定资产，处置收入扣除其账面价值、相关税费和清理费用后的净额，应当计入营业外收入或营业外支出。

前款所称固定资产的账面价值，是指固定资产原价（成本）扣减累计折旧后的金额。

盘亏固定资产发生的损失应当计入营业外支出。

第三十五条　生产性生物资产，是指小企业（农、林、牧、渔业）为生产农产品、提供劳务或出租等目的而持有的生物资产。包括：经济林、薪炭林、产畜和役畜等。

第三十六条　生产性生物资产应当按照成本进行计量。

（一）外购的生产性生物资产的成本，应当按照购买价款和相关税费确定。

（二）自行营造或繁殖的生产性生物资产的成本，应当按照下列规定确定：

1. 自行营造的林木类生产性生物资产的成本包括：达到预定生产经营目的前发生的造林费、抚育费、营林设施费、良种试验费、调查设计费和应分摊的间接费用等必要支出。

2. 自行繁殖的产畜和役畜的成本包括：达到预定生产经营目的前发生的饲料费、人工费和应分摊的间接费用等必要支出。

前款所称达到预定生产经营目的，是指生产性生物资产进入正常生产期，可以多年连续稳定产出农产品、提供劳务或出租。

第三十七条　生产性生物资产应当按照年限平均法计提折旧。

小企业（农、林、牧、渔业）应当根据生产性生物资产的性质和使用情况，并考虑税法的规定，合理确定生产性生物资产的使用寿命和预计净残值。

生产性生物资产的折旧方法、使用寿命、预计净残值一经确定，不得随意变更。

小企业（农、林、牧、渔业）应当自生产性生物资产投入使用月份的下月起按月计提折旧；停止使用的生产性生物资产，应当自停止使用月份的下月起停止计提折旧。

第四节　无形资产

第三十八条　无形资产，是指小企业为生产产品、提供劳务、出租或经营管理而持有的、没有实物形态的可辨认非货币性资产。

小企业的无形资产包括：土地使用权、专利权、商标权、著作权、非专利技术等。

自行开发建造厂房等建筑物，相关的土地使用权与建筑物应当分别进行处理。外购土地及建筑物支付的价款应当在建筑物与土地使用权之间按照合理的方法进行分配；难以合理分配的，应当全部作为固定资产。

第三十九条　无形资产应当按照成本进行计量。

（一）外购无形资产的成本包括：购买价款、相关税费和相关的其他支出（含相关的借款费用）。

（二）投资者投入的无形资产的成本，应当按照评估价值和相关税费确定。

（三）自行开发的无形资产的成本，由符合资本化条件后至达到预定用途前发生的支出（含相关的借款费用）构成。

第四十条　小企业自行开发无形资产发生的支出，同时满足下列条件的，才能确认为无形资产：

（一）完成该无形资产以使其能够使用或出售在技术上具有可行性；

（二）具有完成该无形资产并使用或出售的意图；

（三）能够证明运用该无形资产生产的产品存在市场或无形资产自身存在市场，无形资产将在内部使用的，应当证明其有用性；

（四）有足够的技术、财务资源和其他资源支持，以完成该无形资产的开发，并有能力使用或出售该无形资产；

（五）归属于该无形资产开发阶段的支出能够可靠地计量。

第四十一条　无形资产应当在其使用寿命内采用年限平均法进行摊销，根据其受益对象计入相关资产成本或者当期损益。

无形资产的摊销期自其可供使用时开始至停止使用或出售时止。有关法律规定或合同约定了使用年限的，可以按照规定或约定的使用年限分期摊销。

小企业不能可靠估计无形资产使用寿命的，摊销期不得低于10年。

第四十二条　处置无形资产，处置收入扣除其账面价值、相关税费等后的净额，应当计入营业外收入或营业外支出。

前款所称无形资产的账面价值，是指无形资产的成本扣减累计摊销后的金额。

第五节　长期待摊费用

第四十三条　小企业的长期待摊费用包括：已提足折旧的固定资产的

改建支出、经营租入固定资产的改建支出、固定资产的大修理支出和其他长期待摊费用等。

前款所称固定资产的大修理支出，是指同时符合下列条件的支出：

（一）修理支出达到取得固定资产时的计税基础50%以上；

（二）修理后固定资产的使用寿命延长2年以上。

第四十四条　长期待摊费用应当在其摊销期限内采用年限平均法进行摊销，根据其受益对象计入相关资产的成本或者管理费用，并冲减长期待摊费用。

（一）已提足折旧的固定资产的改建支出，按照固定资产预计尚可使用年限分期摊销。

（二）经营租入固定资产的改建支出，按照合同约定的剩余租赁期限分期摊销。

（三）固定资产的大修理支出，按照固定资产尚可使用年限分期摊销。

（四）其他长期待摊费用，自支出发生月份的下月起分期摊销，摊销期不得低于3年。

第三章　负　　债

第四十五条　负债，是指小企业过去的交易或者事项形成的，预期会导致经济利益流出小企业的现时义务。

小企业的负债按照其流动性，可分为流动负债和非流动负债。

第一节　流动负债

第四十六条　小企业的流动负债，是指预计在1年内或者超过1年的一个正常营业周期内清偿的债务。

小企业的流动负债包括：短期借款、应付及预收款项、应付职工薪酬、应交税费、应付利息等。

第四十七条　各项流动负债应当按照其实际发生额入账。

小企业确实无法偿付的应付款项，应当计入营业外收入。

第四十八条　短期借款应当按照借款本金和借款合同利率在应付利息日计提利息费用，计入财务费用。

第四十九条　应付职工薪酬，是指小企业为获得职工提供的服务而应付给职工的各种形式的报酬以及其他相关支出。

小企业的职工薪酬包括：

（一）职工工资、奖金、津贴和补贴。

（二）职工福利费。

（三）医疗保险费、养老保险费、失业保险费、工伤保险费和生育保险费等社会保险费。

（四）住房公积金。

（五）工会经费和职工教育经费。

（六）非货币性福利。

（七）因解除与职工的劳动关系给予的补偿。

（八）其他与获得职工提供的服务相关的支出等。

第五十条　小企业应当在职工为其提供服务的会计期间，将应付的职工薪酬确认为负债，并根据职工提供服务的受益对象，分别下列情况进行会计处理：

（一）应由生产产品、提供劳务负担的职工薪酬，计入产品成本或劳务成本。

（二）应由在建工程、无形资产开发项目负担的职工薪酬，计入固定资产成本或无形资产成本。

（三）其他职工薪酬（含因解除与职工的劳动关系给予的补偿），计入当期损益。

第二节　非流动负债

第五十一条　小企业的非流动负债，是指流动负债以外的负债。

小企业的非流动负债包括：长期借款、长期应付款等。

第五十二条　非流动负债应当按照其实际发生额入账。

长期借款应当按照借款本金和借款合同利率在应付利息日计提利息费用，计入相关资产成本或财务费用。

第四章　所有者权益

第五十三条　所有者权益，是指小企业资产扣除负债后由所有者享有的剩余权益。

小企业的所有者权益包括：实收资本（或股本，下同）、资本公积、盈余公积和未分配利润。

第五十四条　实收资本，是指投资者按照合同协议约定或相关规定投入到小企业、构成小企业注册资本的部分。

（一）小企业收到投资者以现金或非货币性资产投入的资本，应当按照其在本企业注册资本中所占的份额计入实收资本，超出的部分，应当计入资本公积。

（二）投资者根据有关规定对小企业进行增资或减资，小企业应当增加或减少实收资本。

第五十五条　资本公积，是指小企业收到的投资者出资额超过其在注册资本或股本中所占份额的部分。

小企业用资本公积转增资本，应当冲减资本公积。小企业的资本公积不得用于弥补亏损。

第五十六条　盈余公积，是指小企业按照法律规定在税后利润中提取的法定公积金和任意公积金。

小企业用盈余公积弥补亏损或者转增资本，应当冲减盈余公积。小企业的盈余公积还可以用于扩大生产经营。

第五十七条　未分配利润，是指小企业实现的净利润，经过弥补亏损、提取法定公积金和任意公积金、向投资者分配利润后，留存在本企业的、历年结存的利润。

第五章　收　　入

第五十八条　收入，是指小企业在日常生产经营活动中形成的、会导致所有者权益增加、与所有者投入资本无关的经济利益的总流入。包括：销售商品收入和提供劳务收入。

第五十九条　销售商品收入，是指小企业销售商品（或产成品、材料，下同）取得的收入。

通常，小企业应当在发出商品且收到货款或取得收款权利时，确认销售商品收入。

（一）销售商品采用托收承付方式的，在办妥托收手续时确认收入。

（二）销售商品采取预收款方式的，在发出商品时确认收入。

（三）销售商品采用分期收款方式的，在合同约定的收款日期确认收入。

（四）销售商品需要安装和检验的，在购买方接受商品以及安装和检验完毕时确认收入。安装程序比较简单的，可在发出商品时确认收入。

（五）销售商品采用支付手续费方式委托代销的，在收到代销清单时确认收入。

（六）销售商品以旧换新的，销售的商品作为商品销售处理，回收的商品作为购进商品处理。

（七）采取产品分成方式取得的收入，在分得产品之日按照产品的市场价格或评估价值确定销售商品收入金额。

第六十条　小企业应当按照从购买方已收或应收的合同或协议价款，确定销售商品收入金额。

销售商品涉及现金折扣的，应当按照扣除现金折扣前的金额确定销售商品收入金额。现金折扣应当在实际发生时，计入当期损益。

销售商品涉及商业折扣的，应当按照扣除商业折扣后的金额确定销售商品收入金额。

前款所称现金折扣，是指债权人为鼓励债务人在规定的期限内付款而向债务人提供的债务扣除。商业折扣，是指小企业为促进商品销售而在商品标价上给予的价格扣除。

第六十一条　小企业已经确认销售商品收入的售出商品发生的销售退回（不论属于本年度还是属于以前年度的销售），应当在发生时冲减当期销售商品收入。

小企业已经确认销售商品收入的售出商品发生的销售折让，应当在发生时冲减当期销售商品收入。

前款所称销售退回，是指小企业售出的商品由于质量、品种不符合要求等原因发生的退货。销售折让，是指小企业因售出商品的质量不合格等原因而在售价上给予的减让。

第六十二条　小企业提供劳务的收入，是指小企业从事建筑安装、修理修配、交通运输、仓储租赁、邮电通信、咨询经纪、文化体育、科学研究、技术服务、教育培训、餐饮住宿、中介代理、卫生保健、社区服务、旅游、娱乐、加工以及其他劳务服务活动取得的收入。

第六十三条　同一会计年度内开始并完成的劳务，应当在提供劳务交易完成且收到款项或取得收款权利时，确认提供劳务收入。提供劳务收入的金额为从接受劳务方已收或应收的合同或协议价款。

劳务的开始和完成分属不同会计年度的，应当按照完工进度确认提供劳务收入。年度资产负债表日，按照提供劳务收入总额乘以完工进度扣除以前会计年度累计已确认提供劳务收入后的金额，确认本年度的提供劳务收入；同时，按照估计的提供劳务成本总额乘以完工进度扣除以前会计年度累计已确认营业成本后的金额，结转本年度营业成本。

第六十四条　小企业与其他企业签订的合同或协议包含销售商品和提供劳务时，销售商品部分和提供劳务部分能够区分且能够单独计量的，应当将销售商品的部分作为销售商品处理，将提供劳务的部分作为提供劳务处理。

销售商品部分和提供劳务部分不能够区分，或虽能区分但不能够单独计量的，应当作为销售商品处理。

第六章　费　　用

第六十五条　费用，是指小企业在日常生产经营活动中发生的、会导致所有者权益减少、与向所有者分配利润无关的经济利益的总流出。

小企业的费用包括：营业成本、营业税金及附加、销售费用、管理费用、财务费用等。

（一）营业成本，是指小企业所销售商品的成本和所提供劳务的成本。

（二）营业税金及附加，是指小企业开展日常生产经营活动应负担的消费税、营业税、城市维护建设税、资源税、土地增值税、城镇土地使用税、房产税、车船税、印花税和教育费附加、矿产资源补偿费、排污费等。

（三）销售费用，是指小企业在销售商品或提供劳务过程中发生的各种费用。包括：销售人员的职工薪酬、商品维修费、运输费、装卸费、包装费、保险费、广告费、业务宣传费、展览费等费用。

小企业（批发业、零售业）在购买商品过程中发生的费用（包括：运输费、装卸费、包装费、保险费、运输途中的合理损耗和入库前的挑选整理费等）也构成销售费用。

（四）管理费用，是指小企业为组织和管理生产经营发生的其他费用。包括：小企业在筹建期间内发生的开办费、行政管理部门发生的费用（包括：固定资产折旧费、修理费、办公费、水电费、差旅费、管理人员的职工薪酬等）、业务招待费、研究费用、技术转让费、相关长期待摊费用摊销、财产保险费、聘请中介机构费、咨询费（含顾问费）、诉讼费等费用。

（五）财务费用，是指小企业为筹集生产经营所需资金发生的筹资费用。包括：利息费用（减利息收入）、汇兑损失、银行相关手续费、小企业给予的现金折扣（减享受的现金折扣）等费用。

第六十六条　通常，小企业的费用应当在发生时按照其发生额计入当期损益。

小企业销售商品收入和提供劳务收入已予确认的，应当将已销售商品和已提供劳务的成本作为营业成本结转至当期损益。

第七章　利润及利润分配

第六十七条　利润，是指小企业在一定会计期间的经营成果。包括：营业利润、利润总额和净利润。

（一）营业利润，是指营业收入减去营业成本、营业税金及附加、销售费用、管理费用、财务费用，加上投资收益（或减去投资损失）后的金额。

前款所称营业收入，是指小企业销售商品和提供劳务实现的收入总额。投资收益，由小企业股权投资取得的现金股利（或利润）、债券投资取得的利息收入和处置股权投资和债券投资取得的处置价款扣除成本或账面余额、相关税费后的净额三部分构成。

（二）利润总额，是指营业利润加上营业外收入，减去营业外支出后的金额。

（三）净利润，是指利润总额减去所得税费用后的净额。

第六十八条　营业外收入，是指小企业非日常生产经营活动形成的、应当计入当期损益、会导致所有者权益增加、与所有者投入资本无关的经济利益的净流入。

小企业的营业外收入包括：非流动资产处置净收益、政府补助、捐赠收益、盘盈收益、汇兑收益、出租包装物和商品的租金收入、逾期未退包装物押金收益、确实无法偿付的应付款项、已作坏账损失处理后又收回的应收款项、违约金收益等。

通常，小企业的营业外收入应当在实现时按照其实现金额计入当期损益。

第六十九条　政府补助，是指小企业从政府无偿取得货币性资产或非货币性资产，但不含政府作为小企业所有者投入的资本。

（一）小企业收到与资产相关的政府补助，应当确认为递延收益，并在相关资产的使用寿命内平均分配，计入营业外收入。

收到的其他政府补助，用于补偿本企业以后期间的相关费用或亏损的，确认为递延收益，并在确认相关费用或发生亏损的期间，计入营业外收入；用于补偿本企业已发生的相关费用或亏损的，直接计入营业外收入。

（二）政府补助为货币性资产的，应当按照收到的金额计量。

政府补助为非货币性资产的，政府提供了有关凭据的，应当按照凭据上标明的金额计量；政府没有提供有关凭据的，应当按照同类或类似资产的市场价格或评估价值计量。

（三）小企业按照规定实行企业所得税、增值税、消费税、营业税等先征后返的，应当在实际收到返还的企业所得税、增值税（不含出口退税）、消费税、营业税时，计入营业外收入。

第七十条　营业外支出，是指小企业非日常生产经营活动发生的、应当计入当期损益、会导致所有者权益减少、与向所有者分配利润无关的经济利益的净流出。

小企业的营业外支出包括：存货的盘亏、毁损、报废损失，非流动资产处置净损失，坏账损失，无法收回的长期债券投资损失，无法收回的长期股权投资损失，自然灾害等不可抗力因素造成的损失，税收滞纳金，罚金，罚款，被没收财物的损失，捐赠支出，赞助支出等。通常，小企业的营业外支出应当在发生时按照其发生额计入当期损益。

第七十一条　小企业应当按照企业所得税法规定计算的当期应纳税额，确认所得税费用。

小企业应当在利润总额的基础上，按照企业所得税法规定进行纳税调整，计算出当期应纳税所得额，按照应纳税所得额与适用所得税税率为基础计算确定当期应纳税额。

第七十二条　小企业以当年净利润弥补以前年度亏损等剩余的税后利润，可用于向投资者进行分配。

小企业（公司制）在分配当年税后利润时，应当按照公司法的规定提取法定公积金和任意公积金。

第八章　外币业务

第七十三条　小企业的外币业务由外币交易和外币财务报表折算构成。

第七十四条　外币交易，是指小企业以外币计价或者结算的交易。

小企业的外币交易包括：买入或者卖出以外币计价的商品或者劳务、借入或者借出外币资金和其他以外币计价或者结算的交易。

前款所称外币，是指小企业记账本位币以外的货币。记账本位币，是指小企业经营所处的主要经济环境中的货币。

第七十五条　小企业应当选择人民币作为记账本位币。业务收支以人民币以外的货币为主的小企业，可以选定其中一种货币作为记账本位币，但编报的财务报表应当折算为人民币财务报表。

小企业记账本位币一经确定，不得随意变更，但小企业经营所处的主要经济环境发生重大变化除外。

小企业因经营所处的主要经济环境发生重大变化，确需变更记账本位币的，应当采用变更当日的即期汇率将所有项目折算为变更后的记账本位币。

前款所称即期汇率，是指中国人民银行公布的当日人民币外汇牌价的中间价。

第七十六条　小企业对于发生的外币交易，应当将外币金额折算为记账本位币金额。外币交易在初始确认时，采用交易发生日的即期汇率将外币金额折算为记账本位币金额；也可以采用交易当期平均汇率折算。

小企业收到投资者以外币投入的资本，应当采用交易发生日即期汇率折算，不得采用合同约定汇率和交易当期平均汇率折算。

第七十七条　小企业在资产负债表日，应当按照下列规定对外币货币性项目和外币非货币性项目进行会计处理：

（一）外币货币性项目，采用资产负债表日的即期汇率折算。因资产负债表日即期汇率与初始确认时或者前一资产负债表日即期汇率不同而产生的汇兑差额，计入当期损益。

（二）以历史成本计量的外币非货币性项目，仍采用交易发生日的即期汇率折算，不改变其记账本位币金额。

前款所称货币性项目，是指小企业持有的货币资金和将以固定或可确定的金额收取的资产或者偿付的负债。货币性项目分为货币性资产和货币性负债。货币性资产包括：库存现金、银行存款、应收账款、其他应收款等；货币性负债包括：短期借款、应付账款、其他应付款、长期借款、长期应付款等。非货币性项目，是指货币性项目以外的项目。包括：存货、长期股权投资、固定资产、无形资产等。

第七十八条　小企业对外币财务报表进行折算时，应当采用资产负债表日的即期汇率对外币资产负债表、利润表和现金流量表的所有项目进行折算。

第九章　财 务 报 表

第七十九条　财务报表，是指对小企业财务状况、经营成果和现金流量的结构性表述。小企业的财务报表至少应当包括下列组成部分：

（一）资产负债表；

（二）利润表；

（三）现金流量表；

（四）附注。

第八十条 资产负债表，是指反映小企业在某一特定日期的财务状况的报表。

（一）资产负债表中的资产类至少应当单独列示反映下列信息的项目：

1. 货币资金；
2. 应收及预付款项；
3. 存货；
4. 长期债券投资；
5. 长期股权投资；
6. 固定资产；
7. 生产性生物资产；
8. 无形资产；
9. 长期待摊费用。

（二）资产负债表中的负债类至少应当单独列示反映下列信息的项目：

1. 短期借款；
2. 应付及预收款项；
3. 应付职工薪酬；
4. 应交税费；
5. 应付利息；
6. 长期借款；
7. 长期应付款。

（三）资产负债表中的所有者权益类至少应当单独列示反映下列信息的项目：

1. 实收资本；
2. 资本公积；
3. 盈余公积；
4. 未分配利润。

（四）资产负债表中的资产类应当包括流动资产和非流动资产的合计项目；负债类应当包括流动负债、非流动负债和负债的合计项目；所有者权益类应当包括所有者权益的合计项目。

资产负债表应当列示资产总计项目，负债和所有者权益总计项目。

第八十一条　利润表，是指反映小企业在一定会计期间的经营成果的报表。

费用应当按照功能分类，分为营业成本、营业税金及附加、销售费用、管理费用和财务费用等。

利润表至少应当单独列示反映下列信息的项目：

（一）营业收入；

（二）营业成本；

（三）营业税金及附加；

（四）销售费用；

（五）管理费用；

（六）财务费用；

（七）所得税费用；

（八）净利润。

第八十二条　现金流量表，是指反映小企业在一定会计期间现金流入和流出情况的报表。

现金流量表应当分别经营活动、投资活动和筹资活动列报现金流量。现金流量应当分别按照现金流入和现金流出总额列报。

前款所称现金，是指小企业的库存现金以及可以随时用于支付的存款和其他货币资金。

第八十三条　经营活动，是指小企业投资活动和筹资活动以外的所有交易和事项。小企业经营活动产生的现金流量应当单独列示反映下列信息的项目：

（一）销售产成品、商品、提供劳务收到的现金；

（二）购买原材料、商品、接受劳务支付的现金；

（三）支付的职工薪酬；

（四）支付的税费。

第八十四条　投资活动，是指小企业固定资产、无形资产、其他非流动资产的购建和短期投资、长期债券投资、长期股权投资及其处置活动。

小企业投资活动产生的现金流量应当单独列示反映下列信息的项目：

（一）收回短期投资、长期债券投资和长期股权投资收到的现金；

（二）取得投资收益收到的现金；

（三）处路固定资产、无形资产和其他非流动资产收回的现金净额；

（四）短期投资、长期债券投资和长期股权投资支付的现金；

（五）购建固定资产、无形资产和其他非流动资产支付的现金。

第八十五条　筹资活动，是指导致小企业资本及债务规模和构成发生变化的活动。小企业筹资活动产生的现金流量应当单独列示反映下列信息的项目：

（一）取得借款收到的现金；

（二）吸收投资者投资收到的现金；

（三）偿还借款本金支付的现金；

（四）偿还借款利息支付的现金；

（五）分配利润支付的现金。

第八十六条　附注，是指对在资产负债表、利润表和现金流量表等报表中列示项目的文字描述或明细资料，以及对未能在这些报表中列示项目的说明等。

附注应当按照下列顺序披露：

（一）遵循小企业会计准则的声明。

（二）短期投资、应收账款、存货、固定资产项目的说明。

（三）应付职工薪酬、应交税费项目的说明。

（四）利润分配的说明。

（五）用于对外担保的资产名称、账面余额及形成的原因；未决诉讼、未决仲裁以及对外提供担保所涉及的金额。

（六）发生严重亏损的，应当披露持续经营的计划、未来经营的方案。

（七）对已在资产负债表和利润表中列示项目与企业所得税法规定存在差异的纳税调整过程。

（八）其他需要在附注中说明的事项。

第八十七条　小企业应当根据实际发生的交易和事项，按照本准则的规定进行确认和计量，在此基础上按月或者按季编制财务报表。

第八十八条　小企业对会计政策变更、会计估计变更和会计差错更正应当采用未来适用法进行会计处理。

前款所称会计政策，是指小企业在会计确认、计量和报告中所采用的原则、基础和会计处理方法。会计估计变更，是指由于资产和负债的当前状况及预期经济利益和义务发生了变化，从而对资产或负债的账面价值或者资产的定期消耗金额进行调整。前期差错包括：计算错误、应用会计政策错误、应用会计估计错误等。未来适用法，是指将变更后的会计政策和会计估计应用于变更日及以后发生的交易或者事项，或者在会计差错发生或发现的当期更正差错的方法。

第十章　附　　则

第八十九条　符合《中小企业划型标准规定》所规定的微型企业标准的企业参照执行本准则。

第九十条　本准则自 2013 年 1 月 1 日起施行。财政部 2004 年发布的《小企业会计制度》（财会〔2004〕2 号）同时废止。

参考文献

［1］叶建芳，姜国平．企业会计准则实用指南：新旧企业会计准则差异比较与应用［M］．上海：上海财经大学出版社，2006.

［2］贺志东．企业会计准则操作实务［M］．北京：电子工业出版社，2007.

［3］会计从业资格考试培训教材编写组．财经法规与会计职业道德［M］．北京：经济科学出版社，2009.

［4］中国注册会计师协会．经济法［M］．北京：中国财政经济出版社，2009.

［5］付刚，杨成刚．出纳新手应知会一本通［M］．北京：人民邮电出版社，2009.

［6］刘国宁，张蓓蓓．小企业出纳实务一点通［M］．北京：中国致公出版社，2006.

［7］朱小平，徐泓．初级会计学［M］．北京：中国人民大学出版社，2009.

［8］吴水澎，会计学原理［M］．沈阳：辽宁人民出版社，2005.

［9］会计从业资格考试培训教材编写组．会计基础［M］．北京：经济科学出版社，2009.

［10］李桂媛，迟旭升．基础会计［M］．大连：东北财经大学出版社，2000.

机工经管读者俱乐部反馈卡

完整填写本反馈卡将可以参加幸运抽奖

每月我们将会抽出 10 位幸运读者，免费赠送当月新书一本

加入俱乐部，将会收到我们定期发送的新书信息

获奖名单将公布在 http://www.Golden-book.com 及 http://www.cmpbook.com 上

个人资料

姓名：________ 性别：□男 □女 年龄：________

E-mail：________ 联系电话：________

传真：________ 手机：________

就职单位及部门：________ 职务：________

通讯地址：________ 邮政编码：________

单位情况

单位类型：

□国有企业 □私营企业 □政府机构 □股份制企业

□外资企业（含合资） □集体所有制企业

□其他（请写出）________

单位所属行业：

□食品/饮料/酿酒 □批发/零售/餐饮 □旅游/娱乐/饭店

□政府机构 □制造业 □公用事业

□金融/证券/保险 □农业 □多元化企业

□信息/互联网服务 □房地产/建筑业 □咨询业

□电子/通讯/邮电 □其他（请写出）________

单位规模：

□500 人以下 □500—1000 人 □1000—2000 人 □2000 人以上

关于书籍

1. 您购买的图书书名：____________________ ISBN：_____________
2. 您是通过何种渠道了解到本书的？

   □报刊杂志 □电视台电台 □书店 □别人推荐 □其他_________
3. 您对本书的评价

内容	□好	□一般	□较差
编排	□易于阅读	□一般	□不好阅读
封面	□好	□一般	□较差

4. 您在何处购买的本书

   □书店 □网络 □机场 □超市 □其他__________
5. 您所关注的图书领域是：

   □投资理财 □人力资源 □销售/营销 □财务会计

   □管理学与实务 □其他______
6. 您愿意以何种方式获得我们相关图书的信息？

   □电子邮件 □传真 □书目 □试读本
7. 如果您希望我们发送新书信息给您公司的负责人，请注明所推荐人的：

   姓名___________ 职务___________ 电话______________

   地址____________________________ 邮件______________

感谢合作！请确认我们的联系方式

联系人：董琛

地址：北京市西城区百万庄大街22号机械工业出版社经管分社

邮编：100037

电话：010-88379081

传真：010-68311604

电子邮箱：cmpdong@163.com

登记表电子版下载请登录：

http://www.golden-book.com/clubcard.asp 或 http://www.golden-book.com

敬请惠赐名片，谢谢！